徐悲鸿时代（一）

夏桂楣 著

北京大学出版社
PEKING UNIVERSITY PRESS

图书在版编目（CIP）数据

徐悲鸿时代：三卷本／夏桂楣著. — 北京：北京大学出版社，2014.3

ISBN 978-7-301-23909-4

Ⅰ.①徐… Ⅱ.①夏… Ⅲ.①艺术家－生平事迹－中国－现代 Ⅳ.①K825.7

中国版本图书馆CIP数据核字(2014)第022667号

书　　名　徐悲鸿时代（三卷本）
　　　　　XU BEIHONG SHIDAI（SAN JUANBEN）
著作责任者　夏桂楣　著
责 任 编 辑　王炜烨　杨书澜
标 准 书 号　ISBN 978-7-301-23909-4
出 版 发 行　北京大学出版社
地　　址　北京市海淀区成府路205号　100871
网　　址　http://www.pup.cn
电 子 信 箱　zpup@pup.pku.edu.cn
新 浪 微 博　@北京大学出版社
电　　话　邮购部 010-62752015　发行部 010-62750672
　　　　　编辑部 010-62750673
印 刷 者　大厂回族自治县彩虹印刷有限公司
经 销 者　新华书店
　　　　　965毫米×1300毫米　16开本　62.25印张　693千字
　　　　　2020年10月第1版　2020年10月第1次印刷
定　　价　（全三卷）181.00元

目录

小引

徐悲鸿驾鹤西游已经超过半个多世纪，在这六七十个漫长的春秋寒暑中，每当想起他，都有种想要大哭一场的感觉。这大概因为他那刚毅、遒劲、潇洒而又略带忧伤的背影依然历历在目。然而他所走过的道路，却蜿蜒崎岖布满荆棘，命运多舛——无疑是忍辱负重、赴汤蹈火、肝脑涂地、鞠躬尽瘁死而后已的一生。或许，用尽洋洋百万文字将他留给我们的那种独特感觉书写出来，才会平复欲罢不能的心愿……

迄今为止，在我们民族的绘画史上，还没有任何一位艺术大师能像徐悲鸿那样在山河破碎，颠沛流离中，百折不挠地发现、培养、团结了那么众多的艺术家，进行着艰苦卓绝的艺术救国活动；也没有任何一个人的情感深处遭遇过他那样的苦难，而且将自己的苦难与整个民族的命运紧紧联系在一起，忧国忧民；更没有人像他那样"生性拙劣，爱艺术入骨髓"，将生死置之度外，给后人留下了数以万计的艺术珍品，对于提高整个民族的精神素质起到了不可忽略的作用……

一个国家、一个民族，就像八大山人、徐悲鸿这样的艺术大师，几十年、几百年，甚至上千年才会出现一位。在他们身上，必然凝聚着整个民族的文化底蕴和精神气质。崇尚、爱戴、敬仰这样的大师，才能使我们的民族不至成为没有希望的“奴隶之邦”。

然而，徐悲鸿的“独特偏见，卓尔不群，一意孤行”的性格特点，也难于被一般人所接受；而他在绘画上一直顽强固守的“现实主义与写实主义”理念，也被一些不顾国情，热衷于“现代派”的人士所不容……

不可忽视的是，由于他的坚持与固守，加上他巨大的人格魅力，已经影响了整个国家的学风……

现在，我们不惜使用鸿篇巨制来梳理徐悲鸿的生存轨迹及其朋友圈。读者一定会在千千万万个铢锱必较的细节中看到一个真实与渴望的徐悲鸿，还有他周围众多的艺术大师，及其一部波澜壮阔的20世纪形象性的艺术史。

第一章

千年一羽

倏然间，徐达章听见天空传来几声鸣叫，仰起头，看见一行鸿鹄正在云影里穿行。惊诧之余，他的老屋传出来一阵婴儿响亮的啼哭，声音带着几分凄厉……

《家父徐达章》（油画）徐悲鸿作

一、幼年家境

1895年6月18日——一个风雨如晦的午夜，邻居家的三婆婆领来了村子里头发斑白的接生婆，屺亭桥的私塾先生徐达章便从老屋里走出来，在屋后的打谷场上来回踯躅。

天气阴沉，徐达章的身子骨有些单薄，感到芜申运河带来的夜风夹杂着阵阵凉意，便将双手揣在袖管里，不停地侧耳倾听……

倏然间，徐达章听见天空传来几声鸣叫，仰起头，看见一行鸿鹄正在云影里穿行。惊诧之余，他的老屋里传出来一阵婴儿响亮的啼哭，声音带着几分凄厉……

屺亭桥位于太滆平原中部，距太湖西三十里，荆溪之北，

徐悲鸿故乡风雨如晦的屺亭桥

五六十户人家傍芜申运河两岸毗邻而居。

屺亭桥始建于晋代，初始曰翻塘桥——过河船只需翻过此桥，由纤夫自东岸拉至西岸，故而得名，桥畔设有驿亭。

南宋理宗嘉熙年间（1237–1240 年），屺亭桥复建；1527 年——嘉靖六年，前亭桥人堵霁出资将木制的屺亭桥改为白石桥。

关于屺亭桥，传说东晋斩蛟除“三害”的周处，一天跟随父亲到田间去劳作，傍晚从芳桥北的后村回家。时逢大雨，天气阴冷，他便躲在河水中暖身。雨停了，可周处却饥饿难忍，连一点力气都没有了，无法再从水中站立起来。恰在此时疾风掠过，河面滚来一排白色巨浪，他便张开大嘴将浪花吞进肚里。顿时，他变得力大无比，于是从河里爬出来，将水车和种田工具全都一个人举起来扛在肩上。而且提上一包黄土回家，要在家门前再造一块良田。来到一座木桥上，周处便坐下来歇息，将那包黄土放在桥边。等他再站起来提那包土时，却怎么也提不动了。黄土已经变成了一座山，被称为屺山，桥也跟着被称为屺桥。随后，周处在桥上建造了一个小亭，供来往行人在桥上歇息避雨，故屺桥又被称作屺亭桥。至于后来有的文献将屺亭桥称为“计亭桥”，那是因为古代传递信息的计程驿站设在屺亭桥的缘故。

徐悲鸿故居位于屺亭桥边的老屋

徐达章的四间老屋，就紧挨着屺亭桥，坐落于芜申运河的西岸，北面隔着几户人家，便是林记木铺，木铺里有一位客师潘祥元。

徐达章家有祖产水田四亩六分，分散在公路西侧江南公司汽车站北二亩二分、站南一亩六分、公路东桃花坟东北角八分。在四间老屋的西南角，徐达章还有一块七十多平方米的桑园地，可以养蚕。在当地，蚕称白老虎，猪称黑老虎，这两项是家庭副业收入的主要来源。

大田每年种稻麦两熟，八分小田则种桑瓜。每到西瓜成熟的季节，一个四五岁的小男孩便跟随徐达章在地头搭起的窝棚里看瓜，一边在他的教诲下背诵《四书》《五经》。这个小男孩，便是四五年前，在天空鸿鹄一阵鸣叫后发出凄厉啼哭，后来命运多舛无人不晓的徐悲鸿。

徐家的老屋是祖传的，前进是四间平房，七架头，高度一丈五尺多；后进靠南墙是一间七架头二层小楼，高一丈七尺多。青少年时期的徐悲鸿就住在楼下不足十平方米的小屋里，右角有通往楼上的木梯。小楼北面是三间宅基地大小的内园，其中沿楼房后壁是二架头三间披屋，内设浴锅、猪舍，并放置农具。其余空地除一间厕所外，便是打谷场。在楼房和内园的西侧是菜地，面积大约一百二十平方米。

徐达章也许感到那天晚上的事情蹊跷，有些非同寻常，觉得他的这个儿子一定具有鸿鹄之志，于是便对他进行呕心沥血的精心培育……

徐达章，1874 年生于太湖之滨，字成之，能诗文、善书画，在宜兴一代是位很有名气的乡土画家，他的写意花卉受明代大家徐渭的影响颇深。

徐渭生活的年代，绘画正处于学习古人与创新两种意识激烈碰撞的阶段。他的性格恣肆，情绪飞扬，在书画、诗文、戏曲等方面均有很大建树。他的写意花鸟气势纵横奔放，不拘小节，笔简意赅，所绘鸡、犬、牛、羊、猫及其翎毛花卉，笔墨无不肆意挥洒，层次分明，概括传神。

徐达章对徐渭的笔法十分推崇，谓之曰“余心折服之，曾昼夜横涂纵抹临摹他的老藤、葡萄、螃蟹，深得机杼”。因此，他的写意花鸟明显带有徐渭潇洒、凝练、笔意放纵的特点。

任伯年的画也对徐达章产生了深远影响。正因为如此，徐悲鸿后来也对任伯年推崇备至。

徐达章与任伯年的经历有着许多相似之处：同居穷乡僻壤，又生于寒苦之家，身世雷同，所思所见有着许多共同的地方。因此，任伯年的绘画使得徐达章更感亲切。他开始学画时，任伯年已经是“海上画派”的领军人物，他“用古人于新意，以我法造天地”那潇洒、干练的画风，摆脱了原有的历史局限，代表着新兴市民阶层的审美理想，开始向新的审美意识所要求的方向转化，这样的绘画风格自然容易被徐达章所接受。

任伯年的“守宋儒严范，取去不苟”，也使得徐达章的笔墨如他一样潇洒、简练。流传于世的《课子图》，便是他具有代表性的肖像作品：画面正中，是手摇毛扇正在凝神静听儿子专心读书的徐达章；下方，则是身着长衫正襟危坐、目不斜视、专心读书的少年徐悲鸿——一册书正摆在他的面前。从他那全神贯注的姿态上，惟妙惟肖地表现出勤学苦练的精神和鹏程万里的鸿鹄之志。徐达章在画面题款中写道：

《课子图》（中国画）徐达章作

光绪三十有一年，岁次乙巳中秋之月，法我斋人自绘并题。荏苒青春三十七年，平安两字谢苍天。无才济世怀惭甚，书画徒将砚作田。

平生淡泊是天真，切愿康儿勤学问，木石同居养性情，读书务本励躬行。求人莫如求诸己，自画松荫课子图。落落襟怀难写处，风光霁月学糊涂。白云留在出山心，水秀峰青卧此身；琴剑自娱还自砺，寸心千古永怀真。

题款中，既写出了徐达章一生的襟怀，对人生的淡泊追求，同时又把希望寄托在十岁的儿子身上。这也验证了徐悲鸿后来在《悲鸿自述》中提到的“少年也曾锥刺股”。

《课子图》的画面无论构图立意、布局安排，还是人物造型的简练，线描功夫的起落遒劲，松竹杂卉的下笔勾勒与渲染，无不带有徐渭和任伯年的绘画风格，均已达到我国传统绘画的一定水平。

我们再来看看徐达章的另一幅传世作品《竹林七贤图》：画面描写了七位贤达逸士和书童的世俗生活，其构图恢宏，布局严谨，人物造型准确，神态各异，生动逼真。在背景的描绘上，山石、杂卉、一草一木的写意一丝不苟，无不显示出徐达章在绘画上的真功夫。其他如现藏于宜兴徐悲鸿纪念馆和北京徐悲鸿纪念馆的《荆溪十景图》《太归少归图》《寿星骑鹿图》《钟馗》《和合》等画作，也都体现出徐达章在中国画上的深厚功力。

除绘画之外，徐达章还精通书法、篆刻。徐悲鸿在《尹瘦石之画》中写道：

余先君达章先生，工书画篆刻。凡所造作，必往哲之嘉言懿行。曰：“余艺固无当，倘其用能有裨世道人心者，庶亦可无憾也。”小子志之，以志于今。虽为艺术之道，不必若是。但溯其志趣，盖未不可敬也。

徐达章的书法遒劲有力，自成一格。宜兴境内的屺亭城隍庙、桥化成寺、高塍西塍寺、铜清寺、赋村金铭寺、茗岭龙池、湖㳇罄山、海慧寺庙等，大殿两侧庭柱上的对联和匾额，无不出自他的手笔。他的篆刻则不失朴茂俊逸之功，亦有超乎自然、立于传统之外的风貌。篆刻最能体现一个人的品格与追求，现存于世的印章：“半耕半读半渔樵”“读书声里是我家”“儿女心肠、英雄肝胆”“闲来写幅丹青卖，不用人间造孽钱”等，全都集中体现了徐达章轻薄功名、不求闻达、性情耿直、追求淡泊生活的豁达心态、并且具有精湛的艺术水准。

徐达章私塾授课的讲堂，就设在小楼下面的客堂里，与徐悲鸿的卧室当中有一间不大的灶房相隔。他青少年时期住过的一张四柱梁床，现在还放置在他那间卧室的木梯旁边。

徐悲鸿母亲鲁氏的个子不高，身体微胖，皮肤黝黑，与中国传统的旧式妇女一样裹着小脚，左眼因生白内障，中年之后便已失明——平时看人看物总是眯起眼睛觑视。然而，她的一生却精明能干，不畏艰辛，与徐达章共同养育了六个子女：长子便是后来改名为悲鸿的寿康、二子寿安（1906年生）、三子寿凯（1911年生），长女为爱娥（1900年生）、二女爱贞（1902年生）、三女静贞（1910年生）。

徐达章在宜兴虽然是位远近闻名的乡土画家，可他的书画从来卖不上大价钱，私塾先生的收入也十分微薄，不得已还要经营几亩薄田。鲁氏自幼缠过足，虽然半路放开，可仍然不能下田劳作，但她却含辛茹苦地抚育孩子，料理家务。到了晚年，徐达章的身体每况愈下，而且开始信佛，这让她不得不将希望寄托在大儿子徐悲鸿的身上。

二、少小成才

徐悲鸿少年时代的成长，靠的主要是徐达章的家教：两岁半开始识字，六岁便能念诵诗书，每日诵读数段，然后在父亲的指导下执笔研习书法。当年，扬州有一位姓蔡的医生，他七岁的儿子蔡邦庆住在徐家跟随徐达章读私塾，课余时间喜欢画画。徐悲鸿欲跟其学之，但父亲却不允。

徐达章虽然早已看出了童年悲鸿在绘画上的灵气，可却想让他打下坚实的文化基础——具备了中华民族深厚的文化底蕴后再学绘画，于是告诉

他说："现在应该专心读书，等到读完了《左传》，再学画不迟。"

徐悲鸿果然不负父望，八岁时便读完了《左传》和《论语》《大学》《中庸》《孟子》四部儒家经典。这"四子书"是孔子、曾子、子思、孟子的言行录。这些饱含着中华民族文化精髓的儒家学说，深深影响了徐悲鸿的一生，成名之后的代表作《田横五百士》《九方皋》《徯我后》《愚公移山》《山鬼》等，无不取材于中国古典文学名著。如果没有深厚的古文功底和对儒家学说的透彻理解，是很难完成这些巨制的。

徐悲鸿青少年时代睡过的四柱梁床

徐悲鸿九岁时，才获得徐达章恩准，随其正式学习书画：每天上午与蔡邦庆一道由父亲教读经书，中午饭后，两个人便共同临摹吴友如的画。

徐悲鸿少时曾临摹吴友如的画。图为吴友如《慈母教子图》

吴友如是晚清时期的画家，名嘉猷，字友如，江苏吴县人，少年时代即对艺术如痴如醉，寝匮不倦，清贫力学。他的绘画融清钱杜、改琦、任熊的技法于一炉，画艺大进，工写人物肖像，自成一家，以鬻画为生。壮年时，他的足迹则达半个中国，日记心追，胸储烟云。在海派画家中，他的丰富多彩，断非任何人可以比肩。吴友如之所以能有不朽的历史地位，还在于他是中国新闻图画的第一人。所作《古今百美图》，将神话人物嫦娥、弄玉、巫山神女，历史人物杨玉环、蔡文姬、卫夫人，文学作品中的美人罗敷、浔阳妓，从帝王宠妃到荒江歌妓等一一收入笔下。花鸟山水部分多为梅、兰、竹、菊、月季、玫瑰、紫薇、凌霄、芭蕉、荔枝、枇杷等等。他的《中外百兽图》则搜罗狮、虎、象、麋鹿、银熊之属。

徐悲鸿少年时代劳动使用过的农具

吴友如主笔的《点石斋画报》由英国人美查开办的点石斋书局用连史纸石版印刷。为了适合石印制版的效果，其画面构图繁复，人物造型严谨、线条清晰、结构突出，形象生动。画作多以中国军民反抗帝国主义侵略，揭露清末统治者腐败和民间的疾苦为内容，政治性很强。全部作品达四千余幅。他最大的成就在于描写了清朝末年的社会生活——将各阶层人士的众生相表现得淋漓尽致，入木三分。达官显贵、巨商大贾、地主农民、流氓地痞、才子佳人、睿智顽鲁、老鸨妓女、贩夫走卒，无不形神兼备，惟妙惟肖。

徐悲鸿开始步入画坛时，从吴友如的绘画中学到了许多基本技法，以至在后来一生的作品——特别是以勾勒手法创作的国画作品，始终保持着吴友如那样结构严谨、线条清晰、黑白分明的画风。

1918 年 3 月 28 日晚 7 时，徐悲鸿被聘为“北京大学画法研究会”导师之后，对到会的三十余名会员指导画法时说道：“在中国而学西洋画，取资极隘，然不必因是而灰心。学者无论从何种对象入手，必须注意形体异同，黑白分明，庶不致误入歧途。”后来又在画论中提出了新七法：（一）位置得宜，（二）比例正确，（三）黑白分明，（四）动态天然，（五）轻重和谐，（六）性格毕现，（七）传神阿睹。

“新七法”，是徐悲鸿在学习吴友如绘画实践的基础上提出来的。他在《悲鸿自述》中称：“九岁既毕四子书及《诗》《书》《易》《礼》及《左氏传》，先君乃命午饭后日摹吴友如界画人物一幅，渐习设色。”可见他受吴友如画风的影响之深。

徐悲鸿从十岁起，不但能够为父亲铺纸研墨，观看他落笔挥毫，聆听娓娓谈古论今，而且还能够帮助渲染画面、填充颜色。随之，他即可用画笔任意挥写自然景物，摹写家人和身边的鸡、犬、牛、马等物。他在后来谈到初学画之方法时说道：“最简单的方法是对镜自写，另极神似，以及父母、兄弟、姊妹、朋友。固写像最难，必须在幼年发挥本能，其余一切自可迎刃而解。”

就在十岁这一年，徐悲鸿邻家的一位老太太去世了。可老人生前却没有一张照片留下，儿女们都为此感到遗憾。他得知后，便跑回家，根据平时对老人的观察和记忆，用水墨为之画了张遗像。这件事在屺亭桥被传为佳话，以后不断有人来找他画肖像。

白居易在十三岁时即写出了千古名句：

离离原上草，一岁一枯荣。
野火烧不尽，春风吹又生。

十四岁时的徐悲鸿

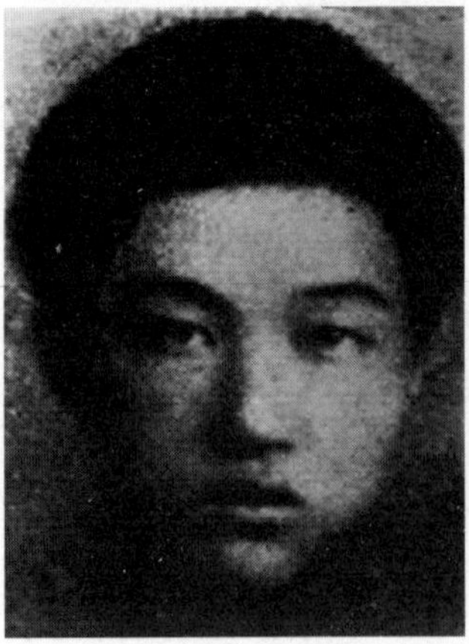

徐悲鸿十一岁随父亲乘船路过溧阳时触景生情，写下一首小诗：

春水绿弥漫，春山秀色含；
一帆风信好，舟过万重峦。

其观察之细腻，用词之准确，描写之生动，已经显露出徐悲鸿少年时期的超人才华。

徐悲鸿十四岁时，屺亭桥发生了几十年不遇的大水患，粮食绝收，生灵涂炭。他便跟随父亲流落宜兴乡间，以给人画肖像、神像、山水、花鸟动物，刻印章、写对联，收取薄银，养家糊口。由于长期在外飘零，过着落拓的生活，1909 年的冬天，徐达章身染疾病，全身浮肿。在颠沛流离中虽也求医问药，可仍然不见好转，无奈，年底便返回故里。

父亲卧床，家庭生活的重担全部落在少年悲鸿身上。尽管如此，他仍然不辍自修，并负笈入宜兴中学半工半读，课余常为同学、同事及亲友绘制肖像、中堂、扇面，且分文不取。

年轻时代徐悲鸿

三、结发妻子徐周氏

和煦的春风一次次吹拂着屺亭桥的大地，遍地毛竹节节升高。

就在徐悲鸿已经十七岁时，媒妁之人纷至沓来。尽管徐达章无比开明与豁达，却也无法摆脱男大当婚、女大当嫁、娶妻生子、延续香火思想的束缚。

距屺亭桥东两公里的屺山，占地一千多亩，主峰也有百余亩，松竹密集，山路崎岖，其间遍布寺庙几十间。徐达章的病情日趋严重，鲁氏便迈开缠过的双足，经常跌跌撞撞地到屺山的保安寺去为丈夫祈祷。然而，徐达章的病情却始终不见好转，鲁氏便想给家中长子娶妻生子，也好为丈夫的病冲冲喜。

屺亭桥旧式婚俗共有三种。第一为媒妁之言：两家认可，通过介绍人给女家送过去彩礼而定婚。其二是指腹为婚：两家的女人怀孕在身，双方指着彼此腹内尚未出生的婴儿而定亲。第三种则是抢亲：男女双方定亲后，男子没有能力将女方娶入家门，便找上亲戚朋友密谋好，将女方抢回家中。悲鸿的婚事属于第一种。

宜兴一带的村子称渎，湖泊称氿。太湖边上一里地一个渎，共有七十二渎。

徐悲鸿的妻子周氏，是离屺亭桥十七八里地之外茭渎的姑娘，哥哥叫周庭勋，是个生意人。周氏当年十六岁，裹着小脚，没受过教育，结婚前与徐悲鸿从未谋过面。徐悲鸿不同意父母为自己包办的这桩婚事，于是离家出走。

婚期一天天逼近，可徐悲鸿仍然杳无音信，不见踪影。卧病在床的徐达章，不得不支撑起病体外出寻找儿子回家成亲。

溧阳距屺亭桥东北十四公里，徐达章在徐悲鸿十一岁时带他第一次到过此地，住在一位能书善画，而且做药材生意的老者陶麟书家里。进屋不大一会儿，徐悲鸿便趴在床边写出了那首“春水绿弥漫，春山秀色含；一帆风信好，舟过万重峦”的小诗，陶麟书拿在手里，不停地点头啧啧赞叹。又见他的画画得也远远超出一般孩子，欣喜之余，便将他认作义子。至此，徐悲鸿便将陶麟书唤作寄父。此后，他便经常来到溧阳，住在寄父家里，与他的儿子陶留芬亲如兄弟。

可以说，徐悲鸿的一生，与溧阳的陶麟书家有着离不开、剪不断的渊源。曾在自述中说道：

本世纪初，余方髫龄，先君达章公载余赴溧阳，过寄陶趾祥先生家……

徐悲鸿所说的陶趾祥，即是陶麟书，名瑞，字趾祥，后更字麟书。此人是溧阳大户，为人宽厚豁达，做药材生意不奸不诈。徐悲鸿所指的“本世纪初”，正是1907年前后，读完了《四书》《五经》，即随父习画，已经能够帮助父亲在画上做些渲染。

到了陶家，在学习与生活上，自然多受陶麟书的照顾。陶麟书的儿子陶留芬比徐悲鸿小五岁，徐悲鸿待他犹如亲生兄弟，陶麟书专门从南京请来清末举人庄志远为二人授课。上完课，徐悲鸿便把在父亲那里背熟的《上大人》《千字文》《大学》《中庸》等教给陶留芬背诵，还带着他摹写吴友如的动物画片。

徐悲鸿十四岁时，家乡闹水灾，徐达章带着他以鬻画为生，总是在溧阳四周转来转去。现在，徐悲鸿已经离家多日不归，徐达章断定他一定还是去了溧阳一带。于是，从床上爬起来，拄根拐杖由屺亭桥出发，朝着西北方向过宜兴，抵达戴埠、天目湖、周城、溧城等曾经到过的地方四处寻找，但却一无所获，最后来到溧阳见到陶麟书。

陶麟书不只是生意人，而且还具有很高的艺术造诣：不但会弹琵琶，还写得一手好楷书，而且精于绘画——白描勾勒花鸟取法于任伯年。因为做药材生意，经常来往于上海。看到聪慧的寄子如此酷爱绘画，便从上海买来大量笔墨纸张及可临摹的画册，以至徐悲鸿在溧阳陶家生活的几年里，潜心习画，作品竟然累积到了十多箱。

徐悲鸿十五岁时，在陶麟书家认识了一位叫曹铁生的朋友，从他那里得到一些欧洲绘画大师的复制品，这是他最初所接触到的西画。尔后，他又陆续从徐子明手中获得了一些西洋画册，使他对西画有了进一步认识，从而萌生了要去欧洲留学的信念。就在徐达章卧病后，徐悲鸿入宜兴中学半工半读，其生活也是寄父陶麟书照应的。

徐达章在四乡八镇没有寻到徐悲鸿，便知道他一定躲在寄父陶麟书那儿，于是，来到溧阳后直奔陶麟书的家里。可是进了屋，并未发现儿子的身影。

陶麟书见老朋友徐达章全身浮肿，拄着拐杖，气喘吁吁，衣服上落满尘土，大吃一惊。询问之，方知徐悲鸿因逃婚已经出来多日不归，婚期逼近，他不得不抱病出来寻觅。陶麟书便急忙安顿徐达章，说徐悲鸿正在一座庙里绘制壁画，别急，待我差儿子陶留芬前去寻来。徐达章听后做出手势说不可不可，这孩子天马行空生性放达，听说我出来寻他回去成婚，必然还会一跑了之。不如你陪我去将他逮住，方能带回家去。陶麟书无奈，只得搀扶上徐达章一步步来到寺庙。

徐悲鸿正在绘制寺庙门厅墙上的壁画，徐达章被陶麟书搀扶着迈进庙门，便一屁股瘫坐在门槛上。

徐悲鸿从搭建的高脚木架上下来，扶起气喘吁吁一句话也说不出来的父亲，泪水泉涌而出，顺着两颊扑扑落在脚下。

徐达章两眼直勾勾地看着徐悲鸿，过了好半天，才断断续续说道："寿康，跟我回去娶亲……赶紧回！"

两天前，徐悲鸿在街上碰见了他儿时的伙伴朱了洲，告诉他说，父亲已经出来找他回去成亲呢。听了朱了洲的话，徐悲鸿不再回陶家，便躲在寺庙里画画门都不出，连吃饭都是小和尚送进来。他以为，父亲找不到他，就会乘船返回屺亭桥。不料，他却在寄父的陪同下不期而至。全身浮肿厉害，说两句话就得喘半天，衣服上还落着一层尘土。徐悲鸿立刻变得心潮起伏，心如刀割，啜泣着把父亲搂得紧紧的，觉得自己对不起他老人家，对不起他的养育之恩。

关于朱了洲，这里还需交代几笔，因为他在几年之后，又插手了徐悲鸿的婚姻之事。

朱了洲，字重明，1886 年生于宜兴，比徐悲鸿大九岁。其身材高大，相貌堂堂，性格幽默，为人热情。当时有个徐一冰，就是作家、诗人徐迟的父亲，浙江湖州南浔人。1905 年，徐一冰二十四岁时，抱着体育救国的理想东渡日本，进入大森体育学校，回国后创办了南浔中国体操学校。朱了洲在宜兴彭城中学毕业后即入南浔中国体操学校，毕业后便在上海务本女校任体育教员。其间，经常到同乡蒋梅笙家里求教学问。

1911 年辛亥革命爆发，学校被迫停办，朱了洲便与该校的毕业生怀琪、周德、谢景尚等人于 1924 年 6 月 1 日在苏州创办了中山体育专科学校。他的兄弟朱一洲，不久便与悲鸿一起赴欧洲留学。

陶麟书将徐达章领来寺庙后，也在极力劝说徐悲鸿跟父亲回乡成婚，口气不容置疑。徐悲鸿也只得将父亲扶着送回寄父家里，又来到寺庙把还未完成的壁画收拾利落。

当晚，徐达章在陶麟书的家里宿下，老哥俩聊至午夜方休。第二天吃过早饭，陶麟书将二十元钱交到徐达章手上，作为徐悲鸿娶妻的费用。然后搀扶着他走到码头，一同上了一条渡船——陶麟书也要到屺亭桥去参加寄子的婚礼。

婚礼在第二天如期举行，徐达章像是换了个人，一大早就爬起来请厨子杀了家里的一口小猪准备婚宴。

在屺亭桥，徐达章也算得上一位名声显赫的人物，长子的婚礼当然要办得排场。徐悲鸿寄父陶麟书的到来，更给婚礼增添了不少色彩，人们进进出出，都要向他请安。一切安排就绪，吉时已到，徐悲鸿深知不能违抗父命，只得按约定俗成的乡俗穿上官服，胸前戴着大红花，身披一条长长的红丝带，在媒人的引领下乘上蓝呢花轿。邻家的一个半大孩子抱着徐家的一只半大白鹅做前导，全副执事，鸣锣开道，到茭渎的周家宅邸去举行奠雁礼。

奠雁礼是一种古老的婚俗：雁是候鸟，秋去春来，象征着阴阳和顺。雁的一生只有一个配偶，配偶死后，另一只也不再择偶，象征着对爱情的忠贞。后来，雁渐渐少了，民间便以鹅和鸭代替。徐悲鸿本来不同意父母为之包办的这桩婚姻，在轿子里坐得寂寞难挨，心烦意乱景迫神伤，于是掀开轿子的布帘，击掌向前导的那个男孩要过白鹅。

徐悲鸿自幼喜欢动物，更喜欢画鹅。他将白鹅抱在怀里，一路上用双手抚摸它身上的骨骼和结构，竟然忘记了自己是去迎娶新娘。

徐悲鸿从来不喜欢热闹场面，对于乡俗不甚知之。到了周家，也完全不知道自己是怎样跪下去向岳父岳母磕的头，然后又都干了些啥。只觉得自己被众人折腾了一个时辰之后，周氏的哥哥周庭勋便抱着一位头顶被红布盖住，浑身上下皆红的人上了红呢花轿，自己也在众人的簇拥之下上了来时的蓝呢花轿，迎亲的人、送亲的人形成了一列长队，鸣锣

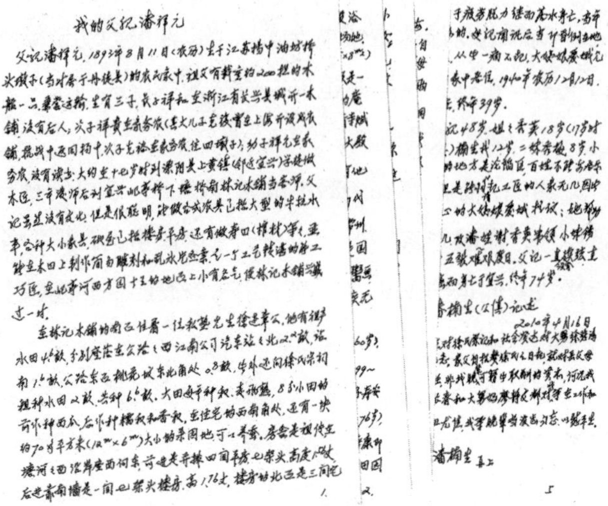

我的父亲潘祥元

父亲潘祥元，1893年8月11日（农历）生于江苏……

2010年4月16日

潘楠生

徐悲鸿外甥潘公慎提供的反映徐悲鸿幼年时家庭状况的材料

开道，鼓乐声高扬，村子里的人全都跑出来观看……

轿子到达屺亭桥徐宅之后停在吉堂，徐悲鸿的母亲鲁氏称作三婶的邻居三婆婆拿把剪刀和一根尺棍递到红呢花轿里让周氏姑娘过了过手，身后的另一位婆婆又用一只熨斗熨了熨新娘的衣角。这个古老习俗的完成，就说明周氏要在徐家安体裁衣，一起度过安康平稳的生活了。随后，徐悲鸿与周氏便被拥进了礼堂并肩而立。

礼堂正面，不仅有徐悲鸿的高堂徐达章和鲁氏正襟危坐；身旁还端坐着穿件青布长衫、头顶戴着清末那种帽子衣冠楚楚的陶麟书。

徐悲鸿和周氏向正堂的父母和寄父行礼磕拜后，新郎、新娘相互交拜，接下来便向三位高堂和亲友、来宾敬酒。仪式全部完成，婚宴结束后，徐悲鸿既不知道他是怎么样牵着周氏的手进入新房的，也不知道中间又进行了什么程序。当他将周氏头上的红盖头挑开，也无意去欣赏新娘的庐山真面目。所有的这些事情，他都是在昏昏沉沉中由别人指使着进行的。他所以要做完这些约定俗成的古老程序，完全是不想惹父母生气，尽到一个孝子的义务。

在婚礼的整个过程中，看到悲鸿逆来顺受的冷漠态度，徐达章心中虽然有所不悦，可儿子毕竟完成了整个程序，这让他的心里踏实许多。周氏儿媳妇嫁到徐家后，按着旧俗也就成了“徐周氏”。

鲁氏知道儿子对这桩婚事并不情愿，便在婚礼结束之后，让三婆婆偷偷塞给儿媳妇徐周氏一块白布，并对她耳语了几句。等到第二天鲁氏向儿媳妇索要那块白布时，徐周氏却低头不语，眼泪顺着脸颊静静地往下流淌。直到第三天，徐周氏还是交不出那块白布。于是，徐达章和鲁氏的脸色便开始阴沉，总是待理不理地与儿子说话。直到徐周氏将一块“染指”白布偷偷递在婆婆的手里之后，徐达章夫妇脸上才多云转晴……

这一年，家中不但增添了徐周氏，母亲还生了三弟寿凯，父亲还在病中。对于婚姻的不满和生活的压力，给徐悲鸿的精神带来了巨大痛苦，社会也是世态炎凉，可悲可叹。因此，他将父亲给起的“寿康”名字改成了“悲鸿”——心中虽然悲苦，但却不失鹏程万里的鸿鹄之志，故曰“悲鸿”。

这时，徐悲鸿的绘画名声也已经像父亲徐达章一样传遍了宜兴的四野八乡。为了给父亲治病，缓解家中生活的拮据，他同时接受了宜兴初级女子师范、思齐小学和彭城中学三所学校图画教员的教职。三校的距离五十余里，不管烈日当空，还是凄风苦雨，寒来暑往，每日鸡鸣即起，怀里揣进一个冷馍出门，便疾步如飞赶到学校去上课，时常三过家门而不入。

结婚的第二年，徐周氏为家中生得一子。欣喜之际，徐达章为孙子起名吉生——取兴旺发达吉祥之意。鲁氏最初要长子娶妻生子之意，也就是为丈夫的病情“冲喜”。现在，有了孙子，爷爷心里高兴，身子骨也顿觉轻松。吉生满月那天，他便从床上爬起来，支撑着宴请宾朋。

在以往的记载中，均说徐悲鸿为自己的孩子取名劫生，意为遭劫而生，后被父亲徐达章改为吉生；还有一种说法是爷爷给孙子起了吉生的名字，后又被徐悲鸿给改成了劫生。这些其实都是误传。

按着常理，徐悲鸿就是再怎么不满意父母为他包办的婚姻，他也不可能将怨气撒在自己孩子身上；而且，徐达章在世——他又是一位城府很深的教书先生。徐悲鸿怎么可能丢开尊敬的父亲于不顾，抢先给儿子起个名字呢——如果起的是个吉利的名字倒也情有可原。前面说过，在那个时代，徐达章就是再开明、再进步，也无法改变中国几千年的世俗。“不孝有三，无后为大”，悲鸿是家中的长子，现在喜得贵子，家中有了延续祖宗香火的孙子，爷爷自然会欣喜万分。再说，徐达章和鲁氏全都指望徐周氏所生之子能为病卧在床的爷爷冲喜呢，因此，徐达章才给孙子起了这个吉利的名字。退一步讲，徐悲鸿不但是徐家长子，而且是位孝子，他对父亲徐达章尊崇备至。就算对妻子没有一点感情，对她所生的孩子也很冷漠，他也不可能在明面上与父亲分庭抗礼。因此，也绝不会站出来将父亲给孙子起的吉生改成“劫生”。

现在所能够看到的描写徐悲鸿的书中，几乎所有的人也都说是悲鸿先给儿子起了“劫生”，后经徐达章给孙子改名“吉生”。只有在1987年的《宜兴文史资料》中，蒋行知整理的《徐悲鸿在家乡》里称：周氏生子之后，是徐达章给孙子起的名字吉生——以求消灾降福之意。当时，徐达章深知自己将不久于人世——“冲喜”也不过是一种愿望而已。他当然想在辞世之前看到自己的孙子，爷爷给孙子起个吉利的名字本在情理之中。

蒋行知也是宜兴的先贤，徐悲鸿的同乡，有许多著作出版，他的说法应该是比较可靠的。

关于徐悲鸿给儿子起名“劫生”一说，最早应该出自蒋碧薇之口：她于1965年在台湾出版的《蒋碧薇回忆录》中这样提过。这之后，所有的书便全部照抄了她的这一说法。

然而，劫生一说也不是空穴来风。事实是，由于徐悲鸿对自己婚姻的不满，孩子的出生也没给他带来多大的快乐。他与同乡至交朱了洲谈到他的儿子时，表露出那不过是他婚姻“遭劫而生”的产物。后来，朱了洲在上海蒋梅笙的家里秘密策划蒋碧薇跟随徐悲鸿私奔时，蒋碧薇曾问过他，说徐悲鸿不是娶过妻生过子吗？朱了洲则告诉她说，他的妻子姓周，小脚，没有文化，是父母包办的，现在已经病故。至于儿子，那不过是婚姻的“遭劫而生”罢了——私下被他戏称“劫生”。后来，蒋碧薇就把这一说法写进了她的回忆录中。

笔者曾不远万里，经过多方辗转，在江苏宜兴见到了徐悲鸿八十四岁的外甥潘公慎——他就是徐悲鸿的二妹妹爱贞与被招赘的女婿潘祥元所生的幼子；笔者又见到了徐悲鸿孙辈七十四岁的徐三毛，还有徐悲鸿家的邻居八十六岁的裴祖源和八十岁的周万胜。在他们的口中，徐悲鸿青少年时代的许多事情都得到了应有证实，“劫生”一事也是如此。

然而，吉生出生之后，徐悲鸿仍然不能从婚姻的阴影里走出来……

四、初出茅庐

1911 年，辛亥革命的思潮暗流涌动，上海作为中国经济文化重镇，传播新思想的报纸杂志如雨后春笋般涌现，正在徐悲鸿感到郁闷之时，在商务印书馆张元济主办的《时事新报》上，看到一则美术作品评奖征稿的启事。

张元济，出生于名门望族书香世家，字筱斋，号菊生，原籍浙江海盐，1867 年 10 月 25 日生于广东。清光绪十八年（1892）中进士，授翰林院庶吉士。维新运动期间，他在北京创办通艺学堂，传授新学，并受到光绪皇帝召见。戊戌变法失败之后，选择了教育救国的道路，到上海任南洋公学译书院主事。1901 年，以“辅助教育为己任”投资商务印书馆，1903 年任该馆编译所长，1916 年任经理，是位著名出版家——被称为“中国出版第一人”，对于文学和美术均有很高的鉴赏力。

读到征稿启事，徐悲鸿立即画了一幅施耐庵小说《水浒传》中的《时迁偷鸡》寄到《时事新报》。

张元济在一大堆来稿作品中看到《时迁偷鸡》，觉得非常有趣：画中的人物造型鲜活准确，形象逼真，乡土气息浓郁。他想，作者肯定会是个可塑之才，于是大笔一挥，给了个二等奖。孰料，这个小小奖项竟如黑夜里的烛光，照亮了徐悲鸿对光明的向往，于是积攒了一点钱，只身赴上海寻求发展。

张元济（左）与受他资助过的罗家伦

可以说，是张元济首先帮助徐悲鸿开启了理想之门。

张元济无疑是一位惜才如玉的善者，不但在精神上帮助了徐悲鸿，还在经济上帮助过后来出任中央大学校长，并与徐悲鸿关系密切的罗家伦。

罗家伦，字志希，1897 生于浙江绍兴，1917 年入北京大学，1919 年主办《新潮》杂志，是五四运动中著名的学生领袖。他曾在《新潮》上发表文章《今日中国之杂志界》，对商务印书馆出版的《东方杂志》《小说月报》《妇女杂志》进行激烈批评，指出它们缺乏鲜明个性，希望商务印书馆积极投入到新文化事业中。张元济接受了他的意见，起用了沈雁冰、郑振铎、胡愈之等一批新人，对杂志进行了锐意改革。1920 年，罗家伦赴美国留学，三年后又转赴德国、法国和英国访学。

罗家伦赴海外求学，是由上海的实业家穆藕初赞助的，因其破产，赞助款项中断，罗家伦的学业难以为继。在此情况下，便求助他的恩师蔡元培。蔡元培和张元济是多年至交，1925 年春，蔡元培将罗家伦的情况转告给张元济，希望他给予援助。张元济慨然解囊，分两次汇寄七千五百元，资助罗家伦完成了学业。他在 5 月 25 日致张元济的函中深表谢意：

1949年9月，毛泽东主席邀请张元济（左五）、程潜、陈明仁等人同游天坛

> 自穆藕初先生所捐基金断绝后，频年颇困。国内不乏以接济款项见询者，然或不免政治及他项关系，故宁忍穷而不受，仅有时向梦麟先生及三数知交告急，但彼等亦同一贫困。今敢受先生贷款者，盖认先生为纯洁之前辈，而且素承知遇之前辈也。

张元济对罗家伦的另一次资助是在1926年底，罗家伦回国在南京东南大学任教，因南昌家中变故和个人生活所需，使然。

罗家伦于十年后的 1935 年 11 月向张元济还款一千元，可张元济却认为 “朋友通财，万不能认为债项”，故予退回。可后来，罗家伦还是以礼金等变通方式为他汇过去两千元。

无疑，徐悲鸿在张元济那里所得到的精神支持，远比经济上的援助更有价值。然而，上海是一个灯红酒绿的城市，徐悲鸿举目无亲，一个人提着简单行李在大街上来回踯躅，想要寻找一家便宜的旅店。突然，他看见一大群人正在围观马戏团的表演，于是拎着装有画具的行李挤了进去……

徐悲鸿自幼喜爱动物，不但反复临摹过吴友如的多种动物画，不断写生家乡的猪、马、牛、羊、鸡、鸭、鹅，还不时按着画片和想象画过狮子和老虎等猛兽。八岁读《孟子》时，读到：“卞庄能斥老虎”处，便求蔡邦庆的父亲画了一只老虎，然后进行临摹。父亲徐达章看见后问他画的什么？他说是“老虎”，才引出父亲对他说道：“是老虎吗？我看像只狗。你现在应该专心读书，等到读完了《左传》再学画不迟。”

徐悲鸿挤到前边，有生以来第一次见到了真正的猛兽，立刻激动起来。急忙从行李里取出一个画速写的本子开始画马戏团里的老虎、狮子、大象、猴子。那些动物的精气神，完美的结构和一举一动所散发出来的难以用言语形容的美感与神韵，让他的心灵深处产生了一种从未有过的震撼。由于激动，一开始，两手有些发抖。画了好几张之后，怦怦狂跳的心才慢慢平静，由此引过来许多人看他画画。

一直画到马戏团收场，徐悲鸿才装起速写本，拎上行李去寻旅店。第二天、第三天，他又追到马戏团演出的地方去画速写。马戏团离开上海后，他又到动物园去画了两天。通过几天的速写，使他进一步认识到绘画造法自然的重要性。由此，他更加喜爱动物了——动物竟然成了他一生创作不可或缺的题材。

徐悲鸿后来创作动物画，很多都带有强烈震撼人心的拟人化倾向：那《侧目》和《新生命活跃起来》中的狮，四蹄飞扬奔腾起来的马，悄悄逼近敌手聚精会神的虎，哪一个不充满着人类的智慧和强大动力；而那酣睡后打着哈欠伸着懒腰的猫，哪一个又不像不思进取的惰汉——抑或是躲在大后方，不去前线杀敌的懒虫。我们还可以看到，徐悲鸿在《滑竿山行图》中画了两个脚夫抬着一副滑竿艰难而缓慢地向山上爬行，滑竿里坐的不是人，而是一头大肥猪。在题识中写道：

两个人抬一个猪，抬向白云深处。

看到这幅画的人，有谁能断定那两个脚夫所抬的不是人而是一口肥猪呢？那不分明是当时的“行政院长”，或是其他的什么官僚，抑或是日本鬼子让脚夫抬着进山打猎吗？

所有这些动人画面，徐悲鸿如果不是练就了一手画动物的熟练本领，和对动物世界精神气质的深刻认识和理解，是很难画得如此精妙的。

徐悲鸿虽然怀着无比激动的心情画了许多野兽速写，可轮到寻找求学之路时，却发现世态炎凉，处处碰壁。没过多久，身上带来的钱花完了，不得不折回故里。后来，他在《悲鸿自述》中说道：

年十七，始游上海，欲习西画，未及其途，数日而归。为教授图画于和桥之彭城中学。

徐悲鸿继续在三所学校之间来回奔波。对于徐周氏，依然不理不睬。然而徐周氏呢，却不失中国农村妇女的美德：她的个子不高，五官相貌生得小巧端庄，整个一个小家碧玉型的江南女子。可由于先天不足，身子骨却有些脆弱，但却并未影响她敬养公婆，相夫教子。她深知自己没有文化，丈夫与她无话可谈，唯一让她感到满足的是已为徐家生养了一个接续香火的儿子，公婆对她都很好。在那“女子无才便是德”的年代，她也只得默默忍受着丈夫对她的冷漠与无言。

1913 年，徐悲鸿已经十九岁。是年春，同宗同乡的徐子明从海外归来，赴上海中国公学任教。徐悲鸿时常得到他由法国卢浮宫带回来的油画印刷品，使他每每深受感动，遂不断激发他想去法国留学的梦想。

徐子明原名徐佩銑，1888 年生于宜兴徐家望族，家学渊源，比徐悲鸿大七岁。幼时，便是宜兴有名的“神童”，十一岁已经读了《四书》《五经》，并能待笔作文。十四岁时赴上海求学，先后就读于南洋公学、复旦公学，与陈寅恪是同学。所习课业以英语、数学为主，每次月考，几乎都名列前茅。学习之余，他还遍猎先秦诸子典籍，尤好两汉史传，潜心研读，学业日精，深受校督严复大师的器重。二十岁毕业后，北上清华，参加留美甄试，以第一名入选。1908 年进入美国威斯康星大学，专攻欧洲近代史及德国文学。1911 年夏毕业后，赴德国海德堡大学研究欧洲中古史，1913 年获哲学博士学位。1914 年，“一战”爆发，转道荷兰回国。他的女儿徐含意，后来是徐悲鸿的学生，也成为著名画家。

徐悲鸿非常敬佩徐子明的才学，仰慕他的经历和奋斗精神，对继续担任彭城中学等三校的图画教员感到没有作为，而且难以提高。是年 9 月便辞去三校教职，第二次赴上海寻求发展。

然而，费尽周折，徐悲鸿所进的上海图画美术院既无像样教员，也无正统教具——只以北京路旧书摊得来的插图为范本。两个月后毫无所得，即不辞而别，于深秋返回故乡。

五、家父远行

从上海回到故里，徐悲鸿见家父已经病入膏肓，便四处举债为其治病，并继续担任彭城中学、宜兴女子师范和齐思小学的图画教员。

没过多久，徐达章的病情终告不治，生命走到了四十岁尽头。燕子衔来一口口泥，在他居住的屋梁上筑巢，已经有些个年头了。八月十五刚过，两只大燕带着刚刚出窝不久的七只小燕儿不断从门窗飞进飞出，怎么也不肯离去。

最后，这群燕子飞进老屋里盘旋两周，然后落在泥巢上、扒在屋梁上，伸长脖子静静地注视着躺在病床上就要离去的徐达章。

这时吉生已经两岁，徐悲鸿将他揽在怀里，双膝跪在父亲床前。徐达章抓住他的一只手，又不时松开摸摸孙子的头，深深喘息一阵之后断断续续地说道：“寿康，我们家出了两代画家，可后来居上，你要青出于蓝超过我呀，要记住，生活再苦，也不要屈从于权贵……业精于勤，而毁于惰……”

说完，徐达章抓住儿子的那只手慢慢撒开，微微喘息着咽下了最后一口气。

梁上的燕子又对徐达章注视良久，不断发出低低悲鸣，最后，才一只一只飞出门窗，朝着正南的方向飞走。

徐悲鸿紧紧搂住吉生，伏在父亲的胸前痛哭起来。妻子徐周氏趴在他的背上已经泣不成声。结婚三年多来，徐悲鸿对妻子一直十分冷淡，从来都不正面看她一眼。有时他要起早赶到学校去上课，徐周氏摸着黑爬起来点上如豆的油灯为他做好饭，可他连吭都不吭一声，穿上长衫揣起一块凉馍就疾步如飞地走了。

徐周氏赶出门外望着丈夫怅然离去的背影，将噙着的泪水咽到肚子里。徐悲鸿对徐周氏虽然没有感情，可公公对儿媳妇却很好，总是无微不至地关心她的冷暖：常常劝她少干活，只要照顾好孩子就行了。

现在公公去了，不会有人再像他那样心疼自己。想到这里，徐周氏哭得更加伤心。徐悲鸿感到背上的衣服湿了，也被妻子的真情所打动，遂扶住吉生站起来转过身子搂住她。对于徐周氏，丈夫这是从未有过的温情，因而使她更加感到悲戚，趴在他的胸前抓住他的衣襟哭得死去活来，怎么也不肯撒手……

为了埋葬父亲，徐悲鸿含着眼泪向他的寄父——仍然做药材生意的长辈陶麟书告贷：

> 今临穴有期，欲世伯代筹二十元，使勿却者，则悲鸿刻骨铭心，愿化身犬马而图报耳……

陶麟书责无旁贷，见到告贷信后十分动情，不但派人立刻将款送到徐家，并且亲自赶过来参加葬礼，帮助料理后事。徐悲鸿后来在《悲鸿自述》中说道：

> 年十九，先君去世，家无担石。弟妹众多，负债累累，念食指之浩繁，纵毁身其何济。爰就近彭城中学、女子学校，及宜兴女子学校三校教授图画。心烦意乱，景迫神伤，遑遑焉逐韶华之逝，更无暇念及前途，览爱父之遗容，只有啜泣。时落落未与人交游。而女子学校国文教授张先生祖芬者，独蒙青视，顾亦无杯酒之欢。

可见，父亲去世之后家庭的贫困和徐悲鸿痛苦的程度。如果换上一般人，遇到如此窘迫情况，也只能是维持现状，艰难度日，以求温饱。然而，徐悲鸿的意志却并未因此泯灭，他那鹏程万里的鸿鹄之志也并未因父亲的棺木被黄土掩埋而化为乌有……

六、鞭长莫及

徐悲鸿自十九岁逃婚离开家乡后很少回家，经济上也不能给家里以贴补，使得鲁氏一直在贫困和凄苦中苦苦挣扎。

因无劳力，家中的田园荒芜，生活更加艰难。长女爱娥已经许配给景美村的谢丙甲为妻。虽然尚未过门，但自幼裹足，自然也不便下田劳作，只能学做女红——织布、绣花、养蚕。剩下年纪稍大的二女爱贞自幼没有缠足，做农活和杂务就只有靠她了。可一个十六岁的女孩子，毕竟身单力薄，所做有限。

在这样窘迫的境况下，1918 年，鲁氏便向林记木铺的三婆婆——鲁氏称她为三婶，打听她家客师潘祥元的情况。三婆婆告诉她，详元的手艺不错，人品也好。鲁氏便请她做媒，要招潘祥元做上门女婿。

潘祥元于 1893 年 8 月 1 日生于江苏扬中油坊桥关墩子，父亲有可载重二百担的一只木船，靠运输维持生计。

潘祥元家中共有弟兄三人，大哥祥和在长兴县城开一木铺为生，二哥祥贵在家务农。祥元最小，十七岁到溧阳县上黄学徒做木匠，三年师满后到屺亭桥下塘桥南林记木铺当客师，即与徐悲鸿家近在咫尺。

鲁氏请的媒人三婆婆当年五十多岁，性情温和，心地善良，听了她的话乐此不疲，当天晚上就把话传给了潘祥元。

潘祥元已经过了二十五岁生日，早就产生了想要有个家的愿望，以结束寄人篱下的生活。可因为家里穷，自己又长年漂泊在外，对于婚姻之事，几乎不敢奢望。三婆婆提到的徐家二女儿爱贞，去河边提水、洗衣时他也曾见过几次。小姑娘生得苗条清秀，性情如柳。可她的年纪尚小，徐家又算得上书香门第，而自己则是个大老粗——只会出把力气。对于这事，他连想都没敢想过。现在听三婆婆这样说，也不敢相信这会是真的。虽然经三婆婆再三说明，他的心中仍然七上八下忐忑不安。就在三婆婆的操持之下，他被轿子抬到徐家与爱贞成了亲，入了洞房，他的心才算踏实下来。这年，徐家的爱娥十八岁、寿安十二岁、静贞八岁，寿凯才只有六岁。

潘祥元被招赘之后，利用靠着河边四间房屋中的两间开了森记木铺，还请了两位客师——一位叫郃元甫，一位叫陈狗大，并收了一位梢渎周姓的小伙子为徒。

木铺为人制作各种家具、农具、大型牛拉水车、犁、耙、车船，还有砌屋的门窗、屋梁及其寿材等，并且能够在木器上做出简单的雕刻和乱冰片图案。森记木铺在屺亭河西方圆十里的地面上曾兴盛一时，徐家的生活也因此得到了改善，徐悲鸿的二弟寿安和三妹静贞也能上学读书了。

日子好过之后，潘祥元便利用铺里现成的木材与人力，在徐家南面砌成了两间七架头平屋，又购置了一亩半水田自家耕种。

随后几年中，潘祥元的三个孩子——长子潘兰生、女儿潘秀英和二子潘公慎相继问世，徐家的生活负担又日益加重。鲁氏见状深感不安，想与女婿分家另过，可自己却无生活来源。无奈之下，便同二女儿爱贞、女婿详元商量将他们新砌的两间房屋借给她，典当出去以维持眼下生活，待徐悲鸿在外面有钱寄回来，再将房屋赎回。如果到时无力赎回，便以住身的两间房屋相抵。

爱贞和潘祥元同意了母亲的建议，鲁氏便以两百银洋把两间平房典给了客师陈狗大。后来，日寇侵华战争爆发，徐悲鸿为祖国的救亡运动奔忙，无暇顾及家事。由于房屋典当契约期限已过，便以事先商定的办法了结了此事。

第二章

闯荡大上海

天气湿漉漉的，而且下着丝丝细雨。徐悲鸿穿起蓝布长衫，胳膊上为父亲送葬所佩戴的黑纱也未摘去，脚上还穿着掩有白边的布鞋便上了路。

一、求职受阻

1915年6月，徐悲鸿辞去三校的教职后，便收拾行装再赴上海。临别时，宜兴女子师范国文教员张祖芬手持送给他的《韩昌黎集》说道："吾等为瞻家计，以舌耕升斗，至老死，亦既定矣。君盛年英锐，岂宜居此？曩察君负綦重，不能助君行，而乱君意。今君毅然去，他日所跻，正未可量也。"

徐悲鸿听了张祖芬的话非常激动。张祖芬看着他脸上无比坚毅的表情接着说道："你年轻聪敏，又刻苦努力，前途未可限量。我希望你记住一句话，'人不可有傲气，但不能无傲骨'，愿受鄙言，敬与君别。"

对于张祖芬的话，徐悲鸿后来在自述中惊叹道：

> 呜呼张君者，悲鸿入世第一次所遇之知己者。

人生得一知己足矣！张祖芬最后的一句话让徐悲鸿牢记一生，简直成了他的座右铭。直到生命的晚年，他仍然带着温情的口吻说道："张祖芬先生可称我的第一位知己啊！"

行前，徐悲鸿找到儿时的朋友黄兆丰，差不多用了整整一夜向他倾诉衷肠。讲到动情处，竟与他抱头痛哭。黄兆丰比徐悲鸿年长一岁，第二天便提着他的一只衣箱送他上路。

屺亭桥距无锡六十公里，离上海二百公里，为了节省路费，徐悲鸿此次要徒步行至无锡再上火车。

天气阴沉，下着蒙蒙细雨。徐悲鸿穿起蓝布长衫，胳膊上为父亲送葬所佩戴的黑纱尚未摘去，脚上还穿着掩有白边的布鞋便踏上征途。一出家门，就头也不回地上了沪宜公路，顺着屺亭桥西侧向北朝着无锡和常州的方向一个箭步，将黄兆丰甩在身后。

徐悲鸿每次外出，徐周氏的心中都觉得不是滋味：丈夫从来也不跟自己说他要去哪里，去干什么，何时才能回来；走了之后从来也不给家写封信。想到这里，泪水已经噙满了她的双眼。走上屺亭桥，紧紧搂住还不懂事的吉生目送丈夫远去的背影。雨水已经打湿了她的衣衫，泪水和着雨水流下面颊，两眼模糊起来。丈夫在她的面前已经消失得无影无踪，她才抱起浑身湿淋淋的儿子一步步朝着家门口挪去……

到达无锡之后，徐悲鸿的两脚全都磨起了血泡，黄兆丰将身上所有的钱都掏出来塞给了他，将他送上南京开往上海的列车。

黄兆丰无比钦佩徐悲鸿的才学和他的毅力，后来，由他做主，将他的妹妹黄应琪嫁给了徐悲鸿的三弟寿凯为妻。

徐悲鸿虽然已经不是第一次来沪，然而灯红酒绿的大上海对他依然陌生。他提着简单的行李，仍旧住在先前那家价格低廉的旅馆里。

在徐悲鸿来到之前，徐子明已经跟复旦公学校长李登辉打过招呼，请他为自己的小老乡安排一份工作，他当时已经答应下来。徐悲鸿一到，徐子明便带他前去拜会。

李登辉祖籍福建同安，父母为南洋华侨。他于 1873 年生于爪哇，1887 年转往新加坡读书。1891 年，赴美国留学，1897 年于美国耶鲁大学毕业后回到南洋从事华侨教育事业，并参加孙中山在海外倡导革命的宣传工作。1905 年回国后，与留美同学颜惠庆等人在上海创办"寰球中国学生会"，并参加曾少卿发起的为反对美帝虐待华侨、华工而斗争的抵制美货运动。此时，曾少卿又把他介绍给复旦公学创办人马良，担任复旦总教习（教务长），兼课中国公学。1907 年清政府招收江南留学生，曾聘李登辉兼任主试。1911 年辛亥革命时，他又

复旦公学校长
李登辉

兼任英文《共和报》主笔，做国际宣传。辛亥革命兴起，武汉军政府都督黎元洪邀他为外交部长，可他却以“不会做官”而婉言拒之，仍在沪主持复旦教务。1913 年，复旦校长马相伯年老退休，校董会董事长孙中山便推李登辉继任。1917 年复旦公学扩充为复旦大学。李登辉在复旦校园服务了四十年，做复旦大学校长二十三年，被誉为“人伦师表”。

徐子明把徐悲鸿领进李登辉的办公室，向他介绍了他的基本情况。

李登辉一边听一边仔细打量站在面前的徐悲鸿：他身着一件褪了色的蓝布长衫，左臂上戴有一块黑纱，裤管下的一双黑布鞋掩着一圈白边儿；中分头下的面庞棱角分明，眼球漆黑，目光如炬。然而他的身材瘦弱，一副农村青年的装束，表情冷漠。李登辉沉吟半晌，便朝他问道：“你在为谁服丧？”

“父亲。”徐悲鸿嗫嚅道。

“你从哪所大学毕业？”李登辉又问道。

“我没上过大学。”徐悲鸿答道，“只靠父亲的家学。”

听了徐悲鸿的话，李登辉低头不语。虽经徐子明再三力荐：说徐悲鸿在家乡如何担任了三个学校的图画教职，如何有才艺，又如何优秀。可李登辉思忖半晌，却小声对徐子明说道：“此人还是个孩子，怎么能工作？”

徐子明又说道：“他有才华，年龄小点儿不是问题，况且，他不满足自己目前的处境，想找份工作，边干边学。”

尽管徐子明一再推荐，可李登辉还是拒绝了为徐悲鸿安排工作的请求。

随即，徐子明应聘赴北京大学任教，徐悲鸿与他失去了联系，便流落于上海街头。他虽然多次给李登辉写信，恳请他能帮自己安排一份工作，但均不见答复。

秋天到了，阴雨连绵。徐悲鸿身上的钱全部用光了，吃饭都成了问题。只好把身上的布褂和铺盖送进典当行，勉强换来两三天的口粮 。

直到两个月后，正当徐悲鸿情绪低迷落魄之时，接到徐子明从北京寄来一封信，告诉他到商务印书馆去找《小说月报》主编恽铁樵，请他给安排点儿差事，其间可以补习法语，待机出国留学。

文化奇人恽铁樵

徐悲鸿立刻带上自己的画和徐子明的信来到商务印书馆，恽铁樵看了他的画作后对他说道："我们出版的教科书需要插图，你再画几张人物画拿来看看。"

恽铁樵比悲鸿大八岁，简直是个奇人：他于 1878 年出生于浙江台州，五岁丧父，十一岁丧母，由同族亲戚携带。十三岁时就读于族中私塾，十六岁即中秀才，二十四岁考入上海南洋公学攻读外语和文学。毕业后先赴湖南长沙，后回上海浦东中学任教。因翻译的《豆蔻葩》《黑夜娘》《波痕荑因》等中篇小说刊登于上海的《小说月报》，而与林纾齐名，但又别具一格。遂调至商印书馆任编译，一年之后——1912 年任《小说月报》主编。

1916 年，因患伤寒病使得恽铁樵连丧三子，就在第四个儿子又患伤寒，坐以待毙即将离开人世之际，他毅然弃文从医，自己开出伤寒方让儿子服下。此举不但神奇般救活了第四个儿子，之后又拯救了无数条性命，成为中国现代著名的中医学家，著作颇丰。因为行医、办学使得身体过度透支，五十七岁时竟然累死在工作岗位上。

徐悲鸿回到旅馆之后，身上冷得打着哆嗦，脱去被大雨浇过的衣服，连夜用吴友如的那种石印线条赶画几张人物画送了过去。可恰巧恽铁樵不在馆里，接待他的是号称"交际博士"的黄警顽。黄警顽与恽铁樵一样，也能称得上一位奇人……

二、救星黄警顽

“交际博士”
黄警顽

黄警顽出生于上海顾家弄的科举世家，七岁入私塾，三年后转入西城小学，毕业后因家境贫寒而失学。不久，投考商务印书馆附设的书业补习学校，因其国文、算术成绩出众，又以其思维敏捷、性情活泼而被录取。后来留学法国的画家颜文樑，和北平女子师范大学的教授徐视正，都是他的同学。当时的学制本来是两年，可因他的聪慧仅修一年半，便被派往商务印书馆当学徒，年仅十五岁。但他的求学之心一向不减，则利用假期至华南、华东各大学选读社会学科课程。

辛亥革命后，黄警顽深觉国家兴亡，匹夫有责，便弃职从戎。先是攻克制造局，光复大上海；后又参加北伐军转战齐鲁，生活于枪林弹雨之中。革命成功后，即被沪军都督保送到临时政府留学府充当宪兵。半年之后，商务印书馆写信催促他解甲归馆畀以重任。

黄警顽这时虽然已经四十多岁，却还孑然一身，可性情却极为温和。他所创立的社会公共团体有“中华武术会”“广智流动图书馆”“启民新剧社”“育美音乐会”“平民夜校”“上海艺术师范”“沪江女体师”“沪北塾师讲习所”等。至于为公益事业发起的社教团体，还有“儿童图书馆”“华侨团体联合会”“妇女节制会”“海外职业介绍部”“盲哑学校”等不胜枚举。

“慎言语”“守信用”“戒嗜欲”是黄警顽的三个信条。不但拒绝当局提他为分行的经理，还拒绝为他加薪水——让将加给他的钱摊给那些薪金少而又工作勤勉的小同事。他还将自己每月进款的百分之七十拿出来帮助别人。

徐悲鸿见到黄警顽时，并不了解他是个怎样的人，更不知道他的许多善举。

外面下着倾盆大雨，徐悲鸿已经身无分文，使得他的心里更觉凄苦，便向黄警顽讲述了自己目前的窘况。

黄警顽对徐悲鸿的处境十分同情，从衣兜里掏出仅有的零钱塞给他，并让他把画留下来由他转交给恽铁樵。第二天，徐悲鸿又冒着倾盆大雨到商务印书馆去探寻，恽铁樵便将黄警顽转给的画在他的面前摊开，非常激动地对他说道："你的画比别人好，十有八九没问题，请你等几天再听回音吧。"

徐悲鸿心里感到一阵欣喜，转身就往外跑。等到恽铁樵拿起他进来时放在地上还没收拢的雨伞追出门外，他的身影已被倾盆大雨淹没……

然而，黄警顽塞给徐悲鸿的零钱没两过天就用光了，他于是以四十元钱当掉了身上的马褂回到宜兴去筹钱。两个星期后，徐悲鸿又从宜兴折回来，急忙去找恽铁樵。恽铁憔看着风尘仆仆的徐悲鸿，让他再等几天。等到 10 月 9 日，他再也坐不住了，又冒着大雨到商务印书馆去探听消息。

恽铁樵十分兴奋，看着浑身湿透瑟瑟发抖的徐悲鸿说："事情已经成了，商务印书馆同意你担任中小学教科书的插图工作。不久你就可以住到这里来，吃住所费甚省，晚上还可以补习法语。看你身上湿的，赶快回去换换衣服吧！"

徐悲鸿回到旅馆，立即写信将消息告诉给母亲和亲友。

然而时隔一日，天空在蒙蒙阴雨中，身体感到极度疲乏的徐悲鸿正准备上床休息，忽然听见急促的叩门声。他赶忙将门打开，见恽铁樵差人送来一个纸包。将纸包打开一看，是退给他的几幅人物画。附信告诉他说：馆里的三个主事人中，蒋维桥和陆伯鸿看了他的画后都通过了，同意聘用，唯有一个叫庄百俞的先生略有微词，批示曰：

徐悲鸿的画线条太粗，不合用，现退还。

庄百俞的批示也夹在退件里。徐悲鸿立刻感到两眼发黑，身心俱裂。这次回去，又是寄父陶麟书和乡亲们为他凑的盘缠，希望他能在上海混出点名堂来回归故里。可现在，一切希望都破灭了。他又想到离开家门时，抓住衣襟看着他，不愿让他离开的儿子吉生：这孩子很少能够见到自己父亲一面，徐悲鸿除了到处奔波，就是早出晚归去给三个学校上课。偶尔在家里出现时，徐周氏便偷偷指着他对儿子小声说："那是你爸。"因此，孩子对父亲十分陌生。

徐悲鸿纯属是为了安慰父母的心灵，才与徐周氏生下这个孩子的，平时对他也很冷淡。现在想来，儿子与自己、与妻子一样，都是这桩包办婚姻的牺牲品，他又是多么的无辜啊！

徐悲鸿进而想到徐周氏，自己虽然一直都没爱过她，可她还是为徐家生了一个延续香火的孩子。不然，父亲的心里就不可能得到慰藉，心情不好，病也不会好起来。现在，父亲虽然离世了，可他临走之前如果没有见到孙子，他的在天之灵也肯定不会安宁。即便是这样，徐周氏也未曾得到过自己的一丝温暖，这能怪谁呢？怪父母亲吗？不能，他们原本也没有什么过错。怪徐周氏吗？这不是太冤枉她了吗？她也一样无辜啊！要怪，说到底，也只能怪自己吧，如果自己早能练就一身强硬的本领，像同乡徐子明那样到欧美去留学，回国后当一名大学教授，父母亲还会硬逼着给自己娶一个没有文化的小脚农村媳妇吗？自己本来是为了躲避这桩并不如愿的婚姻才从家里逃出来奋发图强的，可现在却弄到了这般地步，就这样回去让乡亲们如何看呢？又让徐周氏如何看待？徐悲鸿越想越觉得心里苦楚……

徐悲鸿已经欠下旅馆四天的房钱，店主不许他再住下去，并且扣留了他的箱子。

饥寒交迫，凄风苦雨，偌大个上海，举目无亲。徐悲鸿只能蜷缩在旅馆外面的台阶上过夜，可却又遭到巡捕的驱赶，只得离开旅馆的屋檐四处游荡……

连绵的阴雨不断拍打着徐悲鸿的胸膛，他又情不自禁地想起了黄警顽。他可是徐悲鸿到上海后第一个能够倾诉心迹的朋友，他那和善的面容，关怀自己的亲切目光，都难以忘怀，徐悲鸿想去见他最后一面。

第二天一大早，徐悲鸿便跑到商务印书馆找到了黄警顽。黄警顽见他的衣服湿淋淋的，头发蓬乱，嘴唇干瘪，身子打着冷颤，一副饥饿难耐的模样，便朝他问道："你这是怎么了？"

徐悲鸿嗫嚅半天才将昨晚恽铁樵差人送去的信呈在黄警顽面前，对他说道："黄兄，我已经无颜回乡再去见江东父老。在上海，我举目无亲，只有你一个朋友，谢谢你，永别了！"说完，便泣不成声地跑出门外，朝着黄浦江的方向狂奔……

黄警顽被徐悲鸿弄得愣在那里半晌才回过神来，觉得他告别的神色和语言都不对头，可能是一时想不开，便急忙拔腿追出门外。一直追到新关码头，才将他一把抓住，气喘吁吁地问道："悲鸿，你要干什么？"

徐悲鸿见是黄警顽，便与他抱头痛哭起来。在他再三追问之下，他才把欠下旅馆房费而被逐出门，并且被扣留了衣箱，现已无地容身，只好寻此下策，一一说了出来。

黄警顽帮助他人，从来不分领域，不分老弱贵贱，各层各界，即便是流落上海街头的白俄，无力返回故地的乞讨者，全都一视同仁。凡是饥寒交迫、衣食不挤，或是流落异乡、无可为生者，他都要尽自己一份微薄之力。经他介绍职业的人，无论欧美各国，南洋或中国内地各省，到处都有。

黄警顽已经看出了徐悲鸿的才气和他的鸿鹄之志，以及他目前所处的窘境，于是对他软语相劝，并答应为他代谋职业。

黄警顽最后把徐悲鸿拉到商务印书馆的单身宿舍，让他与自己住一张床，盖一条薄被，又帮助他解决了饮食问题。他便每天待在印书馆里看书——除一些美术书籍之外，还浏览中外文学作品。

黄警顽帮助他人向来不求回报，他曾在自述中说道：

> 二十年来，虽自愧财力有限，但敢说无日不在努力帮助别人，对于社会公共团体之发起创立，自问也颇尽力。
>
> 至于对个人朋友所尽之帮忙，更不惜解衣推食。年来都蒙四

海的人士们，交相赞许，其实我觉得人与人之间都该互相扶助，故二十年来本着这个宗旨而行，聊尽自己应尽的义务而已。

我上面说过，交际家为社会人士所怀疑，就因为他利用交际的手段去图谋别种的目的。可是我在交际场中，要说获得了某种自私自利的欲望，真是完全没有。我每个月的进款，差不多有百分之七十是拿去帮忙别人。父丧几至不能尽礼，蒙李拔可、王仙华二经理，提请公司赙赠百金，盖深知余不事储蓄，所得尽作酬酢之资。许多人从南洋或各远省地来求我，我总愿意竭力替他设法。

现在由我介绍职业的人们，无论欧美各国，南洋或中国内地各省，处处都有。有为饥寒交迫，衣食不继，或是流落异乡，无可为生的，我总喜欢去为他尽一点义务，倘若我没有钱，我便替他向别处设法，无不尽我的力。

我帮助别人，只是出于一点至诚的心，并不希望人家的酬报。至于我要扶助的人，我更不分畛域，无论是老小贫贱，男女各界，甚至如沦落上海的白俄，热心复国运动的高丽人，我也一视同仁。一切的人物，在我眼中都是一样。

我所交游的人，学界方面，自著名学者以至小学生；政界方面，自中央要人而至地方小机关职员；工商界方面，由著名大商店大工厂的总理而至小工学徒等，无不乐与为友。因为我并无另外自私的企图，所以我并没有只想交给达官富豪及名流学者，而对于平常的人们便不屑交游的念头。我自己可以说是相识满天下，所以有人称我做交际大王，也有人说我是交际博士，而且也有人叫我做交际花。交际大家和交际博士还不要紧，只是交际花这个名号，便令许多知而不详的人竟误会以为我是个女性。曾经有一个时期，许多人写信来给我，信面上写着“黄心女士（心是我常用的别号）”的字眼。而且竟有许多多情的男子写着缠绵动人的情书来给我。到后来我没法可想，只得在某报登了一段启事……

在谈到做“交际博士”的目的时，黄警顽又说道：

我虽以交际为业，但我的理想，并不是单纯交际而已。我希望从交际的途径，来促进人类的和平。刘仁航博士的坤村主义，最为我所崇拜。我并望我们在中国能实现一和平之新村，其中大公无私，一切以互相亲爱互相扶助为宗旨，以新道德为标准，由小组的发展而及于社会，而及于全人类，以进大同。

现在我自奉很俭。实在我也无须多量的钱财。我父亲在我投入商务以前便在约翰大学圣玛利亚女校掌国学十多年，兼充时事新报记者，直至“民国”八年逝世。我的两个弟弟都各自有了家室能够自立。因此现在我家里只我和母亲两个人。我的母亲今年六十三岁了，可是她的身体非常强健。家中各事，都亲自料理。我自己也不喜欢讲究衣物。现在我穿的一双布鞋，还是我的母亲替我做的。我那价钱并不贵的夏布长衫也还是我的朋友送给我的。所以我自己实不需要多量的钱。无论到什么地方，常出我意外地得朋友爱顾，精神上的酬报，实在是无价之宝。

现在我还在壮年时代，努力的时候尚多，我愿社会一般人士都明白了解我，帮助我努力于和平的事业，好把这黑暗的社会澄清，实现我们幸福的国土。

黄警顽本是精武馆体育会的会员。体育会提倡拳术，但所学“谭腿”却无像样图解。他便通过业务关系找到中华书局经理，建议他出一套《谭腿图说》挂图，并自告奋勇撰写解说词，力荐徐悲鸿绘画。

中华书局同意了黄警顽的建议，于是，每天一下班，他就回到宿舍为徐悲鸿摆架势，让他按照姿势画图。不过几天，一套一百多幅的《谭腿图说》武术挂图便画好了，由中华书局出版，徐悲鸿获得了一笔三十元的高额稿酬。进而，黄警顽还介绍他认识了一些富有的商人。

三、得益黄震之

实际上，徐悲鸿前三次闯荡大上海，都以失败而告终。回到家乡之后，向镇上一位和善的民间医生法德讲述了自己在沪的遭遇。法德先生被他的才华和毅力所感动，年底与镇上一些小手工业朋友为他筹集了几十块大洋，也要资助他赴法留学。

徐悲鸿发誓一定要闯出个名堂，否则决不甘休。在家没待几天，便与一位做蚕茧生意的同乡唐先生一起回到上海，找到一家旅馆住下。唐先生每天外出谈生意，徐悲鸿则一个人留在旅馆里看书作画，以待寻找时机。这天，忽然听见有人敲门。打开门，眼前站着一位身材高挑、穿着讲究的中年人，他是来找唐先生谈生意的。

《黄震之肖像》（油画）徐悲鸿作

徐悲鸿将来人让进房间，并告诉他唐先生不在。

此人一进屋，便被墙上挂着的一幅山水画所吸引，边看边点头称赞说："画得如此逼真，真是佳作呀！"然后转身向徐悲鸿问道，"你知道这是哪位画家画的吗？"

"是我画的。"徐悲鸿说道。

中年人很吃惊，瞪大眼睛说："看你这么年轻，没想到竟画得这么好！这幅画卖给我吧！"

徐悲鸿说道："这张画我已经答应送给朋友了，不能卖……"

话没说完，唐先生回来了。随即，中年人便与他聊起生意上的事，徐悲鸿借口走出房间。

待徐悲鸿从外面回来时，中年人已经走了。唐先生告诉他说："刚才来的这位先生叫黄震之，是上海有名的富商，也是收藏家。他非常欣赏你的画，认为你是可塑之才，愿意帮你解决生活上的困难……"

徐悲鸿听了唐先生的话非常兴奋，不日之后，便接受黄震之邀请，搬到了他开设的"暇余总会"住宿。"暇余总会"其实就是黄震之在赌场的抽烟室，赌场晚上开盘，天亮休息。徐悲鸿就按赌场的时间白天在住所读书作画，晚上去夜校补习法语，黄震之还为他提供了膳食。

没想到好景不长，不久，黄震之赌输，生意破产，就连赌场的一方床榻也无法再为徐悲鸿提供。他只好搬出"暇余总会"，又回到黄警顽的宿舍与之同住，开始准备报考震旦大学。

黄震之的生意虽然破产，可徐悲鸿却旧情不忘，在他六十岁生日时，仍然为他画了一幅《祝寿图》，题款的长诗中写道：

饥溺天下若由己，先生岂不慈！
衡量人心若持鉴，先生岂不智！
少年裘马老颓唐，施恩莫忆仇早忘！
赢得安身心康泰，矍铄精神日益强。
我奉先生居后辈，谈笑竟日无倦意。
为人中谋古所稀，又视人生等游戏。
纷纷来世欲何为，先生之风足追企。
敬貌先生慈祥容，叹息此时天下事！

在黄警顽的帮助下，徐悲鸿重新萌生赴法留学的欲望。1916 年 2 月，受黄警顽、黄震之资助，考进了由法国天主教会开办的震旦大学法文系学习法语，准备出国留学。

四、岭南画派旗手高剑父、高奇峰

为了解决生活困境，黄警顽又将徐悲鸿的画介绍给商务印书馆对面开办审美书馆的高剑父、高奇峰兄弟。

高剑父名伦，字剑父，后以字行，1879生于广东番禺，自幼失去双亲，家境贫寒，少年时曾在族叔的药店做学徒。其族叔能医善画，使得高剑父从小便对绘画产生了浓厚兴趣。十四岁时经人介绍，随居廉学画。因其聪颖敏悟，进步较快，深受居廉器重。

一年以后，高剑父又入黄埔水师学堂学习。可不久，因病辍学，仍回居廉门下研习书画。十七岁时，他转入澳门格致书院，师从法国传教士麦拉学习素描。不久，返回广州，又从当时在两广师范任教的日本画家山本梅崖处接触到日本绘画。通过与麦拉、山本的交往，使高剑父进一步开阔了眼界，接触到外国艺术的滋养，从而奠定了他改革传统中国画的志向和决心。以后，他又东渡日本以求深造，初与廖仲恺、何香凝同住一处，以卖画为生。并先后加入白马会、太平洋画会、水彩画会等日本绘画组织，研究东西方绘画，后毕业于东京

岭南画派创始人高剑父（左）、高奇峰昆季

美术学校。1906 年，高剑父参加了同盟会，任广东同盟会会长，积极从事民主革命活动，倡导美育，推行中国画的革新运动。

高奇峰，为高剑父胞弟，1889 年出生，名嵡，字奇峰。十七岁时，随兄赴日留学，二十一岁学成归粤，作品初露于社会。民国初年，由广东省政府资助，兄弟二人与陈树人同至上海创办《真相画报》及审美书馆。后来，高剑父随孙中山奔走国事，审美书馆业务则由高奇峰主持。

高剑父、高奇峰与陈树人被称为“二高一陈”“岭南三杰”。高氏擅画花鸟走兽，亦能山水、人物，用笔亦粗亦细，能工善写：其工者，用笔细致入微；写者则水墨淋漓，笔力放纵。

徐悲鸿被黄警顽引荐给高剑父弟兄后，回到住处画了一匹马寄到审美书馆。没想到，很快就收到了高剑父的回信，称赞他画的马“古之韩干，无以过也”。

韩干是唐代的大画家，唐玄宗年间被召入宫，开始跟随宫廷画马名家学画，但进步却不太明显。于是，他干脆改变了只临摹不写生的方法，经常到马厩去观察马的习性，研究马的动作，并把各种各样的马都记录下来。他常说：“我学习画马，马厩里所有的马都是我的老师。”

天长日久，韩干笔下的马比例准确，结构严谨，千变万化，活灵活现，开创了盛唐时期的画马新风。

高剑父的画艺高超，已是岭南画派的领军人物。他称赞徐悲鸿的马画得比韩干还好，说明他的马画得确实达到了相当水平。审美书馆是上海最早的美术出版机构，徐悲鸿的这匹马很快被印刷出来销售一空。高剑父又邀请他再画四幅《仕女图》。

徐悲鸿卖出了平生的第一匹马，自然非常兴奋。可他的身上却只剩下五个铜板。算计好了，一天只能用一个糯米团充饥。尽管如此，到了第五天还是彻底断粮，但他却在极度饥饿中坚持把《仕女图》画完，想尽快送去换回稿费，吃上一顿饱饭。可是，当他带着画冒着风雪赶到审美书馆时，门卫却告诉他高剑父这几天没来。他问明天他能来吗？馆中的人说，明天是星期天，按照惯例，也不会来的。于是，他只得将画留下，顶着风雪空着肚子回来。可走在路上，又冷又饿，无法忍受，只好把身上的大衣当掉。几天之后，高剑父把稿费寄来，才使他得以喘息，度过了那段艰难的日子。

接下来，黄警顽还不断要求高剑父和高奇峰出版和购买徐悲鸿的作品，他则成了审美书馆的特约作者。后来上的震旦公学法文系，就是用稿酬支付的学费。

从那时起，徐悲鸿与岭南画派的联系已经无法割舍。后来，高剑父的弟子赵少昂去南京找徐悲鸿时，则把他当作亲兄弟一样对待，并一起合作了许多作品。

赵少昂字叔仪，原籍广东番禺，1905年3月6日生于广州。其少年丧父，家境贫寒，以做工谋生，1921 年入高奇峰创办的美学馆学画。

徐悲鸿虽然没有进过一天正规学校，但是，父亲徐达章给与他的家学教育，为他开办的乡土大学，却比任何学堂都来得丰富扎实。尤其是日积月累深厚的国学修养，使他与生俱来的艺术天分得到了疯狂膨胀，已经成为一个出口能诗、提笔能画的奇才。这真是一个极其特殊的范例。

后来，滑田友投考中央大学艺术科时，虽然绘画成绩首屈一指，但却被拒之门外。徐悲鸿得知后而为之不平，找到教务长究其原因，教务长告诉他说滑田友的数学和化学成绩都不及格。徐悲鸿则瞪大眼睛说道：“那些我也不会。”

如果按着那样的要求，徐悲鸿的天才就会永远被埋没，中国也就少了一位震撼世界的伟大艺术家。没想到徐悲鸿过世几十年后，仍然存在着同样事情，无限推崇他的陈丹青，却因某种苛刻条件招不到优秀的绘画奇才，而从最高美术院校辞职。

1916 年，徐悲鸿二十二岁。2 月间，看见法国人办的震旦大学法文系招生广告，便报了名。校长对学生逐一面试时，看到他脚穿白边布鞋时便问道：“你在给谁戴孝？”

“给父亲。”话刚出口，徐悲鸿的眼泪便泉涌而出。这位受尽生活磨难的年轻人，种地、流浪、教书，为的就是有一天能够展翅高飞，因此再苦再难他都咬紧牙关坚持过来了。可今天，当他即将走入大学校门时，再也无法控制自己的情感，任凭泪水挥洒……

五、圆梦哈同花园

一天薄暮时分，徐悲鸿走在街上，遇见一群人正在围观揭示板上的广告。他挤进去，见是哈同花园在征集仓颉画像，欲悬于“仓圣明智大学”之冠，以附庸风雅。

旧上海是外国“冒险家”的乐园，世界各地在发达资本主义经济熔炉里练就了火眼金睛，有胆有识的投机者纷至沓来。

哈同花园的主人哈同是犹太人，原名为雪拉斯·阿隆·哈同，又名欧司·爱哈同，1851 年出生于巴格达，六岁时随父母迁居印度孟买，加入英国国籍。

哈同原为一名流浪儿，1872 年——二十二岁时流落至香港。听到舅父讲述在上海的冒险经历后无限向往。第二年，偷偷上了开往上海的轮船，被抓后身无分文，便在船上当起清洁工顶替船票。抵达上海后，因为舅舅认识老沙逊，先是为老沙逊洋行看门，后来转入新沙逊洋行。他的头脑灵活，机敏过人，就在看守门房阶段，每天都能搞到一些钱；受到提拔后，又靠贩卖烟土、放高利贷、吞并土地和非法经营成为上海最大的房地产商，拥有整个南京路上一半的房产。1886 年——三十六岁时，哈同与中国人与法国人的混血儿——一位有才有貌、有胆有识的二十三岁上海烟花女子罗迦陵结为夫妻。

罗迦陵的父亲路易斯是法国水手，女儿出生不久，他便回了法国；她的母亲沈氏出生于福州闽县，会讲英语和法语。

罗迦陵 1864 年生于上海县(今闵行区)城内九亩地，原名俪蕤，号迦陵、慈淑老人，法名太隆。六岁时母亲去世，她由亲戚养大。罗迦陵自幼文秀聪慧，喜爱文学，性格大胆泼辣，笃信佛教，与母亲一样会讲英语和法语。

哈同花园又名爱俪园，取哈同又名中的“爱”字，与罗迦陵原名中的

“俪”字组成。

哈同花园从1886年始建，1910年竣工，历时25年。园中建楼80幢、台12座、阁8间、池沼8处、小榭46个，还有10处院落、9条马路及无数小桥、小屋、小亭、小道，占地达二百多亩。整个哈同花园营造得比皇宫还要豪华。

1913年，罗迦陵听从康有为的建议，在爱俪园内创办了僧侣学校——华严大学；由于热衷于中国古典文化，又办起了仓圣明智大学。康有为、王国维、陈三立等名流，都被聘为教授，待遇优厚。

徐悲鸿看到揭示板上征寻仓颉画像的广告后，心里激情顿生，决定回到住处绘制一幅拿去应征。

仓颉，原姓侯冈，名颉，生活于公元前4666年——前4596年间，享年七十一岁。据《说文解字》记载，他是黄帝时期造字的官吏，为中华文字的始祖。因为功绩过人，黄帝赐以他“仓”姓。徐悲鸿由于受过父亲严格的家学教育，古文功底非常深厚。作画之前，又找来《吕氏春秋》《韩非子》《淮南子》《北堂书钞》等古籍细心研读。古籍中称仓颉“双瞳四目，龙须飘逸，生有睿德”。

中国史书上记载有重瞳者共计六人：即仓颉、虞舜、项羽、吕光、鱼俱罗和李煜。仓颉是黄帝时代的“造字圣人”；虞舜是禅让和孝顺的圣人，三皇五帝之一；项羽是旷古绝今的“西梦霸王”；李煜则是南唐后主、著名词人和文学家；吕光为六国时横扫西域的后凉国王；鱼俱罗是击杀猛将李之霸的隋朝名将。全都是才情盖世的大智慧者。徐悲鸿经过多番构图，反复推敲，最后将仓颉画成一位树叶披肩、长发飘动、满脸胡须、四目圆瞪、气度非凡的圣人。

徐悲鸿将画完的仓颉像反复观览后，便找到黄警顽和朱了洲陪他送到哈同花园。

哈同穿着燕尾服，留有两撇八字胡，身材魁梧，与号称“交际博士”的黄警顽及朱了洲早有一面之交。现在见到徐悲鸿和他带来的《仓颉像》自然非常高兴，立刻请康有为、王国维、陈三立等人前来评判。

徐悲鸿对康有为、王国维、陈三立早有耳闻，并且读过他们的著作，对他们的渊博学识佩服得五体投地。现在，终于有机会见到他们，于是彬彬有礼地上前施礼问候。

康有为（右）光绪皇帝(中)谭嗣同（左）

康有为又名祖诒，字广厦，号长素，于 1858 年 3 月 19 日出生于广东南海的望族士宦之家，人称康南海。

康有为的家族世代为儒，学识渊博，思辨敏捷，治学严谨，是我国近代史上著名的政治家、思想家、社会改革家、书法家。他信奉孔子的儒家学说，并致力于将儒家学说改造为可以适应现代社会的国教。他曾担任孔教会会长，著书达二百多万字，代表作有《康子篇》《新学伪经考》等。

公车上书的康有为（左）、梁启超（右）、谭嗣同（下）

康有为比徐悲鸿年长三十七岁，是个爱才如命的智者，而且独具慧眼，二人遂成为忘年的莫逆之交。之后，他便指导徐悲鸿学习书法，引他拜见名士。后来还请他住进自己新闸路 16 号辛家花园家里，将所藏大量碑帖、珍贵图书供其浏览。

康有为关于“鄙薄‘四王’，推崇宋法，务求精深华妙，不取士大夫浅率平易之作”的绘画理论，对徐悲鸿一生的艺

国学大师王国维（右）与罗振玉在日本

术道路均产生了重大影响。

康有为后来还插手了徐悲鸿与蒋碧薇的婚事……

王国维于1877年生于浙江海宁盐官镇，字伯隅、静安，号观堂、永观，清末秀才。他是我国近现代在文学、美学、史学、哲学、古文字、考古学等各方面成就卓著的学术巨子、国学大师，与徐志摩、穆旦、金庸等人俱为同乡。

作为中国近代著名学者，王国维从事文史哲学术研究数十载，是近代中国最早运用西方哲学、美学、文学观点和方法剖析评论中国古典文学的开风气者。又是中国古典文学史上将历史学与考古学相结合的开创鼻祖，确立了较系统的近代标准和方法。

这位集史学、文学、美学、考古学、词学、金石学家和翻译理论家于一身的学者，生平著述六十二种，批校的古籍逾二百种。就像恩格斯评价意大利的彼得拉克为文艺复兴新旧交替时期最伟大的诗人一样，王国维被誉为“中国近三百年来学术的结束人，最近八十年来学术的开创者”。梁启超赞其“不独为中国所有而为全世界之所有之学人”，而郭沫若则评价他“留给我们的是他知识的产物，那好像一座崔嵬的楼阁，在几千年的旧学城垒上，灿然放出了一段异样的光辉”。

陈三立于1853生于江西义宁，字伯严，号散原，湖南巡抚陈宝箴之子，少年时代在南京家塾就读，师从国学大师王伯沆。在家庭环境的熏陶下，广泛阅读经、史、哲典籍，被誉为中国最后一位传统诗人，同样是一位国学大师。

《陈三立肖像》（油画）徐悲鸿作

年少博才的陈三立才思通敏，“倜傥有大志”，洒脱而不受世俗礼法的约束。1882年，陈三立参加了三年一届年试。因痛恶八股文，应试时不按考场规定文体（八股文）答卷，而以自己平素擅长的散文体行之。其卷在初选时曾遭摒弃，后被主考官陈宝琛发现，大加赞赏，而从落第试卷中抽出选拔为举人。1895年秋，巡抚湖南。陈三立携家眷由武昌赶到长沙辅佐父亲推行新政。四年时间里，结交和扶持了康有为、梁启超、谭嗣同、黄遵宪等一批具有维新思想的人物。与谭嗣同、丁惠康、吴保初合称“维新四公子”。

陈三立对民族民主革命事业极力同情和支持，创办时务学堂时的四十多名学生，后来均成为孙中山领导下的革命者：蔡锷便为其中之一。戊戌年冬，陈三立与父亲俱被革职，离开湖南回到南昌，后来移居上海，与旧朝遗老沈曾植、梁鼎芬、

徐志摩、林徽因陪同泰戈尔游览杭州

严复、陈衍等人过从甚密，唱和不断。

印度诗人泰戈尔来上海访问时，由徐志摩与林徽因陪同特到杭州西湖拜访陈三立。两位不同国籍的老诗人，通过徐志摩和林徽因的翻译，各道仰慕之情，互赠诗作。泰戈尔以印度诗坛代表身份，赠给陈三立一部自己的诗集。陈三立接受赠书时表示谢意，说道："您是世界闻名的大诗人，足以代表贵国诗坛。而我呢，不敢以中国诗人代表自居。"

之后，泰戈尔与陈三立在两位翻译的陪同下比肩合影，记录了中印文化交流史上的情缘。

陈三立的著作，生前曾刊行《散原精舍诗》及其《续集》《别集》中；去世之后有《散原精舍文集》十七卷出版。

关于徐志摩和林徽因的关系，本卷将在后面的第十章第四节中再做详细描述。

徐悲鸿在他人生旅途的一开始，就接触到这些知识渊博的国学大师，无疑提升了他人生起点。

姬觉弥的书房

哈同花园总管姬觉弥把康有为、王国维、陈三立等人领来看过徐悲鸿所画的《仓颉像》后，皆赞赏无比，纷纷对他表示祝贺。特别是康有为，更加器重他过人的才华，拉住他的手不放，询长问短……

画作当然也得到了姬觉弥合罗迦陵的特别赏识，开光当天，二人摆下盛宴，请来徐悲鸿的众多同乡、老师和朋友蒋梅笙、王国维、康有为、陈三立、黄警顽、朱了洲、黄震之等人为之祝贺，并发给他一笔丰厚稿酬。

提到姬觉弥，也是个非同寻常的人物。他的原名叫潘小孬，1885 年出生于江苏徐州睢宁高作镇东的潘家庄，自幼好学，读完私塾后到上海谋生，遂考入哈同洋行做收租员。因其勤奋、机敏、相貌英俊，得到哈同夫妇赏识，晋升为爱俪园总管，并为其改名为姬觉弥。而且在哈同夫妇去世后，获得了他们四百万元遗产。

罗迦陵和姬觉弥与康有为一样，无比钦佩徐悲鸿的才华，得知他的心愿后，遂答应资助他赴法留学，并邀请他住进哈同花园，提供其食宿。

徐悲鸿对康有为钦佩有加，在后来的《悲鸿自述》中写道:

> 南海先生，雍容阔达，率直敏锐。老杜所谓真气惊户牖者。乍见之觉其不凡。谈锋既启，如倒倾三峡之水。而其奖掖后进，实具热肠。余乃执弟子礼居于门下，得纵观其所藏。如书画碑版之属，殊有佳者，相与画论，尤具卓见。如其鄙薄“四王”，推崇宋法，务精深华妙，不尚士大夫浅率平易之作。信乎巨轮归来论调。

为了感激康有为的知遇之恩，徐悲鸿于 1926 年为他绘制了半身肖像。康有为对此大为感动，挥笔为他写下“写生入神”四个大字。除了为康有为画像之外，徐悲鸿又为他画了一幅《全家福》，并且还特意用水彩为他最为宠爱的三太太何旃理画了一幅肖像。

1907 年，康有为到达美国西部的菲土那宣传救国主张。当时，海外的五百万华侨正苦于报国无门，他的出现，使他

赛拉斯·阿隆·哈同，是上海著名地产大王，在20世纪20年代被称为“远东最富有的犹太人”

们趋之若鹜。聪颖美丽的华侨少女何旃理聆听他的讲演时，被他的救国衷肠和儒雅风度所折服。而她年轻美丽和超人的气质，也让康有为“怦然心动”。

康有为虽然主张男女平等，提倡一夫一妻制，但他却无法抵御何旃理女性魅力的诱惑。虽然他已经有了两房太太——原配夫人张云珠和二太太梁随觉，可他仍然发函给何旃理投石问路。此举正中何旃理下怀——她已经对他崇拜得五体投地。两人一拍即合，双双堕入情网，在短短的两个月时间里，来往的情书竟达上百封之多。当年夏天，何旃理不顾家人反对，嫁给了大他三十七岁的康有为。婚后，夫唱妇随，何旃理为康有为担当英文翻译，在欧洲各国游说，宣传革命主张。

康有为的行为有点像英国思想家葛德文：葛德文在他的著作《社会的正义》中极力反对英国禁锢的婚姻制度。雪莱虽然已经是有妇之夫，可他更加反对没有爱情的家庭，反对性爱的“暴政”，追求情感的自由彼岸。这本来符合葛德文的理论。可遇到雪莱又来追求葛德文的女儿玛丽时，他却怒气冲天，出尔反尔地说道：“要照书上所写的去实行那才奇怪呢！”

康有为也一样，他虽然主张一夫一妻制，可遇到美丽动人的何旃理，却又一反常态将她纳为第三房太太。

可惜的是何旃理红颜薄命，七年之后——1914年，患猩红热离世，年仅二十四岁。

康有为十分怀念何旃理，遂请悲鸿为这位三太太画一幅肖像。他则根据何旃理生前的一幅照片画了一位身穿清代服饰的少妇，头挽高髻，仪态端庄，眉目生辉，亭亭玉立于一幢洋房的阳台之上，背景是一片苍翠的树林，林间一泓清泉微露。此画现收藏于上海博物馆。由于战乱与沦丧，徐悲鸿为康有为家族的画像，这大概是仅存的一幅。

哈同的华裔妻子罗迦陵，又名俪穗。哈同将他们的豪华府邸命名为爱俪园，以表示对其妻的厚爱

在哈同花园，姬觉弥为康有为、王国维、陈三立和蒋梅笙布置了一间很大又非常豪华的休息室。课前课后，教授学者们便来此高谈阔论，涉及历史、美学、哲学等等。徐悲鸿每到这时，便进来坐在角落侧耳倾听。时间一久，教授们更加喜欢他，要求他也参加宏论……

哈同花园还曾接待过不少遗老：岑春煊、黎元洪、章太炎、章士钊、齐燮元等都曾涉足，并经常有政客、巨贾出入。1912 年 4 月 6 日，哈同还在园内宴请了孙中山，而且摄影留念。参加宴会的女宾中有孙中山的秘书宋霭龄，和他的两个女儿孙娫、孙婉。

哈同与罗迦陵夫妇身后虽然没有子女，但他们却收养了许多孤儿。其中，十一名外国孤儿均从父姓：大卫·乔治·哈同、罗弼·维多·哈同、路易·哈同、飞利浦·罗斯·哈同、李华·哈同、娜拉·哈同、马特兰·哈同、麦波尔·哈同、达芬尼·哈同、爱茉莉·哈同、伊佛·哈同；罗迦陵领养的十一名孤儿为内侄子女均从母姓：罗友良、罗友三、罗友兰、罗友启、罗友仁、罗友翔、罗馥贞、罗慧秀等。

三次蝉联乒乓球世界冠军的庄则栋，他的父亲庄惕，当年被聘为仓圣明智大学的教授，很受罗迦陵赏识，遂由哈同夫妇做主，将其养女罗馥贞嫁给了他，因而造就出新中国成立后的第一位乒乓球世界冠军，并由此展开了中国的“乒乓外交”。就在此间，罗迦陵还看中了正在仓圣明智大学附属女中读书——后来成为田汉第三任妻子的林维中，并打发三十多人的队伍带上聘礼上门为哈同的养子提亲，吓得林维中连夜逃往南洋……

1931 年 6 月 19 日，哈同在园中逝世；1941 年 10 月 3 日，罗迦陵也寿终正寝。二人身后留下的巨额财产有土地 450 亩、房屋 1300 幢，还有金银财宝、古玩字画、墨迹、雕刻等文物不计其数，价值在 1.72 亿元以上。由于夫妇二人的遗嘱存在着巨大差异，因而留下了哈同花园巨额遗产案。不久，“太平洋战争”爆发，上海租界沦陷，哈同花园被日军占领作为兵营，几经洗劫后成为一片废墟。

哈同花园巨额遗产案，经上海地方法院 1947 年审结，整个过程长达十六年之久，获益者除哈同夫妇所收养的二十二名孤儿，如前所述，姬觉弥还获得了四百万元。

哈同花园作为上海的文化中心，当时是各界社会名流聚

1912 年 4 月 6 日，哈同（右坐者）在寓所接待“中华民国”的创建者孙中山（左坐者），女宾为孙中山的秘书宋霭龄（后右一）和两个女儿孙娫、孙婉

会的场所，上海震旦大学教授蒋梅笙，也是其中常客，他还经常携带小女儿蒋棠珍会见各界名流。

徐悲鸿早在宜兴初级女子师范任教时，与蒋棠珍的伯父及姊丈都是同事。蒋棠珍原本也是初级师范的学生，但在徐悲鸿前去任教时已经离开，所以他们还没有会过面。后来有一天，徐悲鸿到家里去拜见蒋棠珍的伯父，她才见到了他，但却没有留下多深的印象。1916 年，蒋梅笙受聘于上海震旦大学教授，举家搬进了哈同路南里 50 号。

徐悲鸿第一次到家里拜会蒋梅笙，是朱了洲带他去的。蒋梅笙已经在哈同花园见过徐悲鸿，知道他才思敏捷、志向宏远。现在，来到家里交谈之后，更加欣赏他勤奋好学的品质，断定他是位不可多得的可塑之才。蒋梅笙学识渊博、待人宽厚、诲人不倦，也令徐悲鸿敬佩不已。二人又是同乡，关系则愈觉亲切。从此，徐悲鸿便成了蒋家的常客，到后来，除了去学校上课，几乎就住在了蒋梅笙的家里——博览他家的藏书，遇到疑难问题，不断向其请教，实可谓受益匪浅。

六、家庭变故

徐悲鸿正在积极准备赴法留学之际，家里传来了妻子徐周氏病重的消息，催他回去。但他却顾及学业，踌躇不决，一直未能动身。母亲鲁氏知道他人在上海，便找到黄兆丰，请他到学校去把他找回来。

黄兆丰乘渡轮换火车，连夜赶往上海，直奔震旦大学。可徐悲鸿在报考震旦大学时，为了感谢黄警顽和黄震之对他的救助之恩，已把名字改成了“黄扶”。黄兆丰到校后虽经多方打听，却无人知晓有叫徐悲鸿的人。几经辗转后，黄兆丰便无功而返。

徐悲鸿的母亲鲁氏听了黄兆丰的话，便去找朱了洲。朱了洲也刚好回乡探亲待在家里，得知这一情况，便连夜赶回上海，到震旦大学找到徐悲鸿。

徐悲鸿正在宿舍里自修法语，朱了洲向他说明了情况之后，他便在地上来回踱着步子说现在的功课正紧，出国留学的事已迫在眉睫。朱了洲见他无意回家，便扯开嗓子对他喊道：“不论你爱不爱她，但她终归是你的太太。有没有感情是另一回事，可她毕竟为你生了个儿子呀！听说她得的是霍乱，如果你不回去看看，就太不近人情了。万一出了什么事，你将终生都会感到内疚的。”

徐悲鸿被朱了洲喊得呆呆地立在地中央，两眼直勾勾地看着他。

朱了洲回来在上海站下车时，已为徐悲鸿买上了回去的车票。这时将车票从衣兜里掏出来塞到他的手上，推着他的肩膀，用命令般的口吻说道：“赶紧走，车快到点了！”

徐悲鸿看看票上的钟点，便急忙出门朝着火车站飞跑。可当他风风火火赶到家里时，妻子已被小姑子爱贞和徐周氏的哥哥周庭勋雇用民船送到常州看病去了，一来一往需要好几天时间。徐悲鸿惦记着学业，在家里等得抓耳挠腮，两天不见回来，就又急忙返回了上海。

徐周氏的病情已告不治，带了药回到家里没几天便去世了。留下的儿子吉生由祖母鲁氏抚养。可不久，也因出天花而夭折。徐悲鸿得到消息后心里自然一阵酸楚……

第三章

极目楚天舒

此刻，徐悲鸿和蒋碧薇所乘坐的“博爱凡”号已由黄浦江入海。可不久，即遇上巨大飓风，乌云密布，狂飙卷起的波浪不断拍打船舷，船身东倒西歪剧烈颠簸，搞得蒋碧薇呕吐不止。然而，更加尴尬的事情还在后头……

一、秘渡东瀛

蒋梅笙的小女儿蒋棠珍已经十七岁，真正到了春心萌动的阶段。原来在宜兴伯父家虽然见过徐悲鸿，但却把它当成了过客。就在文人墨客经常聚于哈同花园时，蒋梅笙有时也带她会见社会名流，使她再次见到了徐悲鸿，但也只是觉得他英俊潇洒，仅此而已。这时，在家里接触之后，她才感到他不但身材挺拔，面庞英俊，而在他那浓密的中分头下面，两只漆黑深邃的眸子里，似乎总是翻滚着团团乌云。除此之外，对他敏捷的思维和雄辩口才也感到十分敬佩；而蒋棠珍，她那亭亭玉立犹如清风弱柳般的身材，秀美而纯净、洁白如玉的面庞，她的聪明伶俐，以及她那少女特有的甜蜜微笑，也在徐悲鸿的心中挥之不去。

不久后，从朱了洲口里，蒋棠珍得知徐悲鸿家里的太太去世了。父亲在为他感到悲悯的同时，对母亲悄悄说了一句话："咱们要是再有一个女儿就好了。"

蒋棠珍听到父亲的这句话后，反反复复在心里琢磨：她有一个姐姐，可是已经出嫁；而自己，在民国元年十三岁，家还住在宜兴县城的时候，就已经由嫁到查家的堂姊说媒，父母做主，许配给了宜兴县城查亮的公子查紫含。

在宜兴，蒋棠珍的父亲蒋梅笙属于望族，始祖、世祖、远祖、高祖、曾祖、祖父都曾世代为官。光绪十四年，蒋梅笙二十五岁初应科举考试，县试和院试都得了第一名。可就在这一年，清政府废除了科举制度，蒋梅笙从此断了做官的念头，转而兴办学堂，从事著述。

蒋棠珍的母亲戴清波，也出身于名门大户。外祖父戴裕源是咸丰己未年间的科举之人，同治辛未大挑一等，选为广东知县，先后知澄海、新会县事。

查紫含的父亲查亮，是荆溪的知县——荆溪后来与宜兴合并成一县，在当地也属于望族大户。查亮能诗善文，与蒋梅笙同属性情中人，时常在一起附庸风雅。蒋棠珍有两位堂姊已经先后嫁到了查家。

应该说，蒋棠珍与查紫含订婚，算得上门当户对。两家又是世交，而且亲上加亲，尤为难得。可那时，蒋棠珍什么也不懂，对于男女情感之事，也只是朦朦胧胧。

“咱们要是再有一个女儿就好了。”蒋棠珍对父亲的这句话总是琢磨得脸红心跳……

此时，徐悲鸿已经从蒋梅笙家里搬走——住进了康有为在新闸路16号的辛家花园，说是几天之后就要启程赴法留学。

胸怀大志
徐悲鸿

搬走那天，为了欢送他，蒋梅笙举行了家宴。因为是在家里，只请了老朋友康有为，还有同乡朱了洲。宴席上，蒋棠珍一言不发，也没心思吃东西。徐悲鸿要走了，她隐隐感觉心中有些怅然，还有些不舍，她自己也不知道这是为什么。看见她沉郁的样子，徐悲鸿端着酒杯悄悄来到她的身边，她一抬头，正好碰见他向她投来的深情一瞥。这个眼神让她感到怦然心动，脸一下子红到了脖子根。偷眼看了看父母和康有为，觉得他们没有注意到她，于是站起来与徐悲鸿搪塞了一杯酒，又一声不响地坐下了。就在她坐下的一刹那，看见朱了洲向她做了个鬼脸，她于是立刻把头低下去。现在，已经有几天没见到徐悲鸿了，她只觉得心里空落落的……

蒋棠珍跟随蒋梅笙去哈同花园时，也曾见过康有为，只知道他与自己父亲的年龄相仿，是一位学识渊博、思想睿智的长者。她也隐隐约约觉得，康有为也与自己的父亲一样欣

如烟如柳大家闺秀蒋碧薇

赏徐悲鸿的才学，并答应资助他出国留学。

有一天，朱了洲又来到蒋梅笙家里，乘其两位老人不备，悄悄走到蒋棠珍跟前，突然朝她小声问道："小妹，假如现在有一个人要带你到国外去，你肯跟他走吗？"

"带我去国外，谁呀？"蒋棠珍愕然地看着朱了洲。

"你猜吧。"朱了洲脸上带着诡秘的微笑。

"是不是徐悲鸿？"蒋棠珍想了半天小声问道，她的心立刻狂跳起来。

朱了洲笑而不答。

徐悲鸿那种温柔深情的眼神立刻出现在蒋棠珍面前，她的心跳得更加厉害，于是又焦急地问道："你快说呀，是不是徐悲鸿？"

朱了洲见蒋棠珍都快急出了眼泪，才对她说道："要是不走，你就等着查紫含来娶你吧，难道你不喜欢徐悲鸿吗？"

"他不是已经去了法国吗？"蒋棠珍问道。

"这个你别管。"朱了洲跟蒋棠珍耳语道，"他在等你呢。"

"可是，这也太突然了。"蒋棠珍又说道，"这么大的事，总得容我考虑一下呀。"

"我听说查家正在准备娶你进门呢。"朱了洲说道，"只给你两天考虑的时间，过两天，徐悲鸿就走了。"

"可是……我……"蒋棠珍有些羞涩，欲言又止。

"哎呀，都到啥时候了，你说话还吞吞吐吐的。"朱了洲说道，“你要不要见见面，谈一谈？”

“嗯……”蒋棠珍不好意思地点了点头。

“那好。”朱了洲又说道，“等到明天伯父上班后我来接你过去。但这事要绝对保密，如果让查家那边知道，就一切全完了，你也就只好嫁给查紫含。”

提起查紫含，蒋棠珍的心一下冷下来。十三岁时，父母为她订下这门亲，她完全不明白那是怎么回事。后来，父亲被聘为震旦大学教授，正在苏州求学的查紫含也跟他转入该校。有一次考试，他竟然让他的弟弟向父亲去讨要他出的国文试题。至此，蒋棠珍则对查紫含产生了一种本能的抵触情绪——认为他没出息。如果不赶快离开这个家，就只能像朱了洲说的，被查紫含娶过去。与查紫含比较起来，她觉得自己更喜欢徐悲鸿。想到这里，她便对朱了洲说道：“你告诉徐先生吧，我愿意跟他走。”

“那你做好准备吧！”朱了洲说道，“明天我来接你过去，你们先谈谈，具体事宜，他会来告诉你……”

第二天父亲上班走后，蒋棠珍对母亲说她要出去买些东西，就出了家门。朱了洲已经等在外面，她便随他乘坐黄包车朝着新闸路16号的辛家花园直奔而去……

蒋棠珍出生的时候，院子里恰好生长着一棵海棠树，父亲便给她起了“棠珍”的名，字书楣：“棠珍”顾名思义，为珍贵的树木；“书楣”，书页的上方为书楣，楣也是门楣的“楣”——门框上面的横木——在万人之上。可见蒋梅笙学识修养之高，和对女儿所寄予的厚望。

这时，徐悲鸿已把“蒋棠珍”改为“蒋碧薇”，并请工匠制作做两枚水晶戒指，一枚镶着红宝石的刻有“悲鸿”，另一枚镶有蓝宝石的刻着“碧薇”。他将刻有“碧薇”的戒指戴在自己手上，当别人问他这个“碧薇”是谁时，他便答道：“这是我未来太太的名字。”

本来，徐悲鸿是要赴法留学的。但此时，欧战未停，航路不通，康有为便鼓励他带上蒋碧薇先到日本去考察，并让他待在自己的辛家花园里，造成已经“失踪”的迹象。就在朱了洲给蒋碧薇传话，说徐悲鸿要带她到国外去后，她便不时过来与徐悲鸿幽会，商量“私奔”的事宜。这时，康有为也多次登门拜见蒋梅笙，巧妙周旋，说服让他放弃女儿与查家的婚事。蒋梅笙虽然觉得他的话有些不对劲，可因为是老朋友，也就没太当回事。

蒋碧薇每次赴辛家花园与徐悲鸿幽会，害怕家里产生怀疑，都不敢久留。到最后几天，她就不再出门了。1917 年 5 月 13 日，朱了洲带着徐悲鸿的一封密信来到蒋家，偷偷塞给了蒋碧薇后，便开始与蒋梅笙夫妇攀谈。临别时，告诉蒋梅笙，明天晚上他要来请他们夫妇及其蒋碧薇的二姑到外面去吃饭。

朱了洲离去之后，蒋碧薇回到自己的闺房，将徐悲鸿给她的密信展开看，是让她于第二天晚上，朱了洲来到将她的父母请出去之后迅速离家，雇一辆黄包车到爱多亚路长发客栈找他。并嘱咐要雇留辫子的车夫，比较可靠。

第二天傍晚 6 点多钟，朱了洲果然来到，寒暄几句之后，便将蒋梅笙夫妇及蒋碧薇的二姑请出去吃饭，饭后又请三人到戏院听戏。

父母和姑姑刚一出门，蒋碧薇立即动身，带上必备的东西，像只猫似的出了家门，截住一辆黄包车，朝着爱多亚路的长发客栈奔去。徐悲鸿早已等在客栈的门洞里，黄包车一到，他便迎上去。付了车钱，二话没说，就把蒋碧薇拉到黑暗的角落里让她别动地方。然后回到客栈结了账，出门带上她又换了一家新的客栈。进了新客栈的门，徐悲鸿的第一件事就是从怀里掏出一枚刻有“悲鸿”的戒指为蒋碧薇戴在手上，并指着自己手上刻有“碧薇”的水晶戒指说，她的名字今后就叫“蒋碧薇”。然后，徐悲鸿一下把她搂进怀里。蒋碧薇感到一阵窒息和眩晕，连气都喘不出来；与此同时，她又觉得全身的热血在沸腾，一种少女所渴望的幸福向她猛烈袭来……

等到蒋梅笙夫妇听完戏回到家里，异常的安静使得二老顿觉心中恐慌。四处寻找，依然不见女儿的身影。情急之下，母亲在她的针帐抽屉中寻到一封“遗书”：

十八年来承蒙二老养育，至今，无以报答，近来又深感人生乏味，至此请原谅小女不辞而别……

蒋梅笙夫妇看了直觉背部发凉，拿着女儿的“遗书”诚惶诚恐，四处打听邻居，到处寻找皆不见踪影。遂连夜赶到朱了洲家，叩开门询问。不料，他却矢口否认，说根本就不知道这是怎么回事。并且圆瞪着两眼信誓旦旦地说道：如果他知情隐瞒，出门就会被车撞死；要不，也会被炸弹炸死，生下孩子没有屁眼儿……

朱了洲本来就是蒋家的亲戚——蒋梅笙的侄女婿，他的话不能不信。夫妇二人无奈，又继续到亲戚朋友的家里打听，回到家中已是次日凌晨。

蒋梅笙和戴清波在失去生气的屋子里相对无言，忽然想到，女儿的失踪可能与徐悲鸿有关，知道他已搬到康有为的家里去了，立即乘坐黄包车赶到辛家花园。

康有为见到蒋梅笙夫妇非常热情，急忙迎进客厅，茶点款待。当他听了二人的叙述后，也为之感到惊诧，便说徐悲鸿早已去了法国，还不慌不忙地领着二人在他家的前后花园每间屋子都转个遍，让他们看到徐悲鸿和蒋碧薇确实不在他的家里，然后请二人坐下用早点。蒋梅笙哪里还有心思进食，又朝康有为追问道：“康兄，你告诉我，棠珍是不是跟上徐悲鸿走了？”

“嗐，老兄！”康有为笑了笑说道，“我不是已经告诉你，徐悲鸿搬来我家的第二天就乘海轮去了法国吗？这都多长时间了，你家的棠珍是啥时候走的？难道你连我也信不过吗？”

“这就怪了！”蒋梅笙将女儿留下的遗书从衣兜里掏出来递给康有为，“她难道真的会自杀吗？”

康有为接过遗书看了看说道：“这不可能，不可能。我说老兄，棠珍已经是成人了，分得清是非曲直，我看你们也用不着为她担心，说不定到时候就会回来。还有，我看她对你们为她找的婆家并不满意，她是不是因为这事躲出去了？所以呀，你们也不要因为这事逼她，找个机会，把查家的那门亲事退了算了。”

康有为的话说得蒋梅笙一头的雾水，可由于对老朋友的信任，也就没再往他的身上多想。

此刻，徐悲鸿和蒋碧薇所乘坐的“博爱丸”号已由黄浦江入海。可不久，即遇上巨大飓风，乌云密布，狂飙卷起的波浪不断拍打船舷，船身东倒西歪，剧烈颠簸。蒋碧薇与徐悲鸿全都晕起船来，呕吐不止。吐过黄液之后，竟然吐出血水，根本不能进食。只有等到风平浪息的时候，两个人才能到甲板上走一走，去餐厅补充点食物。而最困难的，还是在这艘日本轮船上洗澡时男女同浴。作为一位东方少女，蒋碧薇无论如何也不能接受这种习俗。最后，只得等到浴房没人时，让徐悲鸿为她把门，她进去后赶紧洗完，迅速穿起衣服跑出来……

这时，查家已经发布消息，说是要为查紫含与蒋碧薇完婚。

在进退两难的情况之下，蒋梅笙夫妇立刻遍告亲友，说女儿到苏州去探望舅父时突然暴病身亡。两天后，戴清波又到苏州，找到蒋梅笙的结拜兄弟——蒋碧薇的义父吴绂卿商量对策。因为她早已许配给查紫含，已属查家之人，害怕人家索要尸骨。于是买下一口棺材。又因唯恐虚假，吴绂卿则差人偷偷在棺木里装上了石头，抬到一家寺庙寄厝，以掩人耳目。

就在蒋碧薇的“失踪案”闹得沸沸扬扬之时，她和徐悲鸿已经抵达日本长崎，然后乘火车奔赴东京，租住在一家住有中国留学生的日本民宅中。

然而，举目无亲，语言不通，生活不便，使得蒋碧薇遇到了有生以来不曾经历过的困难：最大的问题还是洗澡。她原来以为，由于条件所限，日本人只是在船上才“男女同浴”。结果到了地方才知道，在整个日本国都是如此。作为男人，徐悲鸿倒还可以，可要让蒋碧薇光着身子深入到一群一丝不挂的男人中间去洗浴，这比让她下地狱还难。最后，徐悲鸿在家里为她弄了一个“浴缸”，才得以解决洗澡难题。

二、峰回路转

现在回过头看，徐悲鸿和蒋碧薇此次东渡，无论在哪一方面，都显得严重准备不足。首先是语言不通：徐悲鸿考进震旦大学，本来是学习法语，准备赴法留学的。来到日本考察只是临时决定，由于时间仓促，出国之前根本来不及得到日语培训。初到异国他乡，社会生活、人际关系、地理知识皆不熟悉，讲话如同鸭子听雷，简直寸步难行。徐悲鸿只好亡羊补牢，请了一位家庭教师，与碧薇一同学习日语。然而这位日籍教师不懂华语，授课只能用笔谈，因此学习进度缓慢，半年之后毫无所得。除学习日语外，徐悲鸿则以郑文公碑为范本教授蒋碧薇研习书法。她倒也用功，每天写几张毛边纸，借以打发单调呆板的日月，半年下来，写完的毛边纸竟然盈尺。

其次，是心理准备不够充分。蒋碧薇本来是个活泼好动、性格外向、不甘寂寞之人。可来到一个人生地疏之处，无以交流，而且对于许多生活上、情感上的种种问题全都始料不及。

按照康有为的介绍，到达东京后，徐悲鸿经常去会见嗣治广业、中村不折、竹内栖风等日本画家。而且，还经常到各种书店去浏览图书，蒋碧薇在旁边一等就是几个小时，寂寞难挨，苦不堪言。加上她是与悲鸿私奔出来的，害怕别人知道隐情，因此心灵深处更感到恐慌和郁闷。对此，她后来在回忆录中说道：

> 刚到日本的时候，因为人地生疏，又是初次离开家庭，精神上感到苦闷，徐先生不大了解我当时的心境，因此不能给我多少安慰。我万分惦念着我的母亲，不知道他们在我离家出走以后，会怎样的着急？更忧虑他们将怎样处理这件大事？是不是亲戚朋友已经知道了我们的出走？种种问题，都使我日夜难以安宁。最感烦恼的还是我和徐先生私自离家，悄然出走，就怕人家知道，我为此改名换姓叫碧薇，因此常有不见天日的感觉，在精神上负荷很重，时时在担心人家发现我的行踪。每次有人来看徐先生，

我就必须躲躲藏藏，可是屋子只有一间，无处匿身，只有避到盥洗室里去。要是徐先生和客人谈得高兴，那我就得长时间地站在厕所里，大受其罪。

由此可见，蒋碧薇对与徐悲鸿的爱情做出了多大牺牲——她是冒巨大的风险，在前途未卜的情况之下，勇敢而不计后果地与徐悲鸿私奔的。出来之后遇到这么大的困难，她又默默忍受，作为一个家庭条件优越初出茅庐的女孩子，也真的难能可贵。

直到三个月后，蒋碧薇的姐夫从震旦大学毕业留学日本来到东京，她像是有了亲人，日子才好过一些。

然而对于徐悲鸿，情况当然要好一些：因为是抱着求学目的出来的，有了这个目的，便可以藐视一切困难。他是带着康有为的亲笔信来会见中村不折和日本一些画家。中村不折不懂华语，徐悲鸿虽然能用日语与他进行一些简单的生活交流，可谈到深奥的绘画问题时，还是十分蹩脚。于是他们找到了最佳途径：中村不折精通法语；为了赴欧洲留学，徐悲鸿在震旦大学学习的也是法语。于是，两个人用法语交流，就没有任何障碍了。

中村不折于 1901 年留学法国，对于法国的绘画十分推崇，正在使用在法国学习到的技法改良日本美术。这就使得徐悲鸿更加坚定了要到法国留学的决心。

康有为是中村不折的老朋友，“戊戌变法”失败后，光绪皇帝被软禁，康有为的弟弟康广仁被杀害，他便逃到日本。慈禧太后旋即命令李盛铎派密探跟踪，并伺机抓捕他，只因藏在中村不折家里才躲过一劫。

中村不折还翻译了康有为的《广艺舟双楫》，请徐悲鸿将该书带给他。中村不折对徐悲鸿的才华和对美术事业的执着十分钦佩，不但给他介绍了在法国留学时的许多细节，而且将他收藏的大量中国书画和碑帖供给他浏览。

印刷术本来是中国发明的——我国北宋时的布衣毕昇，发明的活字印刷术，比德国人古腾堡发明金属活字印刷还早四百多年。可由于中国长期处于封建社会的闭关自守之中；日本自明治维新运动之后，经济和国力得到了极大提高。经济基础决定着上层建筑，日本很早就从西方进口了先进的印刷设备，因此，印刷技术非常精良，出版的美术画册种类也极其丰富。徐悲鸿生来就是一位艺术家，在生活上，他可以无限制克扣自己，可对于那些精美画册，总是经不住诱惑，每每遇之则要千方百计购买下来。关于这些情况，他在后来的自述中说道：

> 岁丁巳，欧战未已，姬君资吾千六百金游日本，既抵东京，乃镇日觅藏画处观览，顿觉日本作家，渐能脱去拘守积习，而会心于造物，多为博丽繁郁之境，故花鸟尤擅胜场，盖欲追踪徐、黄、赵、易，而夺吾席矣，是沈南苹之功也。惟华而薄，实而少韵，太求夺目，无蕴藉朴茂之风。

东渡日本时，徐悲鸿带着姬觉弥资助的一千六百元。这在当时，绝对不是一个小数目。康有为本来是建议他到日本考察美术，而不是让他来采购。可他总是视艺术如生命，只要见到喜欢的艺术品，不管多么昂贵，都要购买下来。

他只知道，对于那些不可多得的珍品，只要买下来就变成了自己的。不然，机会就会永远失去，因而从来不计日后的生活会如何。

半年之后，徐悲鸿带来的钱几乎全部耗尽。无奈之下，于当年十一月底，只好偕蒋碧薇带上十几箱沉重书画、碑帖、瓷器等艺术品登上返回上海的海轮。虽然是因为经济窘迫而回国，可他仍然感到十分满足：他结交了日本一些卓有成就的画家，见证了日本美术发展的缘由所在，购得了大量精美图书、碑帖和艺术品，并且更加坚定了去法国留学的信念。

罗瘿公与程砚秋、吴富琴、齐如山、许伯明（左起）在一起

三、迁回北平

返回上海之后，蒋碧薇不敢回家，便随徐悲鸿在一家简陋的旅馆里住了下来。戴清波心疼女儿，在民厚里的朋友家租了一间厢房，让徐悲鸿和蒋碧薇搬了过去，每天到家里用餐。

康有为听了徐悲鸿谈到赴日本的情况，及其他的收获后感到非常高兴。遂又对他说，欧洲战事尚未平静，不如乘此机会去北平谋求一个留法的官费名额。

在上海住了一个月，已经到了 1917 年 12 月中旬，徐悲鸿便带着康有为的介绍信北上。为了省钱，徐悲鸿便偕蒋碧薇从上海码头乘轮船，一路遭受了意想不到的辛苦，抵达天津后，又乘火车赶赴北平去找罗瘿公。

罗瘿公，名敦曧，字掞东，号瘿公，1872 年出生于广东顺德，是位著名的诗人和剧作家。

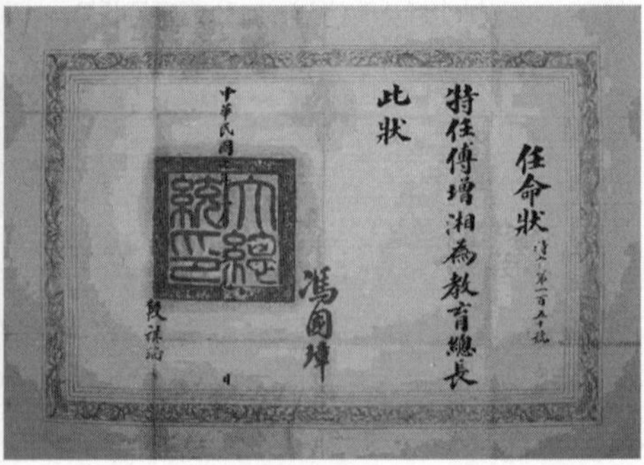

1935 年 2 月，徐悲鸿为傅增湘所作油画肖像以及傅增湘教育总长的委任状

罗瘿公自幼攻读诗文，青年时期就读于广雅学院。1908年出任唐山路矿学堂处理日常事务总监；“中华民国”成立后，先后出任总统府秘书、国务院参议、礼制馆编纂等职。其人精书法、善诗词，能饮酒、喜交游，乐于助人。

罗瘿公不但是康有为的大弟子，也是北平当时的“三大名士”之一。看了康有为的亲笔信后，立刻介绍徐悲鸿去找教育总长傅增湘，请他给安排一个赴法留学的官费名额。

傅增湘1872生于四川泸州江安，1898年中进士，选入翰林院为庶吉士，出版有《藏园瞥目》《藏园东游别录》《双鉴楼杂咏》等著作。

傅增湘相信罗瘿公的眼力，亲自接见徐悲鸿，经考核认为他符合出国条件，一口答应帮他安排赴法留学的事宜。但当时，欧洲大陆的战事正酣，航线不通，只得等待。于是介绍他进了李石曾开办的留法俭学会预备学校——设于

徐世昌就任总统仪式后与众官员的合影。前排中握手套者即徐世昌，前排左六为朱深，左七为国务总理钱能训，左八为外交总长陆征祥，左九为曹汝霖，左十为海军总长刘冠雄，左十一为教育总长傅增湘

北京方巾巷的孔德学校进行培训。

李石曾出生于晚清的一个显宦之家，是清同治年间曾任军机大臣李鸿藻的第三子，六岁时即熟读诗书，十五岁从京城名儒齐褉亭习汉学，积累了深厚的国学根底。1902随清政府驻法公使孙宝琦赴法留学。1906年8月加入孙中山的同盟会，并出版《新世纪》周报。

1909年，李石曾在法国巴黎西郊创办中国豆腐公司，为后来赴法勤工俭学的学生提供做工的场所。以机器新法制豆腐，因而获得“豆腐博士”的雅号。豆腐公司办得有声有色，参加巴黎世界食品博览会获得很高声誉。当时，一战后的法国牛奶短缺，李石曾的豆制品便得到了法人的青睐。

1911年，李石曾回国参加辛亥革命，在天津和黄复生等人组织了京津同盟会，出版《民意报》，在北方宣传和组织革命。1912年，李石曾和吴稚晖等人在北京创立了留法俭学会。1913年初，首批由俭学会资助的三十名学生赴法，李石曾安排他们进入巴黎南郊的蒙达学院。

1921年，蔡元培（前排左一）率中国教育代表团赴檀香山参加太平洋各国教育会议

二次革命失败后，李石曾避居法国。第一次世界大战爆发后，法国北方陷于战火之中，中国的勤工俭学学生大都避往法国西南部，一时生活无着，处境艰难。1914年李石曾与蔡元培、汪精卫等组织了留法西南维持会。1915年6月，援引豆腐公司的成例，和蔡元培等人一起组织勤工俭学会，号召留学生勤于工作，俭以求学，用自己的劳动收入维持生

活和学业。

1917 年，李石曾应蔡元培之邀回国担任北京大学生物系教授，一边教书，一边继续为赴法勤工俭学奔走，和蔡元培等人在北京建立了华法教育会和留法勤工俭学会。同年，在高阳县布里村创办了全国第一所留法工艺学校。同时，还在保定育德中学附设了留法高等预备班。这个班的设备好，教师水平高，是向法国输送留学生最多的预备班。1918 年，北京成立法文专修馆，李石曾任副馆长并亲自授课。由于赴法学生与日俱增，华法教育会应接不暇，心系勤工俭学事业的李石曾再度到法国，亲自为学生们安排工作、学习和生活。

第一次世界大战结束后，法国经济萧条，大批工人失业，许多中国留学生也陷入困境。李石曾则利用自己和法国官方及教育界人士的关系，多方奔走，解决了部分学生的生计。1920 年，李石曾在北京创办了中法大学。同年，得到孙中山和广州政府的经济支持，在法国建立里昂中法大学。

1933 年，蔡元培（中立者）与史沫特莱（左一）、萧伯纳（左二）、宋庆龄（左三）、伊罗生（左四）、林语堂（右二）、鲁迅（右一）在一起

1924年，李石曾当选国民党第一届中央监察委员，其后连任国民党第二至第六届中央监察委员。第七届以后，改任中央评议委员，并为主席团成员。1924年，出任办理清室善后委员会委员长，并筹建故宫博物院，1925年10月后任故宫博物院临时董事兼理事长。此外，从1924年起，李石曾还先后出任“国立”北京大学教授、北平大学校长、北平研究院院长等职务。

徐悲鸿是在第一次赴北平任北大画法研究会导师时与李石曾相识的，蒋碧薇当时还担任了他开办的孔德学校的音乐教员。

关于当时申请公费留学的情况，正如徐悲鸿所说：

> 时蜀人傅增湘先生沅叔长教育，余以瘿公介绍谒之部中。其人恂恂儒者，无官场交际之伪。余道所愿，傅先生言：“闻先生善画，盖令观一二大作。”余于翌日挟所作以付教部阍人。越数日复见之，颇蒙青视，言：“此时惜欧战未平。先生可少待，有机缘必不遗先生。”余谢之出，心略平，唯然祝天佑法国，此战勿败而已。

傅增湘1902年入袁世凯幕府，辛亥革命后，参加唐绍仪的议和代表团南下议和。1914年任袁世凯御用机构约法会议员，1915年后任肃政厅官职，1917年12月，任北洋政府教育总长。1919年五四运动中，北洋政府罗罪蔡元培，说他策动包庇学生，逼他退隐。傅增湘对此则百般抵制。

为了解决两个人的生计问题，徐悲鸿经北平方巾巷的房东华林介绍，去找北京大学校长蔡元培。

蔡元培原籍浙江诸暨，1868年1月11日出生于绍兴山阴，乳名阿培，字鹤卿，又字仲申、民友、孑民，并曾化名蔡振、周子余。

少年时代，蔡元培入绍兴古越藏书楼校书，得以博览群书。1889年中举人，1900年会试贡士。翌年中进士，授翰林院庶吉士，后又补翰林院编修。“甲午战争”后开始接触西学，同情维新。1912年任南京临时政

北大画法研究会师生合影

府教育总长，主张采用西方教育制度，废止祀孔读经，实行男女同校，确立起资产阶级民主教育体制。“二次革命”失败后，携眷赴法，与李石曾等创办留法勤工俭学会。1916 年出任北京大学校长，开“学术”与“自由”之风。成为著名革命家、教育家、政治家。

徐悲鸿带着华林的笔笺和自己的画作前去拜见蔡元培。他也如康有为一样，是个爱才如命的长者，对于徐悲鸿的作品非常赞赏。当时北大没有艺术系，蔡元培便将他聘为北京大学“画法研究会”导师。

北大画法研究会由蔡元培于 1918 年 2 月正式建立，宗旨为“研究画艺、培养人才、倡导美育”，所聘导师陈师曾、贺履之、汤定之、胡佩衡等，都是当时画坛名宿。此时，徐悲鸿刚刚二十三岁，是画法研究会最年轻的导师。

北大画法研究会每月付给徐悲鸿的薪金是五十元。尽管通过华林介绍，蒋碧薇担任了李石曾开办的孔德学校的音乐教员，但每月付完房租和交通费，生活依然十分拮据。有一次，蒋碧薇不得不以四块钱当掉母亲送给她的一只金手镯，才得以勉强度日。

当时，罗瘿公为捧程砚秋和梅兰芳，每天拉着徐悲鸿去听戏，并为梅兰芳和程砚秋画像。徐悲鸿无论走到哪里，画具都随身携带——作画是他最大的乐趣。可却苦了蒋碧薇，因为无法忍受孤独与寂寞，到后来也不得不跟随徐悲鸿一块去听戏。可是，当时的戏院男女分座：男客坐楼下，女客的座位却在楼上。

有一次徐悲鸿告诉蒋碧薇说听完戏他要去为程砚秋画像，害怕她熬夜受不住让她先回去。散戏之后，她便随着女客涌出戏院。可是走到半路，经过两面都是高墙黑洞洞的深巷时，一回头，发现一个男子就像鬼似的尾随着她。她就如丢了魂胆战心惊失魂落魄地奔跑起来，就在男子已经追到她身后将她逮住的刹那间，一条野狗从高墙上跳下来，恰好落在男子头上将他扑倒……

蒋碧薇躲过一劫，跑进寓所一头倒在地上，一直哭到徐悲鸿回来。

徐悲鸿为程砚秋演出的《武家坡》戏装画了一幅肖像，罗瘿公为其题识曰：

> 程砚秋正黄旗人，世宦，父隶内务府籍颇沃饶。国变后冠汉姓。父殁渐困，因券伶人家为弟子，习青衣旦，歌声遏云，丽绝一世。吾始见惊叹为诗，张之倾动都下，各辈歌咏，浸满全国。顾其诗暴恒扑楚之，吾乃力脱其籍，令师事梅兰芳，更别聘名师数辈，授以文武昆乱，益精能矣。兰芳负天下名，辄虑无继者，匪程砚秋莫属。江南徐悲鸿为成是像，倾城之姿未能尽也，然画中人世已无此佳丽矣。

徐悲鸿还为梅兰芳画了一幅《天女散花图》，题识曰：

> 花落纷纷下，人凡宁不迷；庄严菩萨相，妙丽藐神姿。

罗瘿公又为之题诗曰：

后人欲识梅郎面，无术灵方更驻颜；

不有徐生传妙笔，安知天女在人间。

除了为戏曲界名角画像之外，徐悲鸿还在西山画了大量写生，并绘制了《晴岚翠嶂》《西山松柏》《山深密图》等一大批作品。然而对于蒋碧薇却苦不堪言，她所忍受的孤独、寂寞和恐惧可想而知。直到半年后到了暑期，徐悲鸿带上她跟随北大许多教授和学生到西山的碧云寺去避暑，情况才有所好转。尽管如此，在北平时的郁闷与贫困，仍然使她对这座城市没有留下多少好的印象。

1918年11月，第一次世界大战终告结束，欧洲恢复了通航。可此时，徐悲鸿已经不好意思再去找原来答应派他公费出国留学的教育总长傅增湘。原因是在一个月之前，他听说北大教师朱家骅和刘半农已经赴欧留学，便去找他质问：既然朱、刘能够启程赴欧，为什么我徐悲鸿就不能？傅增湘则解释说：朱家骅和刘半农是出国考察性质，现在欧战虽停，但留学之事还需耐心等待。

血气方刚的徐悲鸿求学心切，回家后仍然不能平静，于是写了一封措辞尖刻的信，指责傅增湘说话不算数，自食其言。

段祺瑞政府的总统虽然易人，总理也换了三次，可傅增湘的教育总长却岿然不动。看见其他申请留学的人员纷纷办理了手续，徐悲鸿急得犹如热锅上的蚂蚁。无奈之下，又去敲开蔡元培校长的门。

徐悲鸿对蔡元培说他骂过傅增湘，现在已无颜再去找他。蔡元培听后，看着徐悲鸿的窘态笑着说道："我给傅函，你可照旧去找傅先生。"

徐悲鸿走投无路，也只能带上蔡元培的信，硬着头皮去见傅增湘。当敲开门后，见他紧绷着脸，徐悲鸿心里便凉了半截。可当他看完蔡元培的信后，却一反常态，微笑着对徐悲鸿说道："好啦，你现在可以出国啦！"

徐悲鸿听后，简直不敢相信自己的耳朵，仍然瞪大两只眼睛吃惊地望着傅增湘。直到傅增湘把刚才的话重复一遍，让他回去准备出国的事宜后，他才一下跳起来，深深向傅增湘鞠了一躬，然后跑出了他的办公室。

由此可见，有学识有修养的大人物的心胸是何等开阔，其严于律己宽以待人的品格令徐悲鸿终生不忘。后来，他在记录这件事情时说道：

> 讵七（1918）年十一月，欧战停。消息传来，欢腾大地。而段内阁不倒，傅长教育屹然，无法转圜。幸蔡先生为致函傅先生，先生答曰："可。"余往谢，既相见，觉局促无以自容，而傅先生恂恂然如常态不介意，唯表示不失信而已。余飘零十载千里，求学之难，难至如此。吾于黄震之、傅沅叔（增湘）两先生皆终戴其德不忘者也。

随即，徐悲鸿获得了一笔制装费和旅费，便与蒋碧薇返回上海去做出国留学的准备。

第四章

远渡重洋

1919年3月17日，徐悲鸿偕蒋碧薇与中国第一批勤工俭学留法学生欧阳钦等八十九人，登上开往欧洲的日本货轮“因幡丸”号。行前，徐悲鸿从哈同花园总管姬觉弥手中获得了三千元程议，姬觉弥还答应，以后每隔两个月将再寄三百元给他……

一、初到巴黎

送别徐悲鸿和蒋碧薇上船后，母亲戴清波看见简舱里一百多人，而且男女混杂，空气污浊，老鼠在脚下窜来窜去。想到轮船将在海上航行两个多月，而女儿却从未受过这样的罪，于是痛哭流涕。虽经徐悲鸿再三劝慰，可她还是不肯下船。

见此情景，两位购得二等舱票的中国留学生，上前将自己的船票换给了徐悲鸿。徐悲鸿则欢喜异常，拉住两位留学生的手，将差价找给了他们。戴清波这才一步三回头走下船去。

日轮经过香港、西贡、新加坡，入印度洋到亚丁湾驶入红海，再穿越苏伊士运河，绕过西班牙、葡萄牙，整整航行了七七四十九天，于5月8日到达英国伦敦。航行中遇到的最大问题，所乘坐的还是日本轮船，船上的洗澡仍然是男女同浴。于是，还是像赴日时的情形一样，等到浴房里没人时，由徐悲鸿站岗望风，蒋碧薇则迅速入池洗浴，然后迅速上来

留法俭学会的预备学校——孔德学校开学时合影。三排站立者左二为李石曾，十二为蔡元培。后排左九为李大钊，十二徐悲鸿，十六为顾孟余

1913年5月30日，第三班（第二批）勤工俭学学生赴法前留影，二排右三为李石曾

穿衣离开。

整个行程非常艰苦，气候不好，风浪大的时候蒋碧薇只能躺在船舱里忍受折磨；只有在风浪过后，她才得已支撑起来跟随悲鸿到甲板上散散步。如果不是上船时两位中国学生将自己八个人一间的二等舱换给了他们，她的情况就会更加糟糕。徐悲鸿是位艺术家，轮船每到港口，停歇装卸货物时，他便带上蒋碧薇上岸游览观光，这便是她感到最快乐的时刻。

“因幡号”自从新加坡抵达非洲西中海岸的波塞，已经三个星期未见地面。时逢农历三月，徐悲鸿携蒋碧薇登上海岸，购买碗口大的蜜橘食之，快乐无比。继续前行三日，过西班牙南部，遂入大西洋，不觉春风拂面，细雨绵绵，好不惬意。

抵达英国伦敦两天之后，徐悲鸿在无锡籍留学生陈源陪同下参观大英博物馆，看完国家画院委拉士凯兹、康斯太勃尔和透那等人的作品，又乘海轮通过英法海峡，转车赶到巴

1909 年，巴黎中国豆腐工厂参加了万国食品博览会

黎，受到在欧战之前抵达巴黎的留学生吴稚辉、李石曾、刘大悲等人的欢迎。于宾馆下榻之后，徐悲鸿即往卢浮宫博物院参观。可是，许多杰作已在战时运往安全地点波尔多城安放，尚未运回。唯有一间展室悬挂着达·芬奇的《蒙娜丽莎》、拉斐尔的《美园妇》《圣母》等作品。其他也只有大卫的展室在开放。此乃使得徐悲鸿大失所望。

素描本是一切绘画的基础。赴法留学，是徐悲鸿长久以来梦寐以求之事，到达巴黎安顿下来后，便于秋天进入朱利安画院学习素描。经过两个多月的勤学苦练，手法逐渐娴熟。

徐悲鸿还为蒋碧薇请了一位老先生学习法语。课余时间，便在她的陪同下，到各大博物馆临摹提香、库贝尔、达仰、费拉孟、高尔蒙等大师的作品；回到家里，又以蒋碧薇为模特绘制素描和油画。

一位家住南京的朋友杨仲子，在瑞士的洛桑学习音乐，并娶了一位瑞士太太。洛桑在日内瓦湖的北岸，风景优美，是世界著名的游览胜地。在杨仲子夫妇的邀请下，徐悲鸿偕蒋碧薇于 1919 年 12 月 3 日抵达洛桑。

杨仲子原名祖锡，名扬子，号粟翁，1885 年生于南京一个家道中落的书香之家。但他天资聪敏，幼年秉承家学，熟读诗书，有着较为深厚的中国古典文学根底，又酷爱音乐、书画和篆刻，对艺术的感悟能力优于常人。1901 年，杨仲子考入南京江南格致书院，1904 年以官费（庚子赔款）留学法国，先后入贡德省理学院、土鲁士大学理学院攻读化学，分别获学士、工程师学位。1910 年考入日内瓦音乐学院，主修钢琴和音乐理论。

1919 年，留法时的徐悲鸿

蒋碧薇的个子高挑，身材匀称，皮肤白皙，相貌甜美。与徐悲鸿刚到巴黎时，住在靠近巴黎大学的拉丁区苏美拉路 13 号。当时由上海抵达英伦的船上，有位沈宜甲与徐悲鸿夫妇相处很好。到达巴黎后，他便说道：“像蒋碧薇这样的女

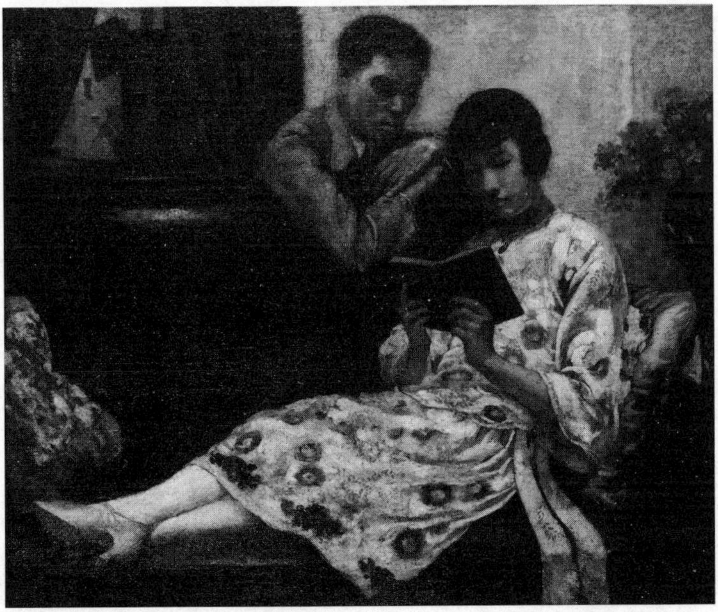

《蜜月》（油画）徐悲鸿 1924 年作于巴黎

孩子出国，可以为中国人争面子。”

杨仲子对待徐悲鸿夫妇非常友好，他的瑞士夫人也像沈宜甲一样夸赞碧薇。总是抿着嘴冲她甜蜜一笑，然后紧紧挽住她的胳膊。

杨仲子学的虽然是音乐，但他的金石书法造诣颇深。徐悲鸿住在他的家里勤于创作，作品颇丰，并有《岁寒三友》《三马图》等多幅作品赠予杨仲子夫妇。

在洛桑一直待到 1920 年 4 月初，尽览了日内瓦洛桑的旖旎风光。返回巴黎后，徐悲鸿于 1920 年 4 月 5 日参加法国国立最高美术学校考试。第一试以考人体被录取；4 月 12 日参加第二试，以画石膏模型又被录取；4 月 19 日参加第三试，考美术理论。

4 月下旬，校方综合三科考试，徐悲鸿以优异成绩被录取——在一百位新生中名列第十四名。与此同时，蒋碧薇也经过法文程度的甄试，进入当地一家女子学校五年级学习法语。

徐悲鸿一向刻苦好学，进入法国国立最高美术学校后，更是如鱼得水，废寝忘食，勤恳不辍地潜心钻研。课程的安

《女人体》
（素描）
徐悲鸿作

排首先以素描狂画石膏，平时全都是自己对物写生，只有周三、周六才有教师过来指导。到了业余时间，他又到朱利安画院去画模特。一旦有空闲时，还要到各大博物馆去欣赏临摹名画。

法国的国立美术学校共有十余处，以建在巴黎的最为完善。学校分为绘画、雕塑、镌版、建筑等科，拥有学生两千余人。入学不需要缴纳学费，只是在进班时，宴请同学们一次，再交一点杂费，总共不过一二百元。学校规定不满十五岁不得入校，年满三十岁时则被请出。

巴黎私立朱立安画院的设备独占鳌头，教师也多是一时名宿，有绘画、雕塑两部。在校学习期间，绝对没有超过老师的学生。

二、盛成、宗白华来访

恰在此时，盛成带着他亚美尼亚的白人女友小 D 来访。

盛成于 1899 年 2 月 6 日出生于江苏仪征一个家境败落的国学世家，比徐悲鸿小四岁。

1910 年，十岁时，盛成出家金山江天寺，师从著名“革命和尚”黄宗仰。同年，与兄盛白沙一起秘密加入同盟会，结识了著名革命家黄兴，得其极大赏识，因而更名为盛成，号成中。1911 年，年仅十二岁的盛成在光复南京的战役中因作战勇敢、机智多谋，被誉为“辛亥革命三童子”之一，受到孙中山的褒奖与鼓励。因有特殊贡献而置身于南京方面欢迎孙中山就任临时大总统的代表行列，随后以优异成绩考入临时政府创办的陆军学堂，旋入铁路学校，又求学于佛、儒学大师欧阳竟无。

1914 年，盛成考入上海震旦大学法语系读预科，与考入该系的徐悲鸿邂逅，遂成为密友。1916 年入北京长辛店京汉铁路车务见习所任职。

五四运动中，盛成与北大学生一起冲击东交民巷火烧赵家楼，后来被推举为长辛店铁路工会的代表。在这次运动中，他与周恩来、许德珩等学生运动领袖结为亲密战友。

徐悲鸿是 1919 年 5 月抵达巴黎的，盛成则于 1919 年底来到，就读于法国蒙白里埃农业专科学校。

盛成首先是一位浪漫诗人，情感极其丰富。早在十六岁于震旦大学读预科时，就与一位学桑蚕的苏州少女徐佩亚经历了一段纯洁的初恋。不幸的是，徐佩亚却英年早夭。就是为了纪念她，来到巴黎后，他才入蒙白里埃农业专科学校学习，以完成女友未竟的心愿，并获得高等理学硕士学位。同时，他还加入了法国社会党，并参与创建了法国共产党，是该党早期的领导人之一。

盛成凭借自己所具有的崇尚自由和热爱艺术的个性，很快加入到超现实主义“达达”运动的波澜之中。在留法勤工俭学期间，不仅积极参加历次维护留法学生合法权益的斗争，而且以非凡的勇气投身于国际左翼进步组织的社会活动。 进入蒙白里埃农业专科学校后，便与他的同学——亚美尼亚的少女小 D 产生了恋情，形影不离，爱得刻骨铭心。小 D 不懂华

盛成在巴黎郊外采撷植物标本

语，徐悲鸿和蒋碧薇便用法语与她交流，谈论艺术和异国风土人情。

盛成早在震旦大学读预科时就与徐悲鸿相遇，后来多有接触，对他与蒋碧薇的婚恋十分了解，因此对蒋碧薇一口一个"嫂夫人"叫着。蒋碧薇也非常喜欢小 D，便提议包饺子招待她。徐悲鸿与盛成异口同声赞成，蒋碧薇便拉上小 D 出去买菜。可等到她俩回来，发现宗白华也来了，正在与徐悲鸿和盛成高谈阔论。

宗白华曾用名宗之櫆，字白华、伯华，籍贯为江苏常熟虞山镇，1897 年生于安徽安庆，八岁后到南京上小学，后来在青岛德国高等学校中学部和上海同济工学堂学习德语。1916 年入同济大学专修哲学与文学，1919 年担任《少年中国》副刊《学灯》主编，将美学和新文艺的新鲜血液注入《学灯》，使之成为"五四"时期著名"四大副刊"之一。就在那时，他发现和扶持了诗人郭沫若。

美学大师宗白华

1920 年，宗白华到德国留学，在法兰克福大学、柏林大学选读哲学、美学等课程。此时，他的《美学散步》中一些文章已开始酝酿。

20 世纪初，王国维、蔡元培、朱光潜首先接收和传播了西方美学思想，促进了中国现代美学的形成和发展。宗白华则在吸收西方哲学和美学思想的过程中，发现了中国文化和艺术的生命精神，并对中国古典美学进行了现代转化与传播。在中国当代四大美学家中，他是具有创造性和开拓性的美学大师。盛成与宗白华的来访，让徐悲鸿欢喜异常，吃完饺子，便留宿下来——蒋碧薇与小 D 住一室，徐悲鸿、盛成与宗白华则在厅里打地铺，通宵达旦谈论艺术。

第二天，徐悲鸿和蒋碧薇便带上宗白华、盛成和小 D 去观览卢浮宫、罗丹纪念馆。卢浮宫是世界上最大、最古老、最负盛名的博物馆，位于法国巴黎市中心的塞纳河北岸，始建于 1204 年，当时只是菲利普·奥古斯特二世皇宫的城堡。历经八百多年扩建，占地面积 45 公顷，建筑物占地面积为 4.8 公顷，整体结构呈“U”字形，具有文艺复兴时期风格。宫前的金字塔形玻璃门入口，是华人建筑大师贝聿铭设计的。馆中藏品有被誉为“世界三宝”的《维纳斯》雕像、《蒙娜丽莎》油画和《胜利女神》石雕。还有大量希腊、罗马、埃及及东方的古董，也有法国、意大利的远古遗物。陈列面积 5.5 万平方米，藏品 2.5 万件。

徐悲鸿一行乘车来到卢浮宫广场，通过金字塔形玻璃门进入展厅。来到一间正方形大厅，达·芬奇画在一块杨木板上的《蒙娜丽莎》就悬挂于此。宗白华再也挪不动脚步了，拉住徐悲鸿的手席地而坐，让他讲述这幅世界名画的创作情况。徐悲鸿推脱道：“嗐，你是美学行家，还用得着我讲啊！”

宗白华笑了笑说道：“哎，你是画家嘛，咱们的角度不同，你让盛成说说是不是这个道理？你就给讲讲嘛！”

“讲嘛徐兄，我也想听。”说着，盛成拉住小 D 也在徐悲鸿的身边坐下。

徐悲鸿于是开始讲述达·芬奇的《蒙娜丽莎》，及其此画后来的整个命运：达·芬奇的父亲是佛罗伦萨附近芬奇小镇上的公证人，母亲是酒店的侍女。达·芬奇是他们的私生子，由祖父在庄园中带大。

在绘制《蒙娜丽莎》时，达·芬奇并不富有。而佛罗伦萨的富商焦孔多却以财富和慷慨资助教会而闻名。他在请求达·芬奇为妻子蒙娜丽莎画像时，使用极其肉麻的词汇炫耀自己的身价，并对达·芬奇进行无限吹捧。达·芬奇将他阿谀奉承的邀请信用嘲笑的语调读给他的学生听时，引起哄堂大笑。

焦孔多的重金聘请，并未让达·芬奇动心，可他的弟子佐罗阿特罗却以开玩笑的口吻说道："饥饿的驴子不择食。"

达·芬奇听了说道："那好，兄弟，把衣服拿来，我去看一下。"

达·芬奇准备前往，并不是出于焦孔多钱财的诱惑——如果是那样，他就不会用嘲笑的口吻在弟子面前读那封信。他的真正目的是想去看看他的妻子究竟漂亮到什么程度？值得出那么高的价钱为她画像。

达·芬奇来到焦孔多府上见到蒙娜丽莎时，觉得她并不怎么漂亮。当时，佛罗伦萨比她漂亮的美人多得是。而这位并不漂亮的妇人身上却戴着昂贵的戒指、项链等首饰。也许刚刚失去心爱女儿的缘故，她的面部表情显得呆滞平板。然而，当达·芬奇再看她一眼时，却发现她那发育良好的身体充满着青春活力，特别是保养得很好的双手，可以算得上尽善尽美；弯弯的眉毛下面两只清澈的大眼睛也闪闪发光。再仔细观察，挺拔的鼻梁底下有些羞涩的嘴角，使得少妇的孤寂心灵若隐若现……

达·芬奇觉得自己犯了个错误，世界上一切美好的东西都不是一下子就能暴露无遗，而总是被一层面纱遮挡着才更具魅力。但他却要求去掉蒙娜丽莎身上的戒指、项链和耳环——这些象征着财富的饰物。

焦孔多对于达·芬奇的要求并未表示异议，卸去了夫人身上饰物。

达·芬奇开始为蒙娜丽莎画像了。为了改变她脸上呆板的表情，给她讲了些有趣的故事，当他讲到一个鹅掌故事的时候，她便不再紧张，嘴角露出了让人难以琢磨的微笑。

达·芬奇觉得那种隐秘的微笑如此之美，让人难以捕捉。接下来，蒙娜丽莎一想到那个鹅掌的故事，嘴角便一开一合，达·芬奇就紧紧抓住这一开一合中洋溢出来的神秘微笑……

《蒙娜丽莎》耗去了达·芬奇整整四年的心血，直到1506年才告完成。然而，由于对这幅画作的过分喜爱，他则以还未画完为由不予交货。之后，这幅已经名声在外的旷世杰作就一直随着他颠沛流离，饱经磨难，并且招惹了许多是非……

从公元1515年开始，为了得到《蒙娜丽莎》，法国国王法兰西一世率领法国封建主越过阿尔卑斯山，对毗连的意大利进行了劫掠性远征。曾四次派人寻找达·芬奇，出高价向他购买《蒙娜丽莎》，但却均遭到他的婉言拒绝。

令人没有想到，法兰西一世痴心不改，于1517年向达·芬奇发出邀请，约他到法国定居。他不好拒绝，便从罗马远道赶到法国的圣克卢。不料，1518年，法兰西一世再次派心腹来到他的寓所，软硬兼施，要以三万枚金币购买他的《蒙娜丽莎》。病入膏肓的达·芬奇见此情景心如刀绞，移下病榻跪地请求：说这幅画与他的生命同等重要，如果将画拿走，他将一刻都不能生存。

由于达·芬奇的态度诚恳，又在病中，乞怜之状令人心碎，才免除了杀身之祸。随后，达·芬奇便隐姓埋名，拖着病体漂泊流离他乡。

1519年，达·芬奇与世长辞，他用生命为代价保存下来的《蒙娜丽莎》，最终落到法国国王路易十三名下。他把画像挂在家训堂，令他的女儿整天模仿画中蒙娜丽莎的微笑……

《蒙娜丽莎》于1911年8月21日失窃时，造成千百万人为之痛不欲生，法国政府则将当天定为“国难日”。

徐悲鸿在讲述《蒙娜丽莎》时，还不知道后来的戴高乐将军每当遇到棘手问题心绪烦躁时，只要驱车前往卢浮宫欣赏十五分钟《蒙娜丽莎》，出来后便会满面春风；蓬皮杜总统则公开说道：“我常常无法克制对《蒙娜丽莎》的心驰神往之情，就像家兔迷上了蟒蛇一样……”；撒切尔夫人明明知道自己不可能得到《蒙娜丽莎》原件，便以收藏四幅赝品为荣……

从19世纪以来，《蒙娜丽莎》已经收到从世界各地寄给她的情书七千二百多封，对她心驰神往者更是不计其数……

徐悲鸿讲述完达·芬奇的《蒙娜丽莎》，宗白华又在这幅名画前细细玩味了一个多小时，才恋恋不舍地离开。

在《美学散步》中，宗白华使用优美典雅、充满诗意的抒情笔调和爱美的情愫，引导读者去体味那些伟大艺术家的精神世界；待到“散步”归来，人们会发现自己的心灵得到了净化。《美学散步》中一些文章的构思，大概就是随徐悲鸿观看《蒙娜丽莎》开始的。

接下来，徐悲鸿便带上一行人前去参观罗丹博物馆——在此之前，他已经去过多次，早已被这位现实主义大师的艺术所倾倒。

罗 丹

罗丹博物馆位于巴黎塞纳河南面梵伦纳小路 77 号，最初是比隆酒店，后来几经转手，一度成为俄罗斯大使馆。1911 年，法国政府收回了这处房产。

罗丹 1840 年出生于一个贫穷的基督教家庭，父亲是一名警务信使，母亲则是穷苦的平民妇女。罗丹从小酷爱美术，其他功课却很糟糕。在姐姐玛丽的支持下，失望的父亲不得不把他送进巴黎美术工艺学校。玛丽靠自己挣得的工钱来供给他食宿费，因此，罗丹从小就深深敬爱着他的姐姐。

罗丹十四岁时，随荷拉斯·勒考克学画，后又随巴耶学习雕塑，并当过加里埃·贝勒斯的助手，还去比利时布鲁塞尔学习创作装饰雕塑五年。1875 年，罗丹游历意大利时，深受米开朗琪罗写实作品的启发，从而确立了现实主义的创作手法。

罗丹善于用丰富多样的绘画性手段塑造出神态生动富有

力量的艺术形象，生平所作许多速写，也别具风格，并有《罗丹艺术论》传世。他在欧洲雕塑史上的地位，正如诗人但丁在欧洲文学史上的地位一样——他和他的两个学生马约尔、布德尔，被誉为欧洲雕刻“三大支柱”。

罗丹的出身贫苦，因而同情底层劳动人民，热爱自己的祖国，将其毕生精力投入到了对艺术的追求和人生种种痛苦的思索中。他的艺术开创了一个时代的新风，已经超越了浪漫主义和门户派别、时间和区域，成为历史长河中一颗璀璨的巨星。

罗丹的作品以揭示人类的丰富情感而著称，并且内涵深刻：没有浪漫派中的肤浅热情、空洞的夸张和虚假内涵。他更偏爱悲壮的主题，善于从支离残破中发掘出力与美，从而使他的艺术具备博大精深的品格，既有动人之情，又具启迪之思，使我们得以神游于心灵的波涛、生命的奥义、宇宙的玄远之中。

可以说，罗丹的一只脚留在古典派的庭院内，另一只脚却已跨过了现代派的门槛——使用在古典主义时期练就的有力双手，却不为传统所束缚，打开了现代雕塑的大门。

1916 年，罗丹将其全部作品捐赠给了法国政府，以换取政府为他提供住房和工作室。为此，法国政府建造了罗丹博物馆，也享有对罗丹作品复制的专有权。

1917 年底，罗丹去世，1919 年，罗丹博物馆正式建成。徐悲鸿一边给几个人讲解罗丹和他的艺术，不觉间便来到了罗丹博物馆。

罗丹博物馆占地 8 万平方米，建筑风格为洛可可式，配以花园造景，是他生前最后的住所。也是继法国卢浮宫、凡尔赛宫之后参观者最多的博物馆。

罗丹博物馆收藏了六千六百座雕塑作品，包括陶土、石膏、青铜、大理石、陶瓷等材料制品。

进到展厅，看过概况介绍，越过一道藏而不露的浮雕屏风，便是罗丹著名的大理石雕塑《吻》。前面说过，罗丹的作品以揭示人类的丰富情感而著称。《吻》的创作不但投入了他的全部创作热情，而且记载了他与情人卡米尔之间一段凄美动人的爱情故事……

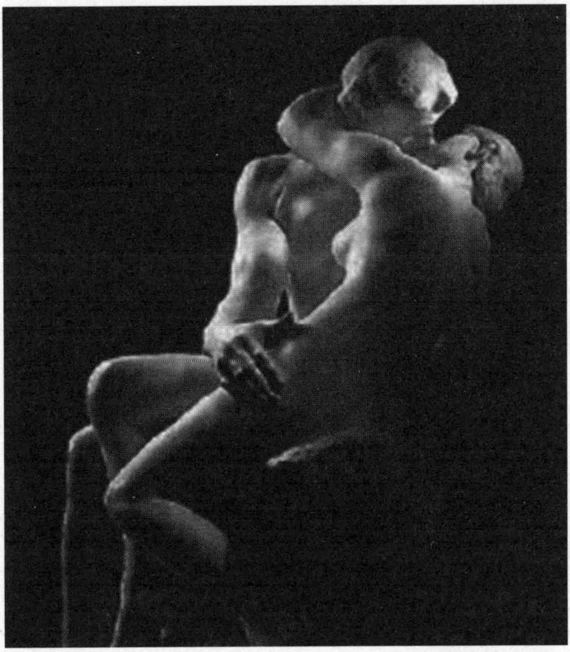

《吻》（雕塑）
罗丹作

十九岁的卡米尔原来是法国著名画家布歇的学生。1885 年冬天，布歇到罗马去旅行，便把她托付给了四十五岁的罗丹予以照顾。

卡米尔做梦都想成为罗丹那样受人景仰的艺术家，向罗丹要了一块大理石，雕成一只结构突出的脚送给了他。

罗丹从此发现了卡米尔在雕塑上的天才，遂请她做助手，参加美术馆大厅里的雕塑工作。

卡米尔的弟弟保罗，是位著名的诗人，他在描绘姐姐的容貌时写道：

> 无可比拟的绝代佳人般的漂亮前额，美丽无双的深蓝色眼睛，性感而又倨傲倔强的大嘴，除了小说封面中人物的眼里外，你很难再在别处找到那样的蓝色……身披美丽和天才交织而成的灿烂光芒，带着那种经常出现的、甚至可以称得上是残酷的巨大力量。

经验证明，越是美丽动人的女孩子，如果她再具备无与伦比的天才，那就注定她的爱情遭遇多会是毁灭性的。

罗丹的雕塑天才虽然受人仰慕，可他与模特之间的艳事却令卡米尔嫉妒。因此，不久她便离开了罗丹。

卡米尔娇艳的容貌和她在雕塑上的天才，罗丹已经领教了。没有了卡米尔，他便无心工作。他的助理建议他另雇一个，可他却瞪着眼睛朝他大声喊道："可她是一个超群的艺术天才，没人可以代替她。"

罗丹放下手中工作，亲自登门拜访，请卡米尔回到他的工作室去。卡米尔不但只是敬慕罗丹的名气，由于崇拜，其实已经爱上了他。只是出于嫉妒，才在一气之下离开。现在，老师亲自找上门来，她又乐此不疲地回到了他的工作室。她相信自己比罗丹原来用过的所有模特都更加具有魅力，而且还具备她们所没有的天才。为了感谢老师的知遇之恩，她决定将自己的命运交给他。当她脱得赤身裸体走上模特台时，罗丹几乎被惊呆了：她那丰润如玉的肌肤和美妙绝伦的躯体，使他看到了一个完美的夏娃。他开始情不自禁地拥抱她、抚摸她、亲吻她，于是一件伟大的作品诞生了——这就是他的著名雕塑《吻》。

作品以其完美的构图，富有韵律的人体，表现出一对青年男女处于热恋中的狂吻。整个作品散发着撩人的青春气息，使观众对人生、对爱情产生无比强烈的激情，从而更加热爱生活……

卡米尔摆弄模特的灵气与能力，也让罗丹叹服，他花多少年才弄通的事情可到她手上却能一挥而就。卡米尔与罗丹陷入热恋，搬进了他在巴黎郊外买下的佩安园。佩安园在她手下立刻变成了一座雕塑工场，没日没夜地帮助罗丹雕塑雨果、巴尔扎克等人的雕像，最大限度地发挥她的创作灵感与激情，把她的技艺和肉体，把她的一切全部交给了罗丹。罗丹为卡米尔画了大量裸体速写，带着她一起游览巴黎风光，一块出入公众场合，一同去参加艺术沙龙——卡米尔几乎成了罗丹灵感唯一的源泉，他甚至抱着她为卡基尔岗做雕塑……

卡米尔让罗丹产生了巨大的创作欲望，雕塑《吻》完成之后，又以她为模特创作了《蹲着的女人》《我很美》《上帝的爱抚》等。由于在创作过程中充满爱的激情，这些雕塑全都成了罗丹作品中的经典。有意思的是，卡米尔也亲自参加了他的这些创作。在此期间，除了充当他的助手之外，还独立完成了一些作品。相比较之下，罗丹说他的妻子洛茜：“她就像只动物一样地依赖我。”

这时，卡米尔的父亲克劳岱开始提醒她：应该有自己的作品，而不该只为罗丹活着，不然就得不到社会的承认，与一贯毁灭女性的罗丹过从甚密，就会抹杀自己的天才……

然而处于疯狂热恋中的女人从来不计后果。此时，卡米尔已经怀孕。可因为工作劳累，最终流产了，罗丹为此流了三天眼泪。卡米尔觉得她为罗丹的付出太多了，工作劳累和感情的付出不说，他的妻子还经常到工场里来大吵大闹，吓得卡米尔不得不东躲西藏。于是，她怀着悲愤的心情让罗丹在她和洛茜之间做出选择，可罗丹却说道：“我不能像打发仆人一样赶走洛茜。”

罗丹一方面疯狂地爱恋着卡米尔，另一方面还要保持与洛茜的婚姻关系——因为她是孩子的母亲。听了罗丹的话，几天后，卡米尔不辞而别。当罗丹来到工作室时，发现她留下了一尊非常完美的罗丹雕像，这是她送给他的纪念品。在这件雕塑上，仍然体现着对他的眷恋。罗丹不得不承认她已经是一位出色的雕塑大师了，决定将这件作品展出。

1898 年，卡米尔在弟弟保罗家里建立自己的工作室，开始了夜以继日地工作。她已经是一无所有，只剩下了手中的石头，于是不停用大理石雕着罗丹的塑像，并和塑像拥抱、亲吻——就像拥抱罗丹一样。然而，她把感情和希望却全都投在了一堆冰冷的石头上。拥抱、亲吻完了，看着那些东西，她感到更加孤独和寂寞。而罗丹也只有通过雕塑，知道她与洛茜的不同……

一位画商看中了卡米尔的雕塑，开始向她订货。她便开始更加疯狂地工作，雕出了许多小孩和老人。在音乐家德彪西的帮助下，作品得以展出。可人们却把功劳归于罗丹——因为她是他的学生。弟弟保罗早就对她说道：“罗丹做梦，你做工。”

卡米尔虽然依旧具有天才的创造力，可她那富有青春的美丽却已经一去不复返了。她的作品开始了对痛苦和死亡进行探索与表现：把所有的疯狂、苦难、郁闷和不得志全都凿刻在大理石及其黏土凝成的时空中。她总是对着自己的作品自言自语道："罗丹哪，罗丹，我就是那个老妇人，不过不是她的身躯，而那年龄增长的少女就是我，而那个男人也是我，不是你。我将我所有粗暴的个性赋予了他，他将我的虚空给我作为交换，就这样，一共有三个我，虚空的三位一体。"

这时，罗丹登门拜访，可却被卡米尔拒之门外。

作品的成就并未改变卡米尔贫穷、窘迫、尴尬的处境，照旧生活在罗丹的阴影之中——仍然因为她是罗丹的学生，一切功劳还都归功于他。

爱和恨都是情感的一种宣泄，卡米尔本来渴望超越罗丹，以寻求自我，可她却徒劳无功，无以自救。她与罗丹的积怨已经变成一种仇恨：当一个人用尽力气朝一面墙上撞击的时候，如果没有撞倒墙壁，肯定就会自我毁灭。爱情也一样：在罗丹的头上顶着巨大光环的艺术界，卡米尔以她瘦弱的身躯，无法撞倒罗丹；她美丽的青春、容颜和才智在四年中已经完全献给了他，所剩下的，只是一步步地走向崩溃和灭亡……

雨果和巴尔扎克的塑像完成后，罗丹再次登门拜访。他知道是卡米尔给他带去了创作灵感，没有她，自己很难完成那两件作品。然而失去心理平衡的卡米尔却陷入疯狂，对他进行一顿漫骂，又追到他的家里，用石头砸烂了他家的门窗，大声喊道："罗丹，你偷走了我的青春、我的创作、我的一切，我真后悔认识你！你给我爬出来，我到底爱你什么！"凄厉的哭喊声在夜空中回荡……

卡米尔最后连买火柴的钱都没了。

雨后的洪水已经漫进屋子，卡米尔的雕塑浸泡在水中。野猫在不停嚎叫，那个下过订单的画商在阁楼的角落找到了卡米尔——她就像个孩子一样需要帮助。画商把她从困境中解救出来，准备为她办一次展览，可展出却失败了。

在一个大雨滂沱的夜晚，卡米尔再次来到罗丹的家，可她的叫喊却被如麻的雨水声音淹没。第二天，她把用罗丹给的那块石头雕成的脚扔进了塞纳河，惊起了河面上栖息的水鸟；她又将自己的雕塑全部砸碎，运到郊外掩埋起来……

翌日，记者朱迪为写《罗丹传》登门拜访卡米尔，对她说道："你已经成为这个时代了不起的雕塑家，就连罗丹也承认这一点。"

可卡米尔却对朱迪凄楚地说道："我和罗丹的关系等于零。"

卡米尔与罗丹彻底决裂了，已经当上外交官的弟弟保罗，因为工作忙，也很少与她见面。1913 年秋天，三十四岁的卡米尔参加完父亲克劳岱的葬礼之后，被确诊为精神分裂症。在被囚车拉走的那一刻，她扒着车窗栏杆，望着前来送行的罗丹，眼里充满着凄凉和恐惧……

在疯人院里，卡米尔多次给她的弟弟保罗写信，请求他看好她的东西，不要使之落到罗丹的手里。并说罗丹正在千方百计地阻挠她从疯人院里出去——因为他嫉妒她的才华……

贫病交加的卡米尔已经几近癫狂，到四十二岁时则完全疯了。在精神病院住了一年之后，被转到阿维尼翁附近的一家收容所。在那里，一直待到 1943 年 10 月 19 日去世。在生命最后十年里，都是被绑在一件捆绑疯子的紧身衣中。

卡米尔的死，是因为她对罗丹过于依赖——半生生活在他的阴影里，终于被他所毁灭。

听了徐悲鸿的介绍，再看雕塑《吻》，宗白华和盛成觉得作品更是无比凄美与动人，心情久久不能平静。

徐悲鸿又把宗白华和盛成领到罗丹的《青铜时代》跟前。

随着冶炼技术的出现和发展，人类社会从公元前三千年进入了青铜时代，辉煌灿烂的青铜艺术随之诞生。然而进入青铜时代的时间有早有晚，但大体上相差无几：印度和埃及在公元前三千年至前二千年，伊朗、土耳其和欧洲在公元前四千年至前三千年，中国则在公元前二千一百至前二百年的夏、商、周至春秋时期。

在青铜时代之前，有一段铜石并用的时期：祖先在自然界寻找制作石制工具时，发现了一种带有金属光泽、具备延展性能的红铜矿石，便将其

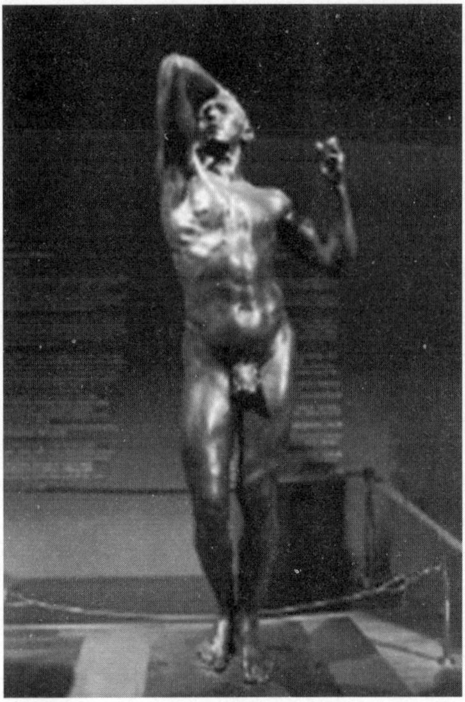

《青铜时代》
（雕塑）
罗丹作

铸成小型工具和装饰用品。红铜熔点是1083℃，但硬度较软。在长期的冶炼过程中人们又发现，加入适量的锡或铅，可以降低铜的熔点，还可以增加铜的硬度，于是青铜便成为铜与锡或铅的合金——含锡或铅10%，熔点在700℃至900℃，硬度却是红铜的4.7倍，因为冶炼出来的铜呈青色，故称之为“青铜”。

在我国的商代，青铜作坊已经具备了相当规模，主要是制造生产工具、生活用品和兵器。这些物品种类繁多，造型丰富：酒器、食器、乐器、兵器、车马器、农业工具、生活用品、礼仪用具、货币、玺印，应有尽有。而且每一种都不是单一的式样，仅酒器而言，就有爵、角、觯、小穜、铡、揭、勺、禁等二十多种。这些器物不但造型准确，制作考究，而且装饰精美：上面用阴阳两种手法雕刻出多种动物和几何图案。常见的有饕餮纹、夔、龙、虎、人形纹等。到了商代晚期，青铜铸造的水平达到了高峰，不但种类繁多，质量更高，花纹也更加繁缛细密，装饰图案中又出现了鸟纹、蝉纹、蚕纹等。

不仅如此，还在许多器物上铸出三重花纹——衬底用的云雷纹，上面凸起来的兽面纹，在主纹上再加几何纹等。而且，器内有时还铸出数量不等的铭文。到了西周时期，反映在青铜器物上的特点是铭文较长，有的竟多达三四百字，其内容不但有祭祀祖先的，也有征伐、记功、册命和赏赐等的记载。这些铭文，都成了今天研究古代历史的珍贵资料。

到了春秋晚期，铁器时代虽然已经悄然到来，但却并未导致青铜工艺的衰退。由于生产技术的提高，使得青铜铸造技术又有了新的发展。直至战国晚期，由于冶铁工业的迅猛发展，青铜艺术所留下的无数珍宝，则成为世界艺术宝库中光彩夺目的明珠。

令人没有想到的是，罗丹竟用他的雕塑《青铜时代》，给青铜时代的历史做出了形象诠释。《青铜时代》塑造的是一个真人般大的男子裸体，用以象征人类的启蒙时期：男人左手抱拳，右手扶头，面部昂起，表情为思索状。下身的右腿微微提起，似乎还未迈开大步，只是轻轻踮起脚跟。男子的眼睛虽然还带着朦胧的睡意，可他的身体已经伸展，充满着青春活力，意味着人类已经从蒙昧、野蛮的状态解脱出来，逐渐有了清醒意识，即将进入文明智慧阶段。《青铜时代》完成后遭到了官方沙龙的抵制，被认为是用模具从死人身上翻下的僵尸，拒绝展出。著名雕塑家布歇和同仁联合起来与官方交涉，才使得作品予以陈列。不料，这场斗争却给罗丹带来了更大荣誉。

《青铜时代》是罗丹第一次由失败的创作演化而来的作品。在这之前，他在比利时请了一位身材优美的年轻士兵做模特，用十八个月时间雕塑了一尊男人裸体：左手拿着棍子，正在走动中，突然被前边的什么东西怔住了，于是右手揪住自己的头发停住脚步抬头凝望，表现出一种忧虑、羞涩和敬畏。罗丹把这尊雕塑命名为“被征服者”，赋予它一种普通的人性。不料，作品在展出时未能获得成功。范·拉斯布尔鼓励他，从作品的实际出发，建议将那根棍子取消，并赋予雕塑新的深刻含义，改名为“青铜时代”。罗丹接受了拉斯布尔的意见，重新制作了塑像，因而获得了巨大成功——一位艺术家仅凭手中的一件作品，就给整个一段历史时期做出了生动形象的诠释，令人叹服。

徐悲鸿的鉴赏力和记忆力简直让宗白华和盛成达到了吃惊地步：无论古今中外的任何一位画家，抑或是任何一件作品，只要一提起来，他就能滔滔不绝，如数家珍：不但对欧洲古典主义及意大利文艺复兴时期的艺术巨匠了如指掌，对中国古代的传统大家也都烂熟于胸。他曾在一幅画中题识曰：

平生所许国中画师，惟阎立本、吴道子、徐熙、赵孟頫、周臣、仇十洲、陈洪绶、王石谷、恽南田、吴友如、任伯年……

从中可以看出，徐悲鸿在继承传统和吸收外来营养方面付出了巨大努力。

徐悲鸿、蒋碧薇留宗白华和盛成在巴黎游览两天之后，便怀着惜别的心情送走二人。

三、达仰先生

徐悲鸿赴法后另一件让他受益终生的事，便是认识了达仰先生。

徐悲鸿的老师、法国写实主义大师达仰

达仰先生是法国著名的绘画大师，一直受到徐悲鸿的尊崇，但却苦于无缘相见。因其名望太大，使他望而却步。

终于，1920 年 7 月 14 日，在参加雕塑家举办的茶会上，由唐夫人介绍，徐悲鸿才与达仰得以相识。

达仰先生身材适中，留着大背头，脸上的线条棱角分明，长着西方人特有的鹰钩鼻子，两只褐色的眼睛深邃明亮，性情十分温和，徐悲鸿用法语与他交谈。

达仰先生看到徐悲鸿的作品后，非常激动，遂收他为入室弟子。从此，每到星期天，他都要偕蒋碧薇登门求教。达仰先生用法语称赞蒋碧薇是“东方美人”。

在此阶段，徐悲鸿不但在绘画技巧上大有长进，而且创作了早期许多具有代表性的人体作品，还为达仰、费拉孟等先生画了肖像，受到两位大师的赞扬。关于以蒋碧薇为“范人”的许多习作和主题性创作也是在这一时期完成的。同时，在绘画理论认识上，也有了诸多精深进展。关于这方面的收获，他于 1921 年春天致上海晨光美术会，登在《晨光》一卷第一期的长函中有着详尽叙述。由此可以看出，徐悲鸿到西方去学画，并不是盲目的冲动，而是完全按照艺术规律在规划自己。时至今日，我们可以无愧地说，正是徐悲鸿，于 20 世纪 20 年代就开始了主动与世界艺术接轨。此间，他虽然患有严重胃疾，学费也接济不上，但他却并未缩手缩脚，也没有半点的消沉与怠懈，而是表现出一切成功艺术家锲而不舍的不屈意志和顽强精神。

四、天狗会生活

提到同学们的恶作剧，简直令人咋舌：他们会毫不顾及地将一位旷课的同学一轰而就地扒光衣服，涂上满身的颜色拖到模特台上当作人体雕塑去展览；也会毫不留情地将一位来访的女士装进一只大油桶中放到马路上去飞滚——被装进油桶的女士让警察救下后，扬言要控告肇事的学生。对此，徐悲鸿出面调停，她才肯罢休。因此，大家都很尊重他。

他们还会将全班的鞋子集中起来放到门楣上面，让他们不喜欢的老师进门时，全部落在他的头上。有一次，蒋碧薇到学校去找徐悲鸿。结果，见她长得漂亮，被班里不认识的同学逮住，蒙起眼睛拉到讲台上准备让大家轮番亲吻。正这时，徐悲鸿从外面回来，说这是他的妻子，蒋碧薇才免遭戏谑。此事使得那几个搞恶作剧的同学有点下不来台，便请徐悲鸿和蒋

《啸声》(油画)
徐悲鸿作

碧薇吃了一顿法国西餐。

徐悲鸿以他的人格魅力赢得了大家的尊重。尽管如此，然而他也并不是一个毫无生活情趣之人。

1920年春天，徐悲鸿偕蒋碧薇应杨仲子夫妇之邀，赴瑞士洛桑游历半年之后要回巴黎。入境时，二人的护照即已交付瑞方，可到离境时，瑞方根据二人入境后的停留时间及消费情况，要求他们交纳税款，然后发还护照。徐悲鸿大致计算一下，这是一笔不小的开销，而自己正处于经济拮据之时，有点舍不得花这笔钱。于是就到中国驻瑞士大使馆重新申请了护照，从而避过了这笔税金。

1921年，徐悲鸿偕蒋碧薇利用暑期到德国柏林游览，受到中国驻德公使一等秘书张季才夫妇的热情接待。

战后的德国货币贬值，英镑和法郎兑换马克的价格一日数涨。徐悲鸿则利用这样的机会，不失时机地购买了不少名画和典籍。往往是看中一件艺术品后，讲明价格，先付一点定金。待几日后再按照贬值的百分比备款提货，因而每每从中占了很多倍的便宜。

也是这次在德国游览期间，一天，徐悲鸿正在张季才为他租住的画室里作画时，接到法国老朋友寄来的一纸通知：

敬启者：天狗会于昨日开成立大会，当场投票选举会长，赵君××得多数票，被选为会长，当场欢呼："天狗会万岁！""赵狗会长万岁！"赵狗会长"致谢词外，略有演说，已载旅欧周刊与巴黎各报"。余兴为江小鹣先生客串《杀圣劝妻》警世名剧。近日同仁正从事起草本会简章，不日即函奉呈。今日又开第三次会议，选派代表出洋考察狗种，当场谢君次彭被选出使德国，于礼拜四首途，又公举吴君（此人新自中国来，俱有狗性）出使英国伦敦，审察一切英狗，均于同日首途，已电驻德驻英狗会使接待一切，此本狗会成立后之近状也。近仍不得先生函引以为憾，候次彭狗使到德后，面陈一切，必能洞悉本狗会宗旨与趋向，并向先生磋商本狗会一切事宜。此二人所以出使，亦为邀请先生而来也，唯会中有一事急欲奉知者，本会简章第一条，忌用狗字，除天狗会用狗字外，凡遇狗字苟音均以圣字代字之，如"狗屁"，即曰圣屁，如"苟有用我者"，亦以圣字代之，如江先生前串《杀狗劝妻》，即以圣字易之，以示尊重。先生以后用字务宜注意，必需一体遵守，则天狗会幸甚，狗会长幸甚，同仁幸甚。

顺请狗安！

天狗会谨启八月十日

天狗会的通知诙谐和戏谑的程度让人忍俊不禁，可却并未因此而被徐悲鸿回绝。不但带着蒋碧薇参加了天狗会的每次聚会，而且在天狗会组织扩大后，又被会友们公推为天狗会的老二；老大为谢寿康；老三则是从此与蒋碧薇产生了几十年恋情，一发不可收拾的张道藩；邵洵美为老四；军师则是孙佩苍；郭有守为"天狗会行走"；蒋碧薇是天狗会中唯一女性，则成了"压寨夫人"。

天狗会成员（左至右）：张道藩、邵洵美、刘纪文、常玉、谢寿康、徐悲鸿

谢寿康回到巴黎后，天狗会驻德会使便由朱了洲的介弟——朱一洲担任。谢寿康被选为天狗会的老大，说明此人在留法学生中具有很高威望。

谢寿康的父亲谢言卿，为清末秀才，出任过江西赣县高等小学堂校长。谢寿康1897年出生于江西赣县水南乡，谱名亦，字就是徐悲鸿经常提到的"次彭"，号召七百，别号苑田村人。民国初年，随长兄谢培真来到汉口，不久就读于汉口法文专科学校，1912年6月28日，被国民政府教育部择优选送留学欧洲，当年入比利时自由大学，攻读政治经济学。1914年转学法国巴黎法政学校经济科，获得学士学位。1918年，入瑞士罗山大学攻读并获得政治学硕士学位。于比利时布鲁塞尔大学获博士学位。1919年，与李石曾、吴稚辉等人在巴黎组织中法教育会，1921年任巴黎中华民族促进会会长，1923年任里昂中法大学校董。同年获比利时皇家学院院士称号，为华人荣获欧洲国家学院院士第一人。

谢寿康性情宽厚，为人诚实，深得赴欧留学生的信赖。

可他旅欧十六年未归，而他的妻子一直待在江西老家，二人都在苦苦等待相聚的一天……

在天狗会中，孙佩苍被推为军师，说明他足智多谋，绝非等闲之辈。

孙佩苍别号雨珊，1890 生于河北涿县（今涿州市）一个普通的农民家庭，祖父曾做过抚顺道台，可到了父亲时，他已经沦落成河北霸县（今霸州市）的一个贫苦瓦匠。

在儿孙这辈中，爷爷唯见自幼喜欢绘画的孙佩苍是个可塑之才，便在家里单独给他上课。十六岁时，为实现画家理想，他登上一艘法国货轮，以做炉前送煤小工顶船票，在海上漂流一个多月后抵达法国巴黎。一天，他被巴黎美术学院院长碰见，交谈中，发现他的灵气超人，便将他领回家中，不但供给食宿，还悉心指导他的绘画。不久，他便考上了巴黎美术学院。可在学习过程中，导师发现他更具理论方面的潜力，于是建议他改学西洋美术史。

孙佩苍接纳了这个建议，激流勇进，带着对绘画的一腔热忱，又把全部精力投入到对世界美术史的钻研之中。同时，还广泛收集各种与艺术有关的资料和作品，并专门购买了一台大型相机拍摄原作。

孙佩苍二十二岁学成回国后，被国民政府教育部委任为奉天省

孙佩仓购得的库贝尔名作《裸女与狗》

视学。在此期间，他产生了撰写世界美术史的宏愿，于是，买了三张三等船票，带着妻女再次赴法。正是这次欧洲之行，与徐悲鸿邂逅，和谢寿康、邵洵美、常玉、张道藩、刘纪文等留法好友自发组织了天狗会。在德国时，他干脆在徐悲鸿家里搭伙，由孙夫人主厨，他和徐悲鸿洗碗打杂。

国内因军阀混战官费没了着落，生活无以为继。可孙佩苍和徐悲鸿一样嗜画如命。两个人便节衣缩食：吃的是价格低廉被外国人认为是垃圾食品的五花肉，直吃得一看见就作呕；买袜子总是买几双相同颜色的，穿坏一只丢掉一只，而不是抛弃一双；将一根烟分成三次抽，头发自己理，衣服开线自己缝。可却利用德国马克贬值的机会，把从牙缝里省出来的钱，甚至不惜大量举债，购进价格不菲的西方名画。就是此时，孙佩苍购得了库贝尔的许多油画精品。

1933年，徐悲鸿应李石曾之邀赴欧洲举办中国近代美术展，展览间隙，徐悲鸿受孙佩苍之托，到法兰克福博物馆临摹伦勃朗的《参孙与大莉拉》。蒋碧薇在回忆录中谈到徐悲鸿临摹这张画时说道：

天气一直不好，博物馆里光线不足，所以徐先生临这幅画很费事，前后足足花费了十多天。

天狗会组织虽然松散诙谐，但却有着极深的艺术和文化内涵；同时也表明会员之间的关系十分密切融洽，不然，徐悲鸿也断然不会在百忙中从柏林大老远地跑到法兰克福，特意用十几天的时间为孙佩苍临摹一幅画。

天狗会调节了留法学生的生活，让他们在艰苦的留学中过得轻松愉快，热闹异常。尽管如此，徐悲鸿每日的作画时间仍然不低于十几个小时，尤以素描下的功夫最多，并且不断去马厩画写生，深入研究马的结构。除了画马，还到动物园写生狮虎等猛兽，而且不忘旧情，在一幅炭笔《小狮》画面上写道：

吾之精爽磨成，无负张祖芬、黄震之两先生者。

又写道：

> 吾居柏林及巴黎时，赴动物园，园豢狮与熊，独多描之，既屡，觉狮与熊等亦有个性。

留法时期的张道藩

1922 年暑期，张道藩到德国小游，听说徐悲鸿也在柏林，于是就与盛成、宗白华一道前往寓所拜访，希望结交这位新朋友。令人没有料到的是，张道藩对蒋碧薇却一见钟情，从此开始了整个后半生的苦恋，而且真正爱得刻骨铭心……

张道藩 1897 年 7 月 12 日生于贵州盘县的书香之家，其祖上数人高中进士。1916 年，张道藩考入天津南开中学，1919 年底西渡英国，1921 年入伦敦大学美术部就读，成为该院有史以来第一位中国留学生。他的身材挺拔，相貌堂堂，家庭生活富裕。1922 年冬在伦敦邂逅陈立夫后，立即加入了中国国民党，次年即为国民党伦敦支部负责人，逐渐成为 CC 系骨干。

同年 9 月初，徐悲鸿偕蒋碧薇到英国回访张道藩。他当时与傅斯年合租一套楼房：他的房间墙上悬有精美壁挂，并配有装饰性的瓷器和字画，地上还铺着一条猩红色地毯，布置得完全像艺术家公寓。这在最初赴欧的留学生当中，也是绝无仅有的；而傅斯年的房间比较起来则要简朴得多，除了一张床和一张地桌外，到处都堆满了哲学、心理学、物理、化学、数学、史学、文学、考古学、古文字学等各科书籍。

仅从房间的布置和摆设上看，张道藩显然就是位艺术家，而傅斯年则是学者，泾渭分明。

傅斯年祖籍江西永丰，1896 年 3 月 26 日出生于山东聊城，初字梦簪，字孟真，六岁读私塾，十岁入东昌府立小学堂，十一岁便读完《十三经》。1909 年，傅斯年考入天津府立中学堂，1913 年考入北京大学预科，1916 年升入本科国文门，著有《文学革新申义》，与胡适的《文学改良刍议》相呼应，提倡白话文。

1918 年，傅斯年与同学罗家伦、毛准等组织新潮社，编辑《新潮》月刊。1919 年五四运动期间，傅斯年为学生领袖之一。1919 年底赴欧洲留学，先入英国爱丁堡大学，后转入伦敦大学，研究实验心理学、物理、化学、数学和历史学，是位著名学人。

傅斯年的性格豪爽率直，在北大读书时就已听说徐悲鸿的大名，现在于异国相见激动不已，一见面就与他拥抱起来。待在一旁的张道藩便与蒋碧薇搭话。

傅斯年任北大代校长时与蒋介石合影

这天，蒋碧薇身穿艳丽而别致的洋装：上衣是大红色底石黄花纹的西服，长裙是米色底朱红花瓣儿，脚蹬白色高筒皮靴，上下搭配，协调而华美，亭亭玉立于猩红地毯之上，使得张道藩更是怦然心动……

张道藩出手阔绰，在伦敦的红海酒店招待了徐悲鸿夫妇。除傅斯年外，还有与张道藩同在伦敦大学就读的刘纪文和邵洵美作陪。

刘纪文祖籍广东顺德，1890 年 10 月 19 日生于东莞下车岗村，其家境贫寒，曾以捕鱼为生。然而，刘纪文自幼聪颖过人，加上青灯长卷的苦读，内外兼修，既通晓英语、日语，又精通音律，弹得一手好钢琴，满身散发着才子气。1910 年，刘纪文加入孙中山的同盟会；1912 年，留学日本志成学校及法政大学。

在美国留学时的宋美龄(左)、宋子文(中)和宋庆龄

1914 年夏天的一个周末，刘纪文从日本到美国去看望在哈佛大学念书的好友宋子文。宋子文知道刘纪文钢琴弹得好，便把他领进同在哈佛读书的妹妹宋美龄的宿舍，让他弹支钢琴曲听听。当刘纪文演奏完肖邦具有独特抒情风格的《夜曲》之后，宋美龄便接着演奏了贝多芬的《致爱丽丝》。刘纪文轻快恬静的琴声让宋美龄如醉如痴，宋美龄如泉水般优美的琴声也让刘纪文流连忘返。

两年后一个暑假，刘纪文又来到美国，与宋美龄结伴出游，并为她拍下许多照片，还配上一首首小诗，赞美自己心中的女神。不久，刘纪文将照片发表在报刊上，谁知竟然引来众多爱慕者给宋美龄写情书。刘纪文急了，立即向宋美龄求婚，但却遭到她的拒绝。直到 1916 年，受到宋庆龄与孙中山婚事的触动，在宋子文的撮合下，宋美龄才与刘纪文在美国订婚，并于 1917 年回到上海。尽管上流社会又有不少翩翩男士出来追求宋美龄，刘纪文也在急切要与她结婚。然而，她却以诸多借口搁置了她的婚事。

刘纪文则追随孙中山，出任广东政府审计局局长；1922

宋耀如一家。二排左起：宋霭龄、宋子文、宋庆龄，后排左起：宋子良、宋耀如、倪桂珍、宋美龄

年，再次赴欧进入英国伦敦大学，成为张道藩的同学。同时担任广东省政府的欧美市政考察专员，负责实地考察欧美各国重要城市的市政建设。

邵洵美祖籍浙江余姚，1906 年生于上海。祖父邵友濂为同治年间举人，官至一品，曾以头等参赞身份出使俄国，后任湖南巡抚、台湾巡抚。外祖父盛宣怀是位著名洋务运动的中坚人物，中国近代首屈一指的实业家，富甲一方。

邵洵美的生父邵恒受到岳父盛宣怀的赏拔，出任轮船招商局督办。

邵洵美原名邵云龙，五六岁时即入家塾读《诗经》，背唐诗。读完家塾进入圣约翰中学。这所教会学校所授课程除国文外，均用英文教材，教师多数为洋人。良好的教育环境逐渐将他熏陶成一位颇具才情、温文尔雅具有才情的青年。

邵洵美十六岁时恋上了表姐盛佩玉。他喜欢古诗，当读到《诗经》中《郑风·有女同车》一节时，一眼瞥见“佩玉锵锵”四个字，又见另外一句里有“洵美且都”，不禁拍案叫绝。“洵美”两个字意为“实在美”，“且都”意为“而且漂亮”；以“洵美”对“佩玉”贴切极了。

于是决定将邵云龙正式改名为“邵洵美”，以名寄情。邵洵美与盛佩玉订婚后赴英国留学，就读于经济系。但课外却自学英国文学，并结识了徐志摩、徐悲鸿、张道藩等朋友。

刘纪文和邵洵美后来均成了徐悲鸿的至交，来往不断，且皆是天狗会的重要成员。

1923年暮春，张道藩完成了在英国伦敦大学的学业，转入徐悲鸿就读的巴黎最高美术学校深造。这样，便与徐悲鸿成了真正同学，跟蒋碧薇的接触也渐渐多起来，有时打麻将会通宵达旦。

孙中山与宋庆龄

此间，徐悲鸿在德国购得的画作、书籍和艺术品堆满了房间，无以行走，只得坐卧其上。而他这时已经生活拮据、负债累累。同年，以三十件作品参加法国画家春季沙龙展，又以《老妇》陈列于法国国家美术展览会，获得好评。而且还创作了《碧薇妇人》的素描及油画，和《持棍

老人》《河边》《沉睡的维纳斯》等，另外尚有素描人体、动物等早期具有代表性的作品……

在繁重学习任务的压力下，夜深人静的时候，徐悲鸿不禁又想起了屺亭桥老家的母亲和弟弟、妹妹……

自从闯荡大上海寻求留学机会以来，徐悲鸿就已无暇顾及家庭。而父亲早已去世，弟妹们都还很小，家里十分贫困。想到这里，他便觉得对不起母亲，对不起弟弟、妹妹。于是从床上爬起来，给商务印书馆的黄警顽写了一封信，让他到家里去看看。

黄警顽接到徐悲鸿的信后，立刻赶到宜兴屺亭桥。看见徐悲鸿的二弟寿安已经十三岁，待在家里游手好闲，无所事事。担心误了他的前程，于是给家里扔下几十块钱，带着寿安回到上海。

黄警顽原本是想将寿安送进平民习艺所学门手艺，可到上海后，却将他丢给蒋碧薇的父母一走了之。无奈之下，蒋梅笙夫妇只得将寿安收为义子，视作己出，教他读书识字，之后又为他安排了差事。

徐悲鸿接到黄警顽的信后，知道了家里的情况，心里才得到一些安宁。

五、逆水行舟

1924年，徐悲鸿偕蒋碧薇赴法五年后，由于北平政局变幻莫测，国内的官费资助全部中断；而姬觉弥答应每两个月寄给的三百元钱，也从来就没见过一分，因此生活陷入困境。尽管如此，他仍然作画不辍，著名的《远闻》《女人体》《人体素描》《老人》《丐》均为这一时期所作，并在题款中曰：

> 时为来欧最为穷困之节，至无可控告也。

徐悲鸿创作的《远闻》，表现其妇人蒋碧薇展读远方友人来信的情节，背景为欧洲一老妇人阅报的情景，描绘的是一位侨居海外的华人妇女对远方祖国的思念。当徐悲鸿将此画拿去向达仰先生求教时，却被在场的人误认是达仰所作。被一位作家（Amic）购去捐给了法国博物馆，一时在法国艺术界传为佳话。

由于断炊，徐悲鸿不得不差蒋碧薇到驻巴黎领事馆的随习领事刘先生家里去借款。刘氏夫妇是徐悲鸿和蒋碧薇的老朋友，人又非常热情宽厚，立刻茶点招待，并要留她吃过晚饭回去。可他们哪里知道徐悲鸿正在家里挨饿，急等妻子携款回去进餐呢。蒋碧薇虽然心急如焚，然而出于一种大家闺秀的修养，主人越是热情，她就越是不好意思开口借钱。一直到晚上9点多钟，吃过晚饭，在刘家足足待了五个多小时，也未能张开借钱的嘴。

蒋碧薇回到家中，饿了一整天肚子的徐悲鸿从床上爬起来。可当他听说未能借到钱后，便又躺回到床上去睡觉。第二天上午，徐悲鸿夫妇应邀到中国驻巴黎总领事赵颂南先生家做客。

“屋漏更遭连阴雨，桅折又遇打头风”。之前，徐悲鸿本来就在穷困潦倒之中。忽一日，突遭暴雨夹着冰雹，将租住的画室天窗玻璃砸得粉碎。雨水鱼贯而入，书籍字画损失惨重。他找到房东，可房东却亮出租房合同，上面明明白白写道：“房屋租用期间，如遇天灾人祸损失，责任由承租方负担。”

无奈之下，徐悲鸿四处告贷，可跑了一圈儿，却无功而返。恰在此时，赵颂南登门拜访。看见家里这般情景，回去后，便差人送来五百法郎，解决了燃眉之急。为了感谢赵先生的资助，徐悲鸿为他的妻子画了《赵夫人像》。画完之后，他觉得这是“抵欧洲五年以来，勤奋之功，克告小成”。后来又说道：

> 我学博杂，至是渐无成见，既好安格尔之贵，又喜左思之健，而己所作，欲因地制宜，遂无一致之体。我于赵夫人像，乃始能作画前，决定一画之旨趣。有从容暇逸之乐。

此时，赵颂南邀请徐悲鸿夫妇到家去做客，徐悲鸿在心中盘算着：无论如何，也不可以再开口向他借钱了，可这个难关又该如何渡过呢？

徐悲鸿早已饥肠辘辘，浑身发软，只能怀着沮丧的心情偕蒋碧薇出门。他又是个性格极其内向之人，遇事总是在心里暗自盘算，不思索出一个结果，从来也不向妻子讲。

天无绝人之路，就在徐悲鸿经过楼下的门房，一脚已经迈出门外时，被当差喊住，递给他一封信。信是中国公使馆发来的，告诉他北平政府汇来了一个月的留学生官费，让他去领取。他便立刻忘了饥饿，让蒋碧薇先走，他则去了公使馆。

徐悲鸿领回的汇款除了支付债务已经所剩无几，生活仍然处于贫困中。无奈之下，只好与蒋碧薇外出找工作。经过多方奔走，蒋碧薇在罗浮百货公司找到一份绣工差事——就是使用粗棉线或毛线在出售的衣服上绣花。徐悲鸿则找到了一份为书店出版小说绘制插图的工作。然而这些收入却都十分微薄，根本无法缓解生活的窘迫。

徐悲鸿满脑子装的全都是绘画和事业，对于生活之事从不过问，不到饿肚子的时候总像没事一般。

官费不再寄来，朋友的资助只能缓解一时的窘迫——供一饥不能供百饱。蒋碧薇终于发现他们的生活已经走到了山穷水尽的地步，如不赶快想办法解决，只能是坐以待毙。

早已经借贷无门，徐悲鸿只得将蒋碧薇留下，自己回国筹款。他已经想好了，如果筹得到款，便再赴巴黎求学；如果筹不到，就只有寄过旅费来，让妻子返回故里。

六、筹款新加坡

赵颂南知道徐悲鸿要回国筹款后，便介绍他认识了已在美国哥伦比亚大学毕业，回国之前来欧洲考察教育的黄孟圭。

徐悲鸿与黄孟圭第一次相见是在街头的咖啡店里，可两个人一聊竟然聊了四个小时，真有一种相见恨晚的感觉。

第二天，黄孟圭来到徐悲鸿家里，见他的画作颇丰。了解到他要回国筹款的意向后，便劝他到新加坡小住，去找他在新加坡烟草公司担任要职的弟弟黄曼士，在南洋办画展，以解决当下的生活困境。

听了黄孟圭的话，徐悲鸿则改变主意，于1925年1月离开法国远赴新加坡。就在他乘坐的海轮经过法属非洲东部奇薄底时，见当地土著以木筏载煤，背负的煤炭倒进轮船的燃料室后，人已变得漆黑——分不出来人和煤。他的鼻子不禁一酸，泪如雨下，遂作《东归漫记》曰：

徐悲鸿与黄曼士在新加坡

乙丑冬，余由欧东旋，舟经法属非洲东部奇薄底。余三过之而未下者也。土人以木筏，满载煤就舟海中，然后背负煤包，向舟燃料仓泻之。日正午，太阳酷烈，暑气蒸腾，舟停无风，热乃不堪。余凭栏下视，蓦然如唐推之游地狱，鼻为之酸，不禁坠泪。盖眼前景物，一体漆黑，人与煤乃不分，惟常有紫间微蓝之光，闪烁而已，蠕蠕然而上下，而回互，其工作不类人为，其境良不类人世。自念吾惟感受流离飘零而已，有时绝粮，一日以后，亦必得食。入冬御寒乏具，受冻难支，但竭力加衣，不循俗样，亦能足温。使帝闻吾怨叹，而令与黑炭易命，吾必跪死九阍之下，而不去也。余沉吟感喟，系情无限，持卷他瞬，不忍终睹。讵不移时，哄然高歌，声澈海底，余惊而回顾，则向不异地狱之黑工皆跃入水。

徐悲鸿的情感向来与社会底层的劳苦大众紧密地联系在一起，这是一位艺术家的良知。后来的代表作《巴人汲水》，就是看到重庆人民担水的艰难而创作的。因此，他的作品总是能够深刻感人。

抵达新加坡后，徐悲鸿下榻于黄曼士位于芽笼35巷16号的江夏堂，也就是南洋黄氏总会。画室就设在江夏堂楼上的主室，前边还有一个突出的阳台，供乘凉和观景之用。因为筑起了木窗，这是一间光线充足理想画室。后来，他只要再来新加坡就住在这里，达五六次之多。不但在这里为港督汤姆斯和王莹等人画过肖像，还创作了大量作品。

黄曼士祖籍福建南安，1889生于名门，为新加坡当地的名士，仗义好客，交游广阔，能讲多种方言。时任南洋兄弟烟草公司新加坡分公司总经理，不但是位实业家，还是著名收藏家。徐悲鸿从此与黄曼士结下深厚友谊，视为“平生第一知己”。

江夏堂的庭院里植满了奇花异草，许多都是热带特有的植物，黄曼士常说“不可一日不观花”。他尤其深爱的是胡姬花，徐悲鸿受其影响，也开始喜欢热带草木花卉，这时在南洋所画的作品《鹿角兰》就已成为一幅经典。

徐悲鸿抵达南洋之后，黄曼士便在新加坡的富商中游说道：“有钱有地位人物，百年之后无人能知之者，唯有生前请名家画像，供后代研究名画时，同时考据画中人物，岂不是与名画共千古。”

黄曼士还对富商们讲到达·芬奇绘制《蒙娜丽莎》的范例：当年，他如果不是在一块杨木板上为佛罗伦萨富商焦孔多的妻子蒙娜丽莎画了肖像，日后有谁还能知道你焦孔多在佛罗伦萨是个富商？更不会有人知道蒙娜丽莎生得如此漂亮。当时她因刚刚失去心爱的女儿心情抑郁，达·芬奇给她讲了一个关于鹅掌的故事，她的嘴角才挂上了永恒的微笑……

陈嘉庚（左）与孙中山

经黄曼士的宣传鼓动，许多人都来要求徐悲鸿为其画像，他则首先为华侨领袖陈嘉庚及其家属画之，获酬金两千五百元。他在后来的自述中说道：

> 陈君豪士，沉毅有为，投资教育与公益，以数百万计，因劝之建一美术馆，惜语言不通，而吾又艺浅，未能为陈君所重。此吾去新加坡，陈君以二千五百金谢吾劳。

陈嘉庚于1874年生于福建省同安县（今同安区）集美社的一个华侨世家，十七岁渡洋赴新加坡谋生。因投资橡胶园，成为新加坡和马来西亚巨富，拥有职工三万余人，资产达黄金百万两。1906年，陈嘉庚投身孙中山领导的民主革命，成为著名的华侨领袖、企业家、教育家、慈善家、社会活动家。

通过画像，陈嘉庚与徐悲鸿成为至交。后来，徐悲鸿再到新加坡来为抗战筹赈资金时，得到了他的大力支持。

旗开得胜，徐悲鸿接着又为黄天恩、傅季姑夫妇及其他富商与家属绘制了多幅油画像，所得润金不菲。

徐悲鸿是1925年冬抵达新加坡的。到离开时，在短短三个月的时间里，为富商们画像所获润资在七万法郎以上。而蒋碧薇当时为罗浮百货公司每绣一件衣服，所获酬金才只有五个法郎。如此计算，获得七万法郎，需要为罗浮百货公司刺绣睡袍一万四千件。如果按每天绣两件计，无疑需给罗浮百货公司当七千天绣工，合十九年三个月。

现在，人们都说，徐悲鸿留下来的存世作品，估价在百亿以上。可有谁知道他在求学道路上的艰辛？除了1914年初到上海，在走投无路情况下无颜回乡去见江东父老，丢开黄警顽直奔黄浦江要寻短见外；到达日本之后，也因贫困所迫，不得不在半年之内返回上海；到法国后又经历了多次断炊，遭遇过多少难以想象的艰辛？后来在重庆，他又有多少次与死神擦肩而过……

在新加坡停留期间，徐悲鸿除了为一些富商画像外，还创作了油画《公理与复仇》，以及《女人体》《人体习作》等许多素描和速写。在后来的回忆文章中，他则记叙了于1921年初到巴黎时患了严重胃疾时的痛苦：

> 辛酉春(1921)，在法京美术学校应试，余班正午画室课才终，即下试画，乃不得食，食两小角面包，饮水而已。亘二周，西历1921年4月26日，法国家美术会，先法国艺人会五日开展览会。余赴观时，已吾华暮春，忽大雪，余无外衣，会中寒甚，不禁受凉而归。意浴可却寒，遽浴未竟，腹大痛，遂成不治之胃症，嗟呼，使吾资用略足，能作一外衣者，当不致是。今已四年，病作如故，作辄大痛。人览吾画，乌知吾之为此，每痛至不支也。虽然，一息尚存，胡能自已。

徐悲鸿走后，本以为蒋碧薇会感到孤单寂寞，到达新加坡便作《元旦梦觉忆内子》一首，诗曰：

> 衫迭盈高阁，侵椽万卷书。

香衾惊异昨，凄绝客身孤。
不解憎还爱，忘形十载来。
知卿方入夜，灯等对低徊。

其实，徐悲鸿对妻子的思念可以理解，但他的担心却有点多余。蒋碧薇后来在描写这段生活时写道：

朋友们照拂我十分周到，道藩是其中最热心的一位。那时候谢寿康、刘纪文、邵洵美、道藩和我几乎每天见面，因为在此以前我们组织了一个别开生面的天狗会，一个规章奇特而情谊挚切的小小集团。会员兄弟相称，谢寿康是老大，徐悲鸿行二，张道藩居三，邵洵美排四，此外还有一些重要分子：譬如孙佩苍是军师，郭有守是天狗会行走，我这唯一的女性，荣衔是“压寨夫人”。道藩在天狗会的朋友中最重感情，最慷慨，他的经济状况也比较好，于是他常常请客。他一向在中国饭馆包饭，和饭馆老板攀上了交情，有钱付现，没钱挂账。我们是他的好朋友，必要的时候，当然也可以利用他那块金字招牌。他是那样忠实可靠，热情洋溢，乐于助人，悲鸿不在我的身边，他确曾帮过我很多忙，我对他寄予无比信任，常常请他充任我的男伴。一位研究东方文化的法籍白俄——玛库力埃斯，为了举办“东方民族游艺会”，邀请我担任招待。事前他请客，问我想邀哪位男士做伴时，我毫不犹豫地说出张道藩的名字。

原来，蒋碧薇与张道藩已经产生了明显的恋爱倾向。在这之前，她接到他从佛罗伦萨写来的一封情意缠绵的信，便知道他已经爱上了自己。

可这时，张道藩正与一同住在拉丁区的湖南籍魏小姐，以及与他同乡的胡小姐有着十分亲密的暧昧关系；不仅如此，他还与一位漂亮的法国小姐素珊保持着密切往来。可由于他已经爱上了蒋碧薇，而她偏偏是徐悲鸿的妻子，他又是天狗会的老二——张道藩称她为“二嫂”。因此，他不得不压制自己的感情，性格也变得抑郁和冷漠。天狗会的老大谢寿康，见他的情绪消沉，还以为他是因为素珊失恋了，便自告奋勇，到素珊家里代表他去求婚。

谢寿康用他那三寸不烂之舌对素珊和她的父母天花乱坠地游说一番，两位老人和素珊小姐全都同意了。于是，张道藩便在巴黎最负盛名的中国饭店——杏花楼举行了隆重的订婚典礼。可是，他心中所惦记的，却仍然还是蒋碧薇。面对她端着杯子向他敬酒祝福，竟然喝得酩酊大醉……

徐悲鸿回国前，在天狗会的多次聚会上，张道藩与蒋碧薇早已经眉来眼去。可徐悲鸿是一位生活即艺术的画家，他的生活中全部内容即是艺术——绘画便是他的全部生活。对于张道藩与蒋碧薇的暗恋，没有丝毫的察觉。抑或察觉了也并未在意——“宁穿朋友衣，不占朋友妻”，他相信中国这个古老的信条。

第五章

东归故里

徐悲鸿东归筹款之后，蒋碧薇满怀希望地等待他得到的润资能够让他们在国外过上两年滋润的生活。可眼巴巴地盼望了一年多，却等到了他两手空空地归来……

一、与林风眠同行

1926年2月6日，徐悲鸿结束在新加坡筹集学费和创作生活。可他没有立刻返回巴黎，而是先到上海省亲。

事有凑巧，当林风眠乘坐的法国“爱纳克号”停靠在新加坡码头时，徐悲鸿正好也登上这艘客轮。

徐悲鸿办理完行李托运，拎着衣箱随着熙熙攘攘的人流进到船舱安顿完，待海轮出港之后，便到甲板上散步。孰料，来到船尾，竟然看见林风眠与妻子爱丽丝正面对洋面趴在栏杆上欣赏大海的波涛：林风眠过耳的长发梳理在脑后，虽经海风吹拂，但却并不凌乱；上身穿件深灰色附有明暗肌理盖过臀部的西式制服，下身灰色西裤底下踩着双黑色皮鞋，身体朝前弯曲；爱丽丝脖子上围条明黄色纱巾，身穿紫色过膝长裙，脚蹬长靴，头部歪在林风眠的肩上，一只胳膊搭在他的后背，形成了一条优美的曲线。

巴黎留学时期的林风眠

徐悲鸿走到身后停住脚步，轻声喊道：“风眠！”

林风眠直起腰转过身子，立刻两眼放光，惊喜地喊道：“哎呀，悲鸿！怎么是你呀？”两个人紧紧拥抱在一起。

林风眠于1900年11月22日出生于广东省梅县白宫镇阁公岭村，祖父林维仁和父亲林雨农都是传统的石匠艺人，除了雕刻石头以外，父亲还能在纸上画几笔。这让林风眠从小就对绘画产生了浓郁兴趣，并按着《芥子园画谱》自学不辍。

十五岁时，林风眠考取了省立梅州中学，在此期间，与学友林文铮、李金发等组织了一个探骊诗社，并任副社长。“事出乎沉思，义归乎翰藻”的《昭明文选》便是他手不释卷的课余读物。

对于绘画，林风眠更加迷恋。当他得到亲戚从南洋带回来的一些印刷精美的外国画册时，上面逼真的形象和丰富的色彩简直让他忘乎所以，于是便丢掉《芥子园画谱》，进入到另一个艺术世界。

林风眠的绘画深得美术老师梁伯聪赞赏，发现他形象记忆能力特别强，图画过目不忘，并有着自己的理解和创造。老师认为学生画得和他一样好才能得 100 分，但他却经常在林风眠的图画作业上打 120 分。

梁伯聪为梅城西区鹤和楼人，父亲梁鑑三，清道光举人，曾任福建上杭知县。因族中子弟甚多，特聘名师执教。梁伯聪自小诸多浏览家中藏书，得益甚大，故学问渊博。他曾参加清末最后一期的科举考试，成为梅州的最后一位秀才。

梁伯聪诗、书、画无不精通，因而淡泊功名，在梅州中学执教长达三十四年。以循循善诱的教学方式，启迪造就了许多杰出人才：画家林风眠，雕刻艺术大师李金发，教育学家钟皎光、孙亢曾皆出自他的门下。

1919 年 7 月，中学毕业时，林风眠收到了在校时组织过探骊诗社的同窗好友林文铮从上海发来的信函，获知他留法勤工俭学的消息。林风眠便告别家乡父老前往上海，和林文铮一同作为第六批留法勤工俭学学生，登上了法国邮轮“奥德雷纳蓬号”，开始他赴欧的求学之路。

1920 年 1 月，林风眠与李金发、林文铮进入法国巴黎枫丹白露市立中学补习法语，同时以书写招牌和当油漆工的收入维持生计。

1921 年，林风眠和李金发转入法国国立第戎美术学院，他的才华深得校长耶西斯器重。在他的推荐下，林风眠和李金发又一起转入法国国立高等美术学校就读，并得以进入“学院派画家”柯罗蒙工作室，完全沉迷于细致写实的自然主义学院派画风之中。

此间，林风眠与徐悲鸿结成了莫逆之交。

1923 年春季，在同乡熊君锐的邀请下，林风眠与李金发、林文铮、黄士奇等人开始为期一年的德国游学。

德国的游学使林风眠充分接触了表现主义、抽象主义等新的绘画流派，对他早期艺术风格的形成有着很大影响，创作了大量带有现代派特征的作品，著名的《柏林咖啡馆》《平静》《唐又汉之决斗》都是这一时期的代表作。这些作品具有鲜明的主题、沉郁的色彩，强烈的笔触使画面充满着年轻画家的诗情幻想和浪漫情怀，标志着他艺术创作道路上的第一个高峰。

德国的游学也使林风眠收获了爱情。

战乱中的德国货币贬值，徐悲鸿和孙佩苍都曾利用这个机会在德国收购了不少艺术精品，林风眠自然也看到了这种机遇。在柏林的马克兑换市场上，他结识了一位浪漫多情、温柔善良的柏林大学女生艾丽丝·冯·罗达，二人一见钟情。

罗达爱好文学和艺术，经常为林风眠弹奏乐曲，音乐则成了他毕生的爱好。1924 年初，林风眠和罗达带着在德国收购的大量作品回到巴黎，在玫瑰 6 号别墅的公寓举行了婚礼。

1924 年 2 月，林风眠在巴黎展出了包括十四幅油画和二十八幅彩墨画在内的四十二幅作品，被法国《东方杂志》记者称为“中国留学美术者的第一人”。

不幸的是，1924 年秋，林风眠爱妻罗达因难产不幸离世，新生的婴儿也随即夭折。在无限痛苦中，他没日没夜地作画，将全部精力都奉献给了艺术。

1924 年的巴黎秋季沙龙展中，林风眠的《摸索》和《生之欲》两幅作品入选，《生之欲》使用淋漓尽致的中国水墨画了四只老虎从芦苇中呼啸而出，取哲学家叔本华的名句“众生皆有生之欲”后三字为题。它是林风眠早期具有代表意义的作品，体现了他力图把“东方艺术”的“传统”与西方现代主义绘画形式融为一体的艺术主张。此画得到蔡元培的高度赞扬，称之为“得乎技，进乎道矣”！ 每当林风眠想起自己的作品揉进表现主义、抽象主义技法使他的视野开阔时，就会不由想起熊君锐邀他到德国游学的收获……

熊君锐是林风眠的同乡，和周恩来同时赴法国勤工俭学。二人皆是中国共产党早期党员，同时也是中共旅欧支部负责人之一。1920 年留学德国，1923 年 2 月 7 日，国内京汉铁路工人“二七惨案”的消息传到柏林，熊君锐立即请林风眠与林文铮将有关材料译成法文公布于世。1925 年熊君锐回国后，于中山大学任教，在国民党清党时被捕，于 1927 年 4 月被国民党广东当局杀害于广州南石头监狱，年仅三十三岁。 闻此噩耗，林风眠怀着愤怒心情创作了巨幅油画《痛苦》，以此怀念友人和揭露法西斯残暴罪行。

妻子罗达去世后，1925 年 4 月 18 日，林风眠和第戎美术学院雕塑系的同学爱丽丝·法当结婚。为了摆脱对罗达的思念，他和爱丽丝搬到了第戎城外的乡下。

林风眠此次回国，是受蔡元培之聘，接任北平“国立”艺术专门学校校长一职，才带着爱丽丝在“爱纳克号”邮船上与徐悲鸿邂逅。

北平“国立”艺术专门学校是蔡元培于 1918 年创立的，也是近代史上中国最早建立的一所美术学校。1922 年，北平“国立”艺术专科学校更名为北平美术专科学校，1926 年改为“国立”艺术专科学校，增设音乐、戏剧两个系。

1926 年初，“国立”艺专发生学潮，学生自己投票选举校长。由于蔡元培的鼎力推荐，和在法国求学的密友——前期回国的王代之大力推动，林风眠以得票数第一，被政府任命为“国立”艺专校长——全世界最年轻的艺术院校校长。

林风眠对于与徐悲鸿的不期而遇感到十分高兴，谈到他离开巴黎后学校的一些情况；徐悲鸿也向他介绍了自己在新加坡筹款的情况。随即，林风眠将徐悲鸿拉到自己乘坐的二等舱，将随身携带的画作展开给他看。

徐悲鸿看出，林风眠以中国传统绘画和书法为基础，将西画的水彩明暗法介入。画面便显示出光影、明暗、立体的中西合璧效果。在具体创作中，除了水墨因素外，更多地使用了西画的色彩及明暗语言；因为它的根在东方文明古国，因此，将生熟宣纸、水粉、水彩混合使用，也是很自然的，意在探求对中国画加以改良。

林风眠擅长描绘仕女和京剧人物，渔村风情和女性人体，以及各类静

《狮》
（中国画）
徐悲鸿作

物和自然风景。从表现内容上看，有一种悲凉、孤寂、空旷、抒情的风格。形式上一是正方构图，二是无标题。画面试图打破中西艺术界限，造就一种共通的艺术语言，个性十分鲜明。

林风眠笔下的裸女不同于任何古今仕女画和西式的人体之作。他的裸女所追求的主要是一种意象，用毛笔、宣纸和典雅的色彩捕捉一种幻觉，以表现出可望不可即的美：既有古典仕女的风韵，又有马蒂斯式的轻松优雅，洋溢着女性的温馨，透出一种特有的孤寂、空寞的情调。

林风眠在中国现代绘画史上占有独特的地位，已为世人所公认。

徐悲鸿所建立的牢固的西方学院派写实绘画风格，与林风眠写实与梦幻之间带有唯美主义的画风相辅相成。二人无疑已成为 20 世纪中国美术界的精神领袖。

由于在船上碰见了林风眠夫妇，徐悲鸿一点都未感到寂寞。2 月 6 日，“爱纳克号”邮船抵达上海。由于回沪省亲是临时决定，徐悲鸿没有通知任何人，下船后独自向唐家湾的岳父家里奔去。林风眠则被事先得到消息的上海晨光美术会友人接走。

1926 年 3 月 1 日，林风眠夫妇在上海参加了一些聚会，拜会一些朋友之后，便风尘仆仆地北上赴京就任。

不失潇洒浪漫的林风眠，一开始便把“国立”艺专这所学校当作他实现“融合中西艺术”“艺术救国运动”理想的最佳土壤。

当时的“国立”艺专，由于刚刚经过学潮风波，几乎面临分崩离析的境地。林风眠到校后首先做的就是重新建立完整的教学班子，热情挽留了提出辞呈的教授肖俊贤、谢阳、冯白、彭沛民；又请回了先前被辞退的陈师曾、吴法鼎、李毅士等五位教授。当时一批有实力的文艺界人士如郁达夫、余上沅、熊佛西、黄怀英、萧友梅、周作人、谢冰心等都曾在艺专任教或兼课。学生中也有不少优秀的人才：刘开渠、李苦禅、李有行、雷圭元、冼星海等都是其中的佼佼者。

二、滞留上海

赴法六年来首次回国，徐悲鸿在上海康家湾的岳父家度过了第一个除夕之夜，蒋梅笙家立刻门庭若市，来访者应接不暇。

徐悲鸿则把这次回国省亲，变成了宣传美术主张、提携青年一代的绝佳机会：只见他从早晨一直忙碌到深夜，送走一批人又迎来另一批，不厌其烦地向大家介绍自己在学习期间的所见所闻；将中国美术与当代世界美术进行认真比较。其孜孜以求、诲人不倦的精神，令每位来访者深受鼓舞……

一周之后的 2 月 18 日，徐悲鸿在大东旅社出席了由田汉、黎锦晖举行的盛大晚宴，出席者除蔡元培、陆费逵等人外，还有文学家郑振铎、叶绍钧、严既澄、宗白华、魏时珍、郭沫若、郁达夫、周予同、叶法无、李璜、胡朴安、方光焘、赵景深、康洪章、唐有壬等数十人；音乐家傅彦长、张若谷、郑觐文等数人；画家林风眠、朱应鹏、周一舟、陈南荪、叶鼎洛、倪贻德、丰子恺等十余人；雕刻家李金发及夫人；戏剧家洪深、欧阳予倩、唐槐秋等；电影家陈寿荫、王元龙、黎明辉、毛剑秋、史东山等数十人。此为上海文艺界空前之盛会，同时展出徐悲鸿在欧所作油画及素描四十余幅。

两天之后，徐悲鸿回到宜兴省亲。这是他于 1918 年偕蒋碧薇东渡日本之后第一次返乡。

徐达章去世之后，鲁氏日夜操劳，已年近五十，头发都花白了，徐悲鸿感到心中一阵酸楚。当他得知在最贫困时，母亲已将两间房屋以二百银洋典给了客师陈狗大，最后也无力赎回时，便找到陈狗大商量，付给他三百银洋，让他再去另外地方购取两间房屋，陈狗大欣然允诺。

徐悲鸿给祖父、父亲扫完墓，又赶去拜见了舅舅鲁顺川，并对乡亲们轮番拜访，受到亲友们的赞扬。直到 3 月 4 日，他才返回上海，参加康有为、姬觉弥、王一亭、黄警顽、田汉、朱应鹏、陈抱一、黄震之等诸友为他举行的晚宴，康有为在致辞中说道：

徐悲鸿为康有为画像

徐悲鸿，十年前为我及相国瞿鸿机、尚书沈子培画像，惟妙惟肖，其于画盖天才也。后游日本，又学画于法国七年，功力深造，今出所作示我，精深华妙，

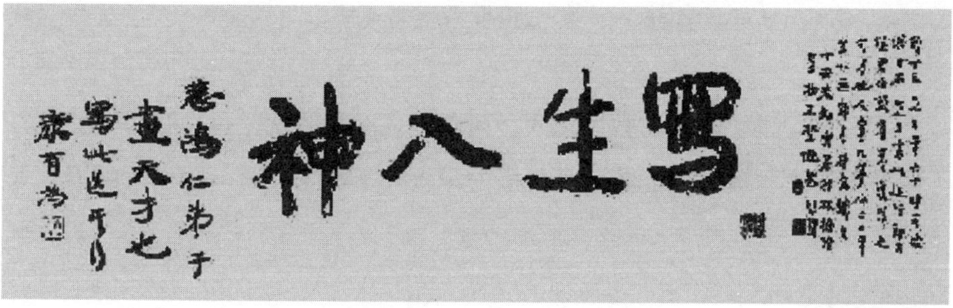

康有为为徐悲鸿送行时的题款

隐秀雄奇，独步中国，无与为偶。

为了感谢康有为和黄震之的知遇之恩，徐悲鸿又为他们画了油画肖像。随后，在上海举行了一系列讲演活动，并举办多次展览，接待了众多来访者。前来聆听他讲座的，有上海艺术类学校的学生，还有上海晨光、天马美术会同仁，及其美术家张聿光、唐家伟、关良、张介眉等一百多人。在讲演中，他不但详细介绍了西方美术自希腊时期以来的发展。同时，再次呼吁成立中国自己的美术馆：

> 一国美术之发达，非仅“开设学校”与派遣留学生所能奏功，不得名师，学不足以大成；不见高贵之名画，而仅肄业于学校，所得甚浅，此学校之不足为力也。留学生能苦志励学，为己计诚有用，而为人计，终属无用。此派遣留学生之不足为力也。求美术之发达，止有建筑博物院之一法……

徐悲鸿接着又说道：

> 悲鸿生平有两志愿：其一为己，必求能成可自存立之画品。其二为人，希望能使中国三馆同时成立：（一）通儒馆，（二）图书馆，（三）画品陈

列馆，三者不可缺一，有互相维系之功用也。

黄警顽是徐悲鸿的救命恩人，可以说，没有他就没有徐悲鸿的后来。他当然对徐悲鸿的励志精神有着极为深入的了解。当时，他在《申报》上著文说道：

> 悲鸿君与余十余年之交谊，故能深知其性格，谦和而刚毅，用刻苦自励之精神，往法国留学。师承法国大历史画家弗拉孟先生，又从德国最大画家康普先生，艺益猛进，具徐梁学院派之画风，为中国青年旅欧画家树一楷模。善作人物风景画，隐秀雄奇，尝以裸体、静物画出品于各展览会，用其甘美纤巧之笔，绮丽明快之感，到处能避免粗野丑恶之手，博得各国画家之美誉，国人间有论其所作，绝少自由奔放之流露者，实未能彻底了解氏之苦心也。归国后，曾以旧作在梅花会作一度之陈列，识者如林风眠、李金发、周勤豪等诸君，云氏之艺术，皆从旧派基本画法中立笔，确为寻常画家所不及。并拟下月经西伯利亚，再赴罗马，详览其建筑雕刻，潜心作更一层之研究，宜乎其作品超群伦，开东方艺术界灿烂之花也。

在上海滞留期间，徐悲鸿为商界、文化界名人画像，撰写了《悲鸿描集》自序。对此，上海《申报》《时报》多有报道。同时，他还用在新加坡为巨商画像所得润资购得大量金石书画和美术参考资料。暮春之后返回巴黎时，原本够他与蒋碧薇能在法国再坚持二至三年的资费已经所剩无几。

三、重返巴黎

七年来，徐悲鸿靠着一个人的留学官费，与蒋碧薇在法国艰难度日。

对此，蒋碧薇也绝少有过怨言。为了能够更好地陪伴丈夫，不但到一所小学五年级的一群孩子中去学习法语，还去上音乐课；并且到百货公司去当收入菲薄的绣工，忍受着孤独、寂寞与贫困，使得徐悲鸿毫不分心，学业大有长进，已经跻身于巴黎的绘画名流之列，真可谓是含辛茹苦。对此，徐悲鸿也十分感激她。

徐悲鸿东归筹款之后，蒋碧薇着实指望他所得的润资能够让他们在国外再过上两年滋润的生活。可她眼巴巴地盼望了差不多一年，却等来了丈夫两手空空地归来。然而，徐悲鸿却仍然沉浸于获得那些艺术品的兴奋之中，微笑着告诉蒋碧薇："嗨，我这次回上海，可真买了不少好东西！"

听了徐悲鸿的话，蒋碧薇怒火中烧，怒不可遏地问道："又是些金石书画吧？"

"当然。"徐悲鸿就像什么事情都没发生过，声音依然爽朗。

"那你说——"蒋碧薇气出了眼泪，"我们以后的日子怎么过？"

见到妻子认真起来，徐悲鸿又说道："我又没都花完，还剩下不少呢。"

在生活费用上，徐悲鸿从来不晓得多与少——他所知道的，只有艺术。蒋碧薇手里捧着他剩回来的钱，啜泣着说不出话来。

徐悲鸿则依旧悠然自得，带着从上海购得的任伯年人物画轴去见达仰。达仰对任伯年的画大加赞赏，并用法文写下了评论文字。

一位世界顶级的艺术大师，对于中国的传统绘画竟然如此推崇，使得徐悲鸿的民族自信心感到满足。接着，他便满怀兴奋的心情偕谢寿康赴比利时首都布鲁塞尔参观游览和作画，直到 10 月初才回到巴黎。

由此可见，徐悲鸿总是把艰难困苦抛向九霄云外，而游于艺术殿堂。接着，他又开始编撰《悲鸿描集》两册，由上海中华书局出版发行：第一册收有《徐悲鸿夫人蒋碧薇女士消暑乡间》《蜜月》《爱莱纳休憩之时》《老人首》《女》《两老友》《小孩》等十幅；第二册收有《作者自写像》《碧薇夫人》《碧薇夫人镜中吹箫》《画稿》《黑妇》《妇背》《老人》《女》《男人（画稿）》《丐》《向火》《少年》《灯影》《河畔（画稿）》《背》《女》《碧薇夫人睡影》《悲鸿墓人》《逼阳城门者》《法睡》等二十四幅。

除此之外，他著名的《扶棍裸体老人》《箫声》《睡》《渔父》《男人体》《女人体》《女人背》等，都是在这一年创作的。

1927年2月，徐悲鸿列出《掷铁饼者》《加莱农民》《地狱之门》《沉思者》《铜器时代》《睡女》《米罗女神》《爱神与仙子》《吻》《夏凡胸像》《巴尔堆农》《于各林》《负杀圣母》《亚当》《猎神》《罗郎胸像》《阴影》《老妇》《达鲁胸像》等系列欧洲名画，向中法庚子赔款委员提交了《艺院建设计划书》的收藏计划，在弁言中写道：

夫科学之丰功，美术之伟烈，灿烂如日，悬于中天，而人方困顿痛楚蹑蹀幽黑秽臭之乡，不伸手仰目求与之接，是愚且鄙，甘自委弃者矣。

徐悲鸿的绘画，总是从大处落墨。办事也一样，向来由大处着眼。他在《艺院建设计划书》里提到的那些作品，全是欧洲乃至世界最负盛名的杰作，每年前去观看这些作品的人流络绎不绝。可以想见，他的上述愿望如果得以实现，那将会改变整个世界名画收藏的格局：东方数以万计的人，想要观瞻这些顶级的世界名画，就都要到中国来，而用不着跑到遥远的西方去。那将是一番何等景象啊！这对于提高整个东方以及我们民族的艺术素质，又会起到多么巨大的作用啊！可惜的是，他的愿望未能实现。

徐悲鸿带回来的钱，除去在法国的开销，蒋碧薇精打细算，又苦苦支撑了十个月。至此，再次到了弹尽粮绝的地步。于是，蒋碧薇又接着他上次回来的话题问道：“这次又怎么办？”

在徐悲鸿面前，似乎永远也没有困难，看着蒋碧薇，毫不介意地说道：“这次？大不了我再回去筹款。”

蒋碧薇目不转睛地看着徐悲鸿说道：“就算你回去能够筹到钱，那么旅费呢？”

徐悲鸿无言以对。他平时虽然对生活的费用总是不闻不问，可到了弹尽粮绝山穷水尽的地步时，他又不得不打发蒋碧薇到处去借钱。而凡是勤工俭学出来的留学生，个个都是自顾不暇。每当妻子两手空空回到家里时，他也同样感到外出举债的艰难。可目前的处境又该怎么办呢？如果坐以待毙，那必然犹如陷入泥潭，越陷越深。然而还能怎么样呢？剩下的钱虽然不够再次回去的旅费，可却不是还可以生活一段时日吗？天无绝人之路，船到桥头自然直！想到这里，徐悲鸿朝妻子哈哈一笑，又钻到画室去画画。

没隔几日，中法大学的教务长李圣章赴法考察教育，前来拜访徐悲鸿。

李圣章，名麟玉，是李叔同的侄子，幼年二人是玩伴。留学法国时，与蔡元培等人发起华法教育会，并任秘书。回国后先后在北京大学、中法大学任教。

徐悲鸿对待朋友，向来是肝胆相照。尽管处于极度贫困之中，他还是竭尽所能。于是拿出蒋碧薇身上所有的钱，带上李圣章出游比利时和意大利。上次徐悲鸿带着谢寿康游布鲁塞尔时，在一家画廊里见过一本印刷精良有着重要史料和研究价值的《巴尔堆农画册》，当时就爱不释手。可因为价格过高，而没有买成。徐悲鸿做事执着，锲而不舍的精神由来已久。这次带着李圣章来到故地，还是心有不甘。虽然衣兜里仍然没有购买那本画册的钱，可依然带着李圣章又走进那家画廊，想看看那本画册还在不在。

当徐悲鸿将李圣章甩在身后，快步走进画廊，一眼看见玻璃柜里的那本画册时，心立刻剧烈狂跳起来。

画店老板还记得徐悲鸿，他对这本画册爱不释手、不忍离去的样子历历在目。这次，一进门他就直奔这本画册。看见他志在必得的样子，老板微笑着将画册从玻璃柜里取出来放到他的面前，并且告诉他一个比上次高出一倍的价格。徐悲鸿简直傻了眼，拿起画册反反复复观览，然后又放下了。可他在室内转了一圈后，又回到玻璃柜前让老板拿出了那本画册反复翻阅，最后还是不得不放回老板手上……

李圣章已经看出徐悲鸿对这本画册的喜爱程度，猜测他一定是囊中羞涩才这样反反复复折腾。于是掏出钱来替徐悲鸿买下了《巴尔堆农画册》。

徐悲鸿拿到《巴尔堆农画册》后既欣喜又感到惭愧，当晚回到旅店便在画册的扉页上写道：

当日见巴尔堆农旧册以价重不能购，今又遇见，价尤重过之，只有看他绝版而已，呜呼！

可徐悲鸿紧接着又在下面写道：

李君圣章为吾购之，实没齿不忘之大德也。

然而，徐悲鸿心里的苦楚却无法诉说，他在另外两幅画稿的题款上写道：

丙寅岁阑，是日志青偕圣章赴比。忧思萦怀，欲失声哭。嗟乎吾悲何极也，丙寅之冬。

尽管如此，徐悲鸿还是未被他在题画中所说的“坎坷、落拓、颠沛流离和穷困潦倒的生活”所压倒——所以能够忍受这样的疾苦，也完全是为了艺术。因此，他紧接着又创作了《啸声》《裸体扶棍老人》《渔父》《黄震之像》《女人体》等一大批经典之作。在一幅《男人体》中，用题识表述了他当时的心情：

后天困厄坚吾愿，贫病技荒力不穷，
仗汝毛锥颖锐利，千年来观此哀鸿。

李圣章看过徐悲鸿这些题识后，被他爱艺术入骨髓又甘心忍受贫困的精神深深打动，在他的胸上捣了一拳，说道：“你咋不早说，看买画册时把你急成那样！”

徐悲鸿对视着李圣章，二人哈哈大笑。

接下来，李圣章不让徐悲鸿再花一分钱，两人动身前往意大利游览。在他们这次意大利之旅中，徐悲鸿又看到了达·芬奇的《耶稣像》和提香的《圣母升天》，以及米开朗琪罗、波提切利多等许多艺术巨匠的作品，从中受到很大教益。

可以看出，徐悲鸿每到一处，绝不是游山玩水，仅从他那充满活力的背影上便可看出，他是在忘情地观览艺术品，并且追根溯源，从艺术中审视民族的灵魂，使之融入他的骨髓。可以说，他无时无刻不生活在艺术境界中，而别无他求。

1927 年 3 月下旬，李圣章随徐悲鸿回到巴黎。他已知道了徐悲鸿和蒋碧薇目前的处境，及其欲回国筹款却没有旅费的窘况，于临别时给他留下一笔钱。徐悲鸿有了旅费，便又匆匆借道再次东渡新加坡……

四、二次东渡

徐悲鸿 1927 年 4 月离开巴黎再度前往新加坡。虽然是因为生活所困而东归筹款，可他却并未因此有丝毫的哀怨与消沉，甚至根本不计，始终保持着饱满激情：在船上不但为在法国获得科学博士学位的物理学家严济慈画了肖像，而且还酝酿出革命歌曲四章，一下船便誊写在纸上：

（一）
豪侠不行贼不死，神奸窃柄无时已。
胡虏亡灭汉奸乘，盗贼中原纷纷起。
万恶莫惮悉施为，蔑视三楚亡秦士。
父母填壑妇悲啼，田园庐舍不容庇。
男儿昂藏任宰割，煞愧光荣神明裔。
今日乎，空间是处皆吾敌，毒焰披猖逼眉睫；
抛却头颅掷却身，当公道者尽格杀；
正义昭昭悬中天，黄帝灵兮实凭式。

（二）

猃狁爊粥戎狄种，蔓衍吾族本来土。
族中败类变于夷，氈酷贱俗深根固。
叛道离经更失常，甘心顶戴贼作父。
袁冯曹张一邱貉，识得廉耻半分无。
由来孱种媚强敌，生成奴颜与婢膝。
锱铢涓滴刮民间，献敌赔笑罔吝惜。
今日乎，空间是处皆吾敌，毒焰披猖逼眉睫；
抛却头颅掷却身，当公道者尽格杀；
正义昭昭悬中天，黄帝灵兮实凭式。

（三）

礼运腾辉万丈长，墨学兼爱吐光鋩。
千载私人窃明器，大道沉沉黯不昌。
天挺孙公定民典，重建政教新纪纲。
更资百万心悦诚服士，誓与卫道出疆场。
不恤枪林弹雨烈日疫疠侵攻死，
要脱四万万人颠倒连困苦腥秽乡。
今日乎，空间是处皆吾敌，毒焰披猖逼眉睫；
抛却头颅掷却身，当公道者尽格杀；
正义昭昭悬中天，黄帝灵兮实凭式。

（四）

大旗所向敌尽摧，王师莅止毒瘴开。
吾刃所触贼贯胸，吾炮所击山岳颓。
丑类乌合不成军，逃窜托命狼与豺。
鼓吾勇气百倍高，歼灭众兽尽成灰。
他日海晏与河清，从吾流血代价来。

今日乎，空间是处皆吾敌，毒焰披猖逼眉睫；

抛却头颅掷却身，当公道者尽格杀；

正义昭昭悬中天，黄帝灵兮实凭式。

徐悲鸿的所思所想，从来也未离开过对艺术的追求：不仅对西方美术如数家珍，而且还与中国美术的利弊进行认真比较，找出自己的出路。可见他赴西方留学有着明确目的，也可看出他平时艰苦卓绝、勤奋无比的奋斗均为有所寄托。

一个月后，徐悲鸿抵达新加坡，仍然住在黄曼士的百扇斋，照例由他介绍，为一些华侨富商画肖像。在为林志义画像的题识中写道：

林志义老伯十八子，孙曹多无算，不能举之为何房者，请安相见，唯唯而已，造车可容十余人，用以送迎诸郎入学，亦佳话也。丁卯长夏，悲鸿。

由此可见，林志义富有的程度。在画《郭夫人像》时，徐悲鸿又题诗曰：

散巧人间或别离，年年此夕郁相思；

奈他纯洁好儿女，漫荐香花乞祸胎。

百扇斋的画室宽敞明亮，黄曼士夫妇对徐悲鸿照料得异常周到，华侨领袖陈嘉庚、富商黄天恩、寓趣园的收藏家韩槐准经常来与他谈诗品画，高朋满座。他总是一边与大家交谈，一边创作了《伯乐》等一批画作。

徐悲鸿离开巴黎不久，蒋碧薇则继发高烧不退，经请医生诊察，被告知怀了身孕。

怀孕也不至于发烧吧？原来，蒋碧薇一直患有慢性盲肠炎，正赶上怀孕期，盲肠炎急性发作。经过权衡利弊，医生建议她割除盲肠。她别无选择，只好住院开刀。

然而遇此情况，丈夫不在身边，只一个身单力薄的女子孤居海外，其精神之紧张，心情之黯然，可想而知。

蒋碧薇手术两星期出院后，情况令人惊骇：呕吐不能进食，身体虚弱，双脚失控，竟然晕倒在地。不得已，人们用担架将她抬进升降梯，然后用汽车送回家中。多亏夏安修妇人给她熬了一锅鸡汤送来，在房东太太的照料下，方转危为安。

夏安修是北平大理学院院长夏寿康的公子，与徐悲鸿和蒋碧薇同船抵达法国留学。他的夫人，便是后来抵达巴黎留学的湖南人舒之锐女士。他们二人与徐悲鸿夫妇相处很好，来往密切。

蒋碧薇急忙写信至新加坡，将情况告诉了徐悲鸿。他感到非常欣喜，立即寄出旅费，让她启程东渡，抵达新加坡后一同回国。

可是，徐悲鸿发出汇款和信件后，并未在新加坡等待蒋碧薇，而是先行返沪了。一方面，他觉得既然不再返回巴黎，也就用不着再筹集什么学费；另一方面，他要回去布置一个新家，让妻子一到就感到惊喜。

与上次由新加坡返沪的时候一样，徐悲鸿所乘坐的轮船，是由法国马赛开来的。而事有凑巧，就像上次在船上碰到林风眠一样，一上船他就碰上了李石曾。

徐悲鸿与李石曾早已经是老朋友，在甲板上相遇十分亲切，相谈甚欢。回到船舱，便为他画了一幅肖像，题识曰：

> 丁卯中秋写李石曾先生于中国海舟次。

9月2日，徐悲鸿抵达上海，借用了黄震之的两间西厢房。黄氏夫妇已将房屋打扫得干干净净。徐悲鸿本来还要好好布置一下，让蒋碧薇一回来就给她一个舒适的住所。可他一到，立即被中华艺术大学聘为教授，又被田汉聘为上海艺术大学的校董和教授。不仅如此，陈抱一还找上门来，让他参加山海美术联合会画展的筹备。他于是忙碌起来。

陈抱一祖籍广东，1893年生于上海，1913年留学日本专攻西画，

1921 年毕业于东京美术学校。回国后自创“抱一绘画研究所”，指导人体写生；1925 年于上海创办中华艺术大学，与丁衍庸负责西画科，还与乌始光、汪亚尘等人组织了“东方画会”“晨光美术会”；与徐悲鸿、潘玉良等组织“默社”，著有《油画法之研究》《静物画研究》《人物画研究》等。

9 月 10 日，由中华艺术大学、晨光艺术会、上海漫画会、上海艺术大学、上海艺术专科师范等举办的“美术联合会画展”，在老靶子路俭德储蓄会举行。主办人有徐悲鸿、陈抱一、陈之佛、朱应鹏、许士骐、张聿光、倪贻德、万籁鸣、宋志钦、丁衍镛等六十余人，展出作品一百五十多件。徐悲鸿在对许多展品进行评述后，发表了《美术联合会展纪略》一文：

> 中秋之节，中华艺术大学陈抱一、洪野、丁衍镛、陈之佛诸君联合晨光、新华等艺术机关及陈红、朱应鹏、宋志钦、张聿光诸君，严格募集寓沪诸画家作品，共开一展览会与俭德会。鄙人以来宾资格，参加其间，丁君嘱一抒鄙见，爰述其中作品大概，为阅者告。

徐悲鸿参加完美术联合会的画展，又为黄震之、黄注东画了肖像，然后便携带两幅作品前去拜访王一亭。

王一亭，名震，字一亭，号白龙山人，1867 生于浙江安吉，早年丧父，由外祖母抚养。十三岁寓居上海，在慎余钱庄当学徒，二十岁为天余号跑街，因聪明伶俐、勤奋好学品行端正，后升为经理。

王一亭曾师从徐小仓、任伯年，后与吴昌硕成为莫逆之交，画艺由此大进。王一亭还为吴昌硕画像，吴昌硕为他作传，一时传为美谈。画艺精湛使他成为“海上画派”“后海派”领袖之一。

1905 年，王一亭参加孙中山的同盟会，辛亥革命和“二次革命”时期，拥护和资助革命。

在讨袁战役中，王一亭筹巨款支持革命活动，受到袁世凯通缉。

王一亭还笃信佛教，1922 年，被选为中国佛教协会会长。徐悲鸿对

王一亭（左）
与王个簃

他的画风十分推崇。他便在徐悲鸿带去的一幅《猫石图》背景上补了几笔兰草，徐悲鸿禁不住击掌叫好。正在这时，王个簃携作品来访。

王个簃1897年10月20日生于江苏海门，名贤，字启之，十六岁到南通求学，笃好诗文、金石、书画、抚琴，尤喜爱吴昌硕的绘画和篆刻。

二十七岁时，王个簃经诸贞长携印稿请教吴昌硕，深得他的赏识，并在每方印拓边缘加上了详细品评和赞语。

王个簃二十九岁时，带着书画和古琴，离开南通来到上海住进吴昌硕家里学习书画和篆刻，并担任家庭教师为他的孙辈授业。吴昌硕经常在夜阑人静时与他交谈，征询当天所画作品的意见；他还陪着吴昌硕游历浙江塘栖、杭州等地，倾听教诲，获益匪浅。

王一亭（左）
与吴昌硕

1920年，王个簃与王一亭、诸闻韵、诸乐三共同创办上海昌明艺专，历任新华艺专、中华艺术大学、东吴大学、昌明艺专及上海美专教授。

1926年，王个簃的国画《刀鱼》《瓜菱清暑》参加伦敦、柏林举办的中国绘画展览，前者获奖，后者由德国东方博物馆收藏。

1928年7月，王个簃与王一亭、张大千、钱瘦铁等人出访日本。

王一亭将王个簃带来的画卷展开在画案上，徐悲鸿感到眼前一亮：他的大写意花鸟既带有吴昌硕笔墨的放纵，又带着他自己独有的细密，笔墨淋漓，舒缓有致，不经意间散发出诗意般意境……

徐悲鸿与王个簃一见如故，相见恨晚。王一亭见此，便铺开宣纸，要画一幅《岁寒三友》：王一亭首先画梅，王个簃接着画竹，徐悲鸿最后画松，并补上一块山石。

五、故乡之行

徐悲鸿离开巴黎时，并未想到就此结束在法国的留学生活，因此对留下的东西未做任何整理。

如前所述，徐悲鸿每到一处，所购画作、艺术品等有价值的东西，总是将寓所堆得满满的，最后就连行走都很困难，只好坐卧其上。

蒋碧薇收到徐悲鸿的信后，即刻准备回国。她的心里明白，这次离开，可能就是八年赴法留学侨居海外生活的结束。然而，她已经身怀六甲，想要只身返回相隔半个地球的故里，行程无疑是艰难的。

在徐悲鸿的朋友沈宜的甲帮助下，蒋碧薇将所有书籍、画作、衣服和用品进行妥善包裹，装进六七个硕大木箱，交给转运公司代运。因为这是最后离开，所要托运的物品，许多都是徐悲鸿在英、法、德、意购得的价值连城的名画。剩下的油画卷、单幅国画，以及简单衣物，只得随身携带。

蒋碧薇怀有身孕行动不便，沈宜甲便乘了十几个小时的火车，将她送到马赛，才换乘海轮。然后又把她交给熟悉的正欲回国的留学生熊天祉和一位福建籍的陈先生代为照料。临别时，她指着自己的肚子对沈宜甲说道："我没有什么好东西可以送你，这孩子生下来就认你做干爹吧。"

沈宜甲微笑着与蒋碧薇挥手告别。

沈宜甲，1901 年生，安徽舒城人，1918 年于“国立”北平工业专门学校机械系毕业后，赴法勤工俭学，专攻数理，1928 年毕业于法国国立矿冶大学。回国工作两年之后，再度赴欧，定居比利时从事科研。

蒋碧薇的手背上，原来生一个脂肪瘤，曾经做过一次切除手术，可术后二次复发。这次回国，要在海上航行一个多月。唯恐脂肪瘤在船上恶变，便在登程前到医院再次切除，未经拆线便上了船。谁料，肩背的，手提的，胳膊挎的，携带那么多行李上船，麻药的效力失尽后，手臂连着一只胳膊疼痛难忍，整夜不能入睡。

徐悲鸿在欧洲购得的那么多艺术品能够安全运到上海，蒋碧薇着实功不可没。得知有孕在身的妻子回国的艰难历程后，徐悲鸿深受感动。以至于在十几年后，与蒋碧薇的感情发生破裂时，在他每次画展后前来索要卖画酬金，及离婚时索要画作钱款时，他都从不犹豫，甚至是抱病为之筹措。即便有人出来劝阻，他也全然不顾，从不吝惜，每次都能满足她的要求。

徐悲鸿不但感谢蒋碧薇在法国陪伴他多年，为他做过诸多画作的模特，同时也感激她为保全那些艺术精品所做的牺牲。了解到这些后，读者自然会明白，徐悲鸿又是一位多么重情重义之人啊……

轮船一到新加坡，蒋碧薇老早就站在甲板上翘首张望。赴法整整八年，早已经归心似箭。好多个晚上躺在船舱里彻夜难眠，就是想早一点见到丈夫，再一起荣归故里。可是，人都快下完了，却始终见不到徐悲鸿的身影。最后，黄曼士夫妇朝着东张西望的蒋碧薇迎上来，将徐悲鸿的一封信交给她。

黄曼士夫妇将蒋碧薇接至家中的百扇斋，殷勤招待她吃过饭后，又把她送回船上。

船到上海，蒋碧薇见到阔别八年的父母，看见徐悲鸿和他的二弟寿安，还有自己的弟弟蒋丹麟站在码头上迎候，不禁百感交集、热泪盈眶、泣不成声……

蒋碧薇随徐悲鸿住进黄震之家的西厢房，10 月 26 日，方搬进他们在霞飞坊 99 号新居。

新居是一幢三层小楼，蒋碧薇的父母住在二楼，徐悲鸿夫妇住在三楼，两个亭子间则由寿安和丹麟分别居住。

1927 年 12 月 26 日，徐悲鸿和蒋碧薇的儿子伯阳在新居诞生。夫妇二人结合十年，方得到第一个孩子，给全家带来了欢乐。徐悲鸿对伯阳更是时时心系，视为掌上明珠。满月这天，找到一家大饭店举办了汤饼之宴。前来祝贺的朋友甚多，高朋满座，热烈异常。一位摄影家朋友郎静山充任义务摄影记者，拍了许多照片。一日，伯阳正在床上小睡，徐悲鸿立即铺开纸，用铅笔为他画了一幅素描。虽然只寥寥数笔，可孩子的甜蜜睡态却跃然纸上，酣畅淋漓，可掬可捧。

前边已经交代过，1920 年，黄警顽收到徐悲鸿由法国寄来的信，便去宜兴将他刚刚十三岁的二弟徐寿安带到上海丢给了蒋梅笙。蒋梅笙夫妇便训练他读书写字，不久，委托邻居卞先生将他介绍到上海爱多亚路的华商砂布交易所当学徒。待他长大成人时，便由戴清波做主，把蒋碧薇的表妹任佑春许配给他。之后，在屺亭桥读完小学的寿凯也去上海投奔了二哥寿安。如今，寿安已经二十一岁。

阳春三月，花红柳绿，戴清波选择了“黄道吉日”，一方面让徐悲鸿夫妇带着伯阳回乡探亲，另一方面给寿安和任佑春完婚，便带着全家老小浩浩荡荡地回到宜兴老家。

蒋碧薇与查家的婚姻风波早已经风平浪静，查紫含也已另外娶妻生子。徐悲鸿在海外风光多年，现偕妻带子荣归故里，又逢二弟完婚，场面自然盛大，热闹非凡。

寿安已被蒋梅笙和戴清波收为义子，因此他和佑春的婚礼是在宜兴县城举行的。婚礼的第二天，徐悲鸿便包了一艘木船，载着一对新人，偕妻儿和女佣从宜兴县城启航，奔赴屺亭桥故里。

船到屺亭桥时，还未靠岸，爆竹声就已响彻四野。当船家搭起跳板，徐悲鸿一行从船舱里出来时，他的母亲鲁氏早已经站在岸边，激动得热泪盈眶。她的身后，除了三个女儿、女婿、外孙之外，几乎站着屺亭桥所有的男女老少……

徐悲鸿在一年前到新加坡筹款时，虽然也回过屺亭桥。但离家十余年来，如此带着亲眷，特别是带着儿子回乡省亲还是第一次。

最感到高兴的，就是徐悲鸿的母亲鲁氏了。她将女婿潘祥元开木铺的三开间铺面打通变成了一间大厅，倾其所有，请来了厨子大办酒席。

这是蒋碧薇与徐悲鸿结合十年来首次来到屺亭桥，也是她第一次见到自己的婆婆和三位小姑子。家里人将她奉为上宾，对于伯阳，更加珍爱，全都乐得合不拢嘴。

六、有惊无险

大约到了下午两点钟，祭祖宴客的酒席尚未散去，突然听见一声枪响。接着，“砰砰砰”的枪声接连不断。

“强盗来啦！强盗来啦！”声音由远及近。

这一定是土匪得知旅欧的大画家徐悲鸿带着家眷和钱财回来了，前来抢劫。场面顿时大乱。鲁氏、寿安、寿恺和三个小姑子连忙把蒋碧薇、伯阳和女佣，还有佑春前呼后拥朝着房子后面的柴房推去，用稻草将他们掩盖起来。那个女佣害怕伯阳哭泣，情急之下，竟然不顾一切将自己的前襟掀开，把没有一点奶水的乳头塞进孩子嘴里。

徐悲鸿则在枪声响起之时，跑进屋后的谷仓，打碎气窗的木条，钻进谷堆之中。

时间在一分一秒过去，竟是如此漫长。掩盖在身上的稻草令人窒息，正在万分惊骇之时，蒋碧薇、伯阳、佑春和女佣又被折回来的鲁氏和三个小姑子从柴草中拖出来，手拉手拖拖拉拉地从院子后门出去，朝着田野里奔跑。

田埂土质松软，高低不平，行走艰难。伯阳被没有裹过足的二姑爱贞抱在怀里跑在最前边，蒋碧薇则落在最后，而且跑几步就要跌倒一跤。她从小在家里娇生惯养，从未下过田间。后来一直随徐悲鸿过着城市生活，仍然是贵族小姐的身子，那能适应这种田野路面？佑春和女佣于是跑上来将她架起，跌跌撞撞地跟在众人身后……

一直跑出去四五里地，枪声听不见了，跑到了邻村鲁氏的妹妹家，才落下脚来。一直到傍晚时分，徐悲鸿才与寿安、寿凯赶到。

天已经完全黑下来，徐悲鸿的姨母家突然增加了这么多人，地方小不说，就是被褥也不够用。于是，抱来一堆稻草，铺在二层小楼上面，大家躺在稻草上连床夜话。

后来才知道，这是一场有惊无险的慌乱：土匪是奔着河对岸的高家油坊去的，打死了油坊里两个家丁，抢完之后也就迅速逃离了。倘若这批土匪知道留法的徐悲鸿荣归故里，还有他在上海做生意的弟弟回乡结婚，那后果将会不堪设想……

屺亭桥的抢劫案震惊乡野，待在宜兴县城里的蒋梅笙担惊害怕，连夜雇来民船，选派得力亲友，到屺亭桥去接徐悲鸿一行。然而这时，风声鹤唳，不但四面的城门紧闭，而且水关也下了巨闸，即使雇了船，也不能驶出城门。

于是，蒋梅笙急忙求助他的亲家程肖琴老先生写条子，请警察局开闸放船，第二天清晨船抵屺亭桥时，徐悲鸿一行也从邻村赶回，连家门都没进，就登船离开了故乡……

第六章

同舟共济

一贯以“独特偏见，一意孤行”的徐悲鸿心高气傲不假，可他不但在绘画上提倡科学精神，就是在对人对事上，同样倡导科学务实……

一、亦师亦友吕凤子

亦师亦友的吕凤子（雕塑）

早在 1912 年，徐悲鸿在上海经黄警顽介绍，拜见了在上海创办神州美术院的吕凤子。

吕凤子于 1886 年 7 月 7 日生于江苏丹阳，原名浚，号凤子。1901 年，十五岁的吕凤子就考中秀才，举凡经史诸子，无不融会贯通。

1907 年，吕凤子报考南京两江优级师范学堂，该校监督李瑞清细读他的考卷之后，啧啧称赞道："唔，独树一帜，没一点齐梁浮艳之气，颇具汉魏刚健风骨，真有出山虎的气概！"

吕凤子遂被李瑞清收为入室弟子，亲自传授书法和绘画技艺。由此，他的技艺大增，奠定了走向绘画道路的根基。

1909 年，吕凤子在两江优级师范图工科毕业后，于 1911 年创办正则女子职业学校，

1919 年起，吕凤子先后出任江苏省立第六中学校长、两江师范附属中学教师、北京女子高等师范教授兼科主任、上海美术专科学校教授兼教务主任、南京"国立"中央大学艺术系国画教授兼大学研究院研究员。

吕凤子当时画名甚高，1925 年冬，大军阀孙传芳抛出两千块大洋，要购买他的一幅仕女画，但却遭到了他的拒绝，险些酿成大祸。

吕凤子早年致力于西画，精通水彩、油画、素描，具有很强的写实功力。在中国画的创作道路上，不但人物画独树一帜，同时还擅长山水、花鸟。听说徐悲鸿想学西画，见他的基础好，但生活却很贫困，于是免费教他学习素描，还在

经济上接济他。

严格说来，是吕凤子第一个将徐悲鸿引入西画的世界，并告诫他说：“学西画先要学好素描，打下基础。”

在吕凤子的人物画中，尤以罗汉形象著称。早年，他常赴金陵刻经处听杨仁山老居士讲经，研究佛学，并到五台山寺院临摹五百罗汉。所以，他的后期大多都在画佛像。

吕凤子还是一位卓有成就的书法家。三岁开始学习书法，持之以恒，出入于钟鼎汉隶，功夫极深，篆、隶、行、草融为一体。其篆刻结构严谨、疏密有致，刀法生动自然、雄健有力，别具一格。

1940 年春，张大千远道专程来璧山看望吕凤子，谈到办学，知道他缺乏资金，劝他不要自找苦吃，还是以卖画谋生，可以养家糊口。他却说道：“矢志办学，吾意决矣！”

张大千见他态度坚决，改口说道：“小弟限于财力，爱莫能助，无钱可以出力啊！这样吧，我助你到成都举办个人画展。”

吕凤子听了张大千的话十分兴奋，便随他来到了成都。在他的操持和帮助下，画展开幕后一鸣惊人：作品被抢购一空，筹款五六千元，一分未留，全部做了办学经费。张大千感慨万分，说道：“吕凤子人品高尚，淡泊名利，与世无争，一心办教育，为人师表。”

按照吕凤子的说法，他一生做了三件事，其一是画画，其二是教书，其三则是办学。

在国画界，人们熟知徐悲鸿、齐白石和张大千，却鲜少有人提到吕凤子。其实他是与徐悲鸿、齐白石和张大千齐名的国画大师。

1926 年徐悲鸿留法回国，吕凤子得到消息，举荐他到“国立”中央大学艺术系担任西画组教授。徐悲鸿为了兼收并蓄，赴任之后对吕凤子说：“以前您教过我素描，对我西画的发展有极大帮助。现在，您再教给我画国画吧。”

吕凤子抱拳拱手答曰：“你是国画大师，我怎敢收你为弟子？”

徐悲鸿坦诚说道：“中国有句古语，‘三人行，必有吾师焉’，您的国画成就大，向您学习是理所应当的事，能者为师不必推辞！”

吕凤子执意不肯称师，徐悲鸿便转着弯子说道：“那就做个亦师亦友的同道吧！”

吕凤子这才欣然应允，以后每逢散课，就向徐悲鸿讲授中国画的精髓与技法，有时还挥毫泼墨做示范。徐悲鸿的中国画技艺大进，笔下的奔马、人物、翎毛、花卉，全都受到吕凤子用笔的影响。

1929，徐悲鸿要到法国巴黎参加世界艺术博览会，找到吕凤子，请他参加展览。不料，他却说道：“不行，我哪里有那个世界级的水平呀！”

徐悲鸿笑道：“传承历世之传说，开当代之新风。三百年来第一人，非凤先生莫属！”

吕凤子连忙说道：“三百年来第一人之说实在不妥！清代乾隆年间的‘扬州八怪’还没超过二百年哩……我岂敢忝列其前？”

徐悲鸿见不能说服吕凤子，就瞒着他从艺术系的书画陈列室悄悄取走他的一幅《庐山之云》，寄到巴黎去参加展出。

《庐山之云》是吕凤子与徐悲鸿利用假期一起到庐山写生时的创作，在巴黎世界艺术博览会展出时，十个国家的绘画大师参加评奖，一致投票评定该画获中国画一等奖。

几个月后，《庐山之云》又在中央大学教师休息室里出现，徐悲鸿才对吕凤子说明此画出国参赛获奖的经过，并将获奖证书和一枚圆形奖章面交于他。门生为老师当伯乐，一时在中央大学成为美谈。

徐悲鸿与吕凤子两人性格迥异，某些艺术见解亦不相同。徐悲鸿曾私下对人说道：“一山难容两虎。”

有人将这话传给了吕凤子，又添油加醋，意在挑拨是非。吕凤子听了若有所思地说道：“悲鸿先生说这话，也没什么恶意。我们的艺术教育场所应该成为人间爱的源泉，不应成为酝酿人间怨毒场所。”他的话说得挑唆者面红耳赤。

徐悲鸿与吕凤子的师生情谊绵延了数十载。中华人民共和国成立后，徐悲鸿任中央美术学院院长、中国美术家协会主席，还诚邀吕凤子北上，到中央美术学院任教。吕凤子却致函婉言谢辞：

> 谢谢好意。我的根在江南，目前在江苏师范学院（校址苏州）任教不能北上了。

二、女中豪杰潘玉良

赴法国留学前的潘玉良

潘玉良的经历比较复杂：她原本姓张，名为张玉良，1895 年 6 月 14 日出生于江苏扬州。然而她的命运多舛：一岁丧父，两岁时姐姐去世，到了八岁，唯一与之相依为命的母亲也离开了人世。在孤苦伶仃中，她被舅舅收养。

不幸的是，张玉良的舅舅嗜赌成性，为偿还赌债，不惜丢弃同胞姐弟的手足之情，在张玉良刚满十四岁那年的初夏，竟将她哄骗到芜湖，卖给县城的怡春院当了雏妓。

1913 年，张玉良十七岁时，已出落得姿容清秀，气质脱俗，成为令人瞩目的一株名花。夏末秋初，海关监督潘赞化来到芜湖上任。

潘赞化 1885 生于安徽桐城潘家楼的书香之家，祖父潘黎阁，曾任清廷京津道台。但他自幼父母双亡，由伯母戴氏抚养。清朝末年，潘赞化同堂兄潘晋华与陈独秀、柏文蔚等人在安庆北门藏书楼组织青年励志社，从事反清宣传而被清政府通缉，逃往日本后，加入了孙中山组织的兴中会。风浪平息后回到安庆从事教育，之后受安徽都督文蔚委任为芜湖海关监督。

接风洗尘的盛宴上，芜湖商会马会长让张玉良献上弦歌助兴。只见她袅袅娜娜，如清风弱柳般轻拨琵琶，朱唇慢启，一曲古调弹唱得荡气回肠：

不是爱风尘，似被前缘误。花落花开自有时，总赖东君主。
去也终须去，住也如何住？若得山花插满头，莫问奴归去。

就像白居易当年担任江州司马时湘灵弹唱《六幺》一样，张玉良的演唱同样使人动容：潘赞化听出她所演唱的曲子是南宋天台营妓严蕊的《卜算子》，轻拨慢启凄怨幽婉的歌声里，必然隐藏着她身世的悲凉。他感到有些好奇，于是是轻声问道：“姑娘，你知道严蕊这个人吗？”

“大人！”张玉良不觉流出热泪，“她是与我命运相同的人……”

看着张玉良梨花带雨的面庞，潘赞化不觉心生怜悯之情。待在一旁的马会长见此，上前趴在他的耳畔小声说道：“潘大人，她还是个没开苞的女孩子。”

潘赞化用迷惑不解的目光看看马会长，他的两眼充满奸诈狡狯的神情……

孰料，到了晚上，马会长竟然带着张玉良送上门来。进屋寒暄几句，便请求潘大人多多关照，然后将张玉良丢下出门扬长而去。等到潘赞化回过神来，他的身影已经淹没在夜色里。

潘赞化见张玉良仍然站在墙角处，低着头一副不知所措的样子。于是轻声说道：“姑娘，你回去吧！”

张玉良显得无限委屈，嗫嚅着说道：“大人，我不敢回去……”

潘赞化对张玉良安慰几句，最后又说道：“你先回去，我看他们能把你怎么样！”

张玉良连看都不敢看一眼潘赞化，扭头战战兢兢地离开了他的宅邸。回到怡春院，张玉良便胆战心惊地走到“干妈”面前请罪。“干妈”已经收了马会长的银两，见她没完成任务，立即勃然大怒，叫来几名彪形大汉，并抱来一只狸猫……

张玉良知道，这几个人是来收拾她的。一年之前，有一个姐妹宁死不肯“接客”，“干妈”便找来几个这样的家伙，把所有还未“开苞”的姐妹都叫出来。当着她们的面，将那位不肯“接客”的姐妹打得死去活来，然后扯碎她的衣服让几个家伙轮流上阵对她进行蹂躏。末了，又把狸猫装进她的裤裆，扎紧裤腰和裤腿用棍棒驱打。在她撕裂肝胆的哭喊声中，下身被狸猫抓得血肉模糊生不如死，当天晚上便悬梁自尽。

几个彪形大汉虎视眈眈地注视着张玉良，上前一把扯开了她胸前的衣服。她被吓得浑身颤抖，跪下紧紧抱住“干妈”大腿哭喊道：“妈妈，妈妈呀，您就绕我这一回吧，明天一定去完成任务，要是还这样回来，您再整治我不迟，妈妈，妈妈呀……”

就在张玉良的哭喊声中，被劈头盖脸地打了一顿，然后关起来不给饭吃。第二天，她又被马会长送到潘赞化宅邸，

20世纪30年代潘玉良（前排左一）与友人摄于上海

说他刚来乍到，本该让小姑娘陪伴他出去游玩游玩，也好熟悉熟悉环境。可她却不懂事理，昨晚竟然跑了回去，已经被她的“干妈”教训一顿。

张玉良害怕潘赞化再赶她回去，浑身战栗着跪在他的面前，声泪俱下地说道：“他们非得让我来讨您喜欢，好让您给他们的货物过关行个方便。您若一定赶我回去，他们就会找来流氓糟蹋我，我也就活不成了。您就救救我吧，留下我，给您当个佣人伺候您……”说着，已经泣不成声。

这时，潘赞化才看清张玉良的脸上、脖子上还有昨天回去后遭受殴打留下的伤痕。如果再赶她回去，必然会受到更加严厉的惩罚。出于对她的同情和保护，他不得不冒着嫌疑将她留下来。既没轻看她，也没把她当作烟花女子，而是让仆人在书房铺一张床，把自己的卧室让给了她。

翌日，为了让张玉良放松心情，潘赞化与她乘马车出游。他的知识渊博，对于芜湖一带的风景名胜并不陌生，见她闷闷不乐的样子，反而耐心给她讲述名胜古迹的历史和典故……

潘赞化的平易近人让张玉良深受感动，一时忘了自己身份的低微，忘了世人的冷眼和歧视，向他敞开心扉讲述了她的遭遇，直到夜幕降临才回到宅邸。接下来，仆人给她送进一日三餐。待到傍晚，她坐在黑暗中正在遐想，屋里的灯突然被挑亮，潘赞化手捧一套新编高级小学课本从外面回来站在张玉良面前。

“您回来啦，大人！”张玉良急忙站起来施礼。

“给你！”潘赞化淡淡一笑说道，“听你的曲子弹得不错，可你得学习文化呀，从现在起，我来教你。”

张玉良接过潘赞化手里的书，乖顺地坐在他的对面，他便一个字一个字教她读写。她真的非常聪慧，只教一遍，就记住了，而且能听写出来。上完课，潘赞化站起来一转身，看见她白天寂寞时候画的一幅莲花，于是说道：“啊呀，你还会画画？画得蛮不错嘛！真有天资啊！”

张玉良感到不好意思，顺口说道：“没学过，画不好，让大人见笑啦！”

潘赞化注视着张玉良，心里感叹道：“她一定是个可塑之才！”

转眼一个月过去了，张玉良起早贪黑学习那套高小语文课本，记得也非常扎实。一天傍晚，潘赞化从外面回来对她说道："我想把你赎出来，送你回老家扬州去，你要好好学习，然后做一个自由人吧！"

张玉良一听便哭起来，向潘赞化乞求道："潘大人，我一个孤苦伶仃的女子回到扬州，无依无靠，我那个黑心的舅舅能放过我吗？周围的目光也躲不过呀！我还不是从火坑跳进了泥潭！大人，您就将我留下做个佣人吧，我愿终生侍奉您！"

听了张玉良的话，潘赞化陷入沉思，良顷，又说道："玉良，你是个好姑娘，又聪明又漂亮，可是我已经有了家室；而且，我还比你年长十二岁，我怎么会忍心委屈你呢？我看，你还是收拾收拾，我送你回老家，我会设法保护你的……"

还没等潘赞化把话说完，张玉良的心就凉了半截，于是又"嘤嘤嘤"哭泣起来。潘赞化不得不上前拍着肩膀安慰她，不料却被她用双手勾住了脖子，嗫嚅道："大人，您就开开恩，把我留在您的身边吧……"

潘赞化终于被张玉良柔软的少女心肠融化，将她紧紧搂在怀里。思来想去，只得采取无奈之举：将她从怡春院赎出来纳为小妾，改名潘玉良。

潘赞化请来乡友陈独秀充当了他和潘玉良的介绍人及证婚人。婚宴后送走客人，潘玉良则对潘赞化表现出万般柔情，百般缠绵，勾住他的脖子跟他耳语道："马会长不是告诉您了，我还是个处女呢……"

潘赞化全身的热血沸腾起来，双手搂住潘玉良纤细的腰，热辣辣的嘴唇贴上去。潘玉良感到全身酥软，过度兴奋几乎昏厥过去，最后陶醉得小声哭泣起来……

三天之后，潘赞化带着潘玉良乘船抵达上海，居于乍浦路渔洋里一幢石库门房子里，请来一名家庭教师教授她文化。上完课，她便跟随邻居——"上海美专"的教授洪野学习绘画……

1918年，潘玉良以素描和色彩第一的成绩考入上海美专，师从刘海粟、朱屺瞻、王济远先生。1921年，潘赞化通过安徽省教育厅为潘玉良取得了一个官费留学的名额，送她到世界艺术中心法国巴黎去学习绘画。抵达巴黎后，首先进入里昂中法大学补习法语，然后以优异成绩考进了国立里昂

20世纪30年代，潘玉良（中）与友人摄于巴黎画室

美专。1923年又考入巴黎国立美专，师从著名画家西蒙教授，便与徐悲鸿成了同学。

1925年，潘玉良以第一名的成绩毕业，获取罗马奖学金，得以到意大利进入罗马国立美术专门学校师从康洛马蒂学习油画和雕塑。翌年，她的作品在罗马国际艺术展览会上荣获金奖，打破了该院历史上没有中国人获奖的记录。1926年，她开始雕塑创作，并作油画《水果》《罗马残迹》等。凡是意大利国家美术展览，她的作品必定入选……

恰在此时，国内形势发生突变，潘赞化丢掉了海关监督的官职，经济陷入困境。潘玉良连续四个月没能接到丈夫的汇款和家书，不得不经常饿肚子上课，脸颊灰黄日渐消瘦，视力下降，双目几乎失明。琼斯教授发现她的变化，便与同学们一起为她捐了款。直到她的油画《裸体》获得意大利国际美术展览会金奖，情况才有所好转。

1928年夏天，潘玉良从巴黎回国，当她在上海码头见到前来迎接的丈夫潘赞化时，则热泪盈眶、百感交集，最后竟然泣不成声。

潘玉良被刘海粟聘为上海美专教授，当时在该校任教的还有黄宾虹、潘天寿、姜丹书、张辰伯、江小鹣等人。1928 年 11 月 28 日，潘玉良在上海举办了中国女画家的第一次西画展，震动了当时的中国画坛。蔡元培等人在《申报》发表《为潘玉良女士举行画展启》一文，将她郑重推荐给国内同行。

1929 年底，潘玉良又应徐悲鸿之邀出任中央大学艺术科教授，在校任教的还有张大千、傅抱石、吕斯百等名家。徐悲鸿对潘玉良赞赏有加，说当时在中国能够画油画的只有两个半人：一个是我徐悲鸿，另一个是李铁夫，其半个便是潘玉良。这与他赞扬中国有两个半画家：即徐悲鸿、齐白石，和半个张大千一样——在偌大个中国，人才济济，潘玉良能够称得上半个油画家，可见徐悲鸿对她的评价之高。

一贯以“独特偏见，一意孤行”的徐悲鸿，总是这样说来说去，而且从不漏掉自己，绝不是妄自尊大。作为一位个性极强的艺术家，他心高气傲不假，可他不但在绘画上提倡科学精神，就是在对人对事上，也同样倡导科学务实。实践证明，在 20 世纪 20 年代具有扎实的绘画基本功，且能进行中西融合创作的画家，实在是凤毛麟角，潘玉良则是其中之一。

潘玉良是民国初年女性接受新美术教育成为著名画家的极少数范例，法国美术评论家叶赛夫对她的绘画也给予很高评价。

徐悲鸿和潘玉良在法国巴黎国立美专同师达仰教授，归国后，徐悲鸿努力“把西方的古典主义绘画，作为艺术形式的样板移植到中国，由此创立了中国学院派的写实主义体系”。中央大学西画系推行的，正是他这一套教学理念。同样接受学院派训练的潘玉良，是徐悲鸿的同道。

1935 年 5 月，徐悲鸿在《参观玉良夫人个展感言》中称赞她的画“夫穷奇履险，以探寻造物之至美，乃三百年来作画士大夫所绝不能者也”。

1935 年 10 月，徐悲鸿为中国美术会第三次展览写的《中国美术会第三次展览序言》，又提及“潘玉良的《工人》，绝老到炼精”。

所有这些，如果不是潘赞化将潘玉良从苦海里拯救出来，那么一切便都等于零。潘玉良深深知道这一点，因此，与丈夫的感情与日俱增。

潘玉良原本打算从此献身于自己热爱的美术教育事业，报效祖国，不再离开丈夫。但早年的不幸遭遇，却使她的生活一直被笼罩在阴影里。在一次画展上，她的一幅优秀人体习作《人力壮士》，被人贴了一张纸条写道："妓女对嫖客的颂歌。"

潘玉良的身心受到了严重打击，不管走到哪里，都好像有人在背后指指点点，如芒在身；不仅如此，一天，潘玉良正在学校授课，突然接到丈夫潘赞化的电话，说大夫人来了，让她回去。她不得不匆匆赶回家里，刚刚走进门庭，就听大夫人在屋里说道："国有国法，家有家规，她固然抢了我的位置，可也得大主小卑，千古常理，不要以为她当了教授就可以和我平起平坐。"

潘赞化非常无奈，只得低三下四用言语向大夫人讨好，敷衍她，不让她发火，以保护潘玉良不受过分伤害。

潘玉良身不由己，出于对丈夫的同情和爱护，立刻软下心来，疾步走进屋里对着大夫人双膝跪下请安、谢罪。到了晚上，她又不得不端来一盆热水给大夫人洗脚，打发她上床就寝，自己便缩在客厅角落里过夜。

潘玉良再也无法忍受社会和家庭的歧视，1936 年夏末秋初，便乘坐加拿大"皇后号"邮轮再次离开祖国重返巴黎，出任中国艺术会会长。之后，多次参加法、英、德、日及瑞士等国的画展。

不料，就在潘玉良离开祖国土地之时，发生了"九一八事变"，日寇大举进攻中国，东北沦陷，不久抗日战争全面爆发。从此，失去了与丈夫的联系，她的心犹如沉入了万丈深渊，茶饭不思，彻夜难眠。多亏她在中央大学时的学生王守义来到巴黎留学，常与她待在一起，才使她得到些许安慰。

潘玉良虽然已经四十二岁，成了半老徐娘，但却风韵犹存，依然美丽。有一次，王守义与她到赛纳河畔写生，中间休息放下画具时，突然将老师拥抱起来向她求爱。他知道她第二次离开祖国的原因：抗日战争爆发又使她断绝了与丈夫的联系，她已经不可能再回到祖国那块土地了。

潘玉良猝不及防，在王守义的怀里叹了口气说道："守义，你不能这样！你知道，我早已经成了家，而且仍然深爱着我的丈夫。"

"不，你骗我，也在骗你自己！你的不幸和痛苦，你的难言之隐都写在你的脸上。你骗不了我，我爱你！"

潘玉良在王守义的怀里委屈得眼眶红润了，但她却没让泪水流出来，声音嗫嚅着说道："守义，请原谅我吧！我虽然有痛苦，但也有宽慰，那就是我和丈夫的真诚相爱，我相信总有一天我会回到他的身边。我比你大十二岁，就让我做你的大姐吧！"

王守义自知失态，慢慢放开潘玉良，不无愧疚地说道："对不起，好姐姐，原谅我吧！不过，我是真心爱你的！"

"那就把这份爱存在你的心里吧！"潘玉良整整衣服，理理头发又说道，"守义，都怪我不好，让你伤心了，好兄弟，你恨我吧！"说完，又拿起笔继续作画。此后，王守义一如既往，更加精心照顾潘玉良的生活。

1950 年，潘玉良历时九个月，赴瑞士、意大利、希腊、比利时四国举办个人巡回画展，获得了比利时皇家艺术学院的艺术圣诞奖章。回到巴黎住处后，见到潘赞化寄来的信，向她介绍了中华人民共和国成立后建设事业蓬勃发展的情况，希望她早日归国。丈夫的信看了一遍又一遍，说不出有多激动，似乎自己已经飞到了他的身边……

潘玉良开始积极筹备回国事宜，可由于种种不明原因，却莫名其妙地被耽搁下来。接着，丈夫的书信慢慢减少了，有的也只是三言两语的客套话，望她善自保重。再以后，书信全都断绝了，这一切都使她感到了一种不祥预兆……

直到 1964 年，法兰西共和国与中华人民共和国建立了外交关系，一位叫王萍的女士代表驻法大使馆专程前来看望潘玉良，她才得知丈夫潘赞化早在 1957 年就被打成了"右派"，1959 年 7 月于安庆老家抑郁而死。不久，史无前例的"文化大革命"开始了，又一次打碎潘玉良的归国梦。"十年动乱"结束之后，王萍又专程前来看望潘玉良，她便再次提出回国的要求。

但此时，她已患上了严重的心脏病和高血压，无法再作长途旅行。半年之后，潘玉良已经病入膏肓……

就在生命的弥留之际，潘玉良用颤抖的手从胸前口袋掏出丈夫当年送给她的爱情信物——怀表，又从脖子上取下嵌有她同潘赞化合影的项链，递给守护在身旁的王守义，有气无力地说道："兄弟，多少年来，你一直在悉心照顾我，现在我不行了。这两样东西，请你带回祖国，转交给赞化的儿孙们……还有那张《自画像》，也一起带回去，就算我回到了祖国，拜托啦……"

她的声音越来越小，可眼睛却还睁得大大的，直至最后定格，就像永远企望着远方祖国灿烂的天空……

王守义按照老师的遗嘱办理了后事。2005 年在香港佳士得拍卖会上，潘玉良的那幅《自画像》拍出 783 万元人民币；另一幅《浴后四美姿》，以 717 万元人民币价格成交。

三、珠联璧合一黄君

黄君璧，祖籍广东南海西樵，原名允瑄，本名韫之，字君璧，1898 年 11 月 12 日生于广州。其先人世代经商，父亲黄仰荀喜爱欣赏、收藏古玩字画，藏品颇丰。

黄君璧学画，是一个特殊的范例。他虽然幼承家训，聪颖过人，矢志绘事，但在五岁时，家父便撒手人寰。他则由伯父、舅舅照料生活，负责教育。然而，他们却都不赞成他学习绘画。因此，他也只得偷偷学艺，每当看见伯父和舅舅走过来，就得赶紧把画纸和颜料藏起来。幸运的是，他的哥哥、堂兄却很爱惜他的绘画天赋，偷偷给他送画纸及颜料，甚至帮他盯梢。

黄君璧七岁入胡子普书塾，十一岁就读于意养轩，由二伯父问涯公授课。十五岁入陈贯之书塾，在家另请冯子煜教授英文、数学。一直到十六岁到广东公学就读，但他始终都在"偷偷摸摸"地学习绘画。

黄君璧在上学路上，要经过一个裱画店，他便经常驻足观看店里的画作。裱画店老板是个惜才之人，见少年黄君璧喜爱绘画，又如此执着，竟然将店中所藏珍贵名画借给他临摹，他则从临摹中解悟了中国画的精髓，为他日后在国画中的创新提供了不可或缺的积累。

十七岁的时候，黄君璧遇到了他绘画人生中第一个真正意义上的“恩师”李瑶屏，他以山水、人物画见长，20 世纪初，著称于广东画坛。他的教学不拘一格，为黄君璧打开了更广阔的视野，使他欣喜若狂。很快就从陈旧的国画风气中脱胎换骨，形成了自己的绘画风格。

“人生不可有傲气，但不能无傲骨”

1922 年，黄君璧在广州参加了广东省第一届美展，作品获得国画最优奖。次年，经李瑶屏介绍，任教于培正中学，开始了美术教育生涯。

黄君璧先后到过罗浮、桂林、衡山、泰山、燕山、华山、黄山、峨眉山、云南石林以及江南各地游览写生，一生致力于山水画，尤以画云水瀑布得心应手。抗战期间，黄君璧居住在嘉陵江畔，朝夕观览奇山秀水，同张大千等人游于峨眉、青城、剑阁，深悟大自然之奇妙。并与之订交，随后往来频繁。二十二岁于广东公学毕业后，与画家李文显和粤东藏家交往密切，在绘画技巧和鉴赏能力方面进一步加强，技艺大进。二十五岁入楚庭美术院研究西画，并奉母命与吴丽瑶女士结婚。

1926 年，黄君璧至上海与黄宾虹、郑午昌、易大庵、马公愚、邓秋枚等交游。神州国光社为其出版《仿古人物山水花鸟画集》。

1927年，三十岁的黄君璧开始任教于广州市立美专，并兼任教务主任。徐悲鸿来穗，二人遂成为知己。

1934年受广州政府派遣，黄君璧赴日本考察艺术教育。返国后在广州举办画展，1935年在香港举办画展，1936年春来南京举办个人画展。

黄君璧已与国画大师张大千、溥心畬齐名，合称“渡海三家”；又加上徐悲鸿，被誉为“现代画坛四杰”。

1937年8月，抗日战争全面爆发后，中央大学随国民政府内迁重庆。

这期间徐悲鸿应罗家伦之邀出任中央大学美术系主任，黄君璧则被聘为教授兼教务主任。当时，黄君璧住在重庆郊区。每逢节假日，徐悲鸿常来闲谈。一日，徐悲鸿忽见黄君璧家中有老鼠出没，感慨系之，便随手提笔画了一幅《狮子猫》——一只黑白相间的花猫站在一块岩石上侧身回顾，岩石下是杜鹃花，左上方题识为：

在宁曾蓄狮子猫，性温良勇健，转屣万里，未能携之偕行，殆不复存于世矣！图纪其状，并为诗哭之：剩有数行泪，临风为汝挥。嘻憨曾无节，贫病益相依。逐叶频升木，捕虫刮地皮。故园灰烬里，国难剧堪悲。廿六年岁阑，悲鸿写于重庆。

下钤一朱文方印“悲鸿”，左中下方又题：

君璧先生方家教，弟悲鸿赠。

下钤一朱文方印“江南布衣”，左下角钤一朱文方印“生于忧患”；右下方题“书岩画牡丹花，悲鸿题”；下钤白文长方印“悲鸿”题签为：

廿七年大暑，悲鸿题狮子猫。

随之朝夕相处，相知日深，黄君璧前后共得徐悲鸿作品十余幅，有仕女、梅花、古柏、喜鹊、松竹等，大多有借物寄情之意。他大概是除新加坡的黄曼士之外，单人获得徐悲鸿作品最多的一位。除此之外，1938 年 6 月，徐悲鸿还为黄君璧画了白描坐像，跋语中称赞与调侃兼具。而且，两人还多有合璧之作，《红梅麻雀》便是其中十分精彩的一幅：画面为横幅手卷，一群麻雀或飞或落于盛开的红梅干枝之上，生气勃勃，富有情趣。款识曰：

1937 年，徐悲鸿与黄君璧在重庆沙坪坝对面磐溪合影

此并无花何奇处，而且吾友槐准先生亦收而宠装之用，见其嗜古积习深也，比之爱国，国危爱之益，笃是诚人类伟大精神之一也。题辛巳晚秋，悲鸿。

黄君璧题识为：

数点梅花天地心。乙丑初夏补梅花于白云堂，米寿老人黄君璧。

这幅《红梅麻雀》于 2009 年北京保利国际秋季拍卖会上以 130 万元被拍出。

1946 年，徐悲鸿出任“国立”北平艺专校长，又请黄君璧出任该校绘画系主任。徐悲鸿与黄君璧共事长达十一年之久，相互切磋技艺，合璧创作，共商教学大计。

1949 年，黄君璧迁居台湾，出任台湾师范大学艺术系教授、主任，并多次举办个人画展。国民党元老陈立夫称黄君璧为“艺苑宗师”；宋美龄对中国画情有独钟，聘请他做自己的国画老师长达二十年之久。

黄君璧没有想到，他和徐悲鸿在北平的分手，竟然是天地相隔不得一见。他时常跟身边的人讲起徐悲鸿，倾吐着对他的那份相知相念。

第七章

慧眼识英才

实际上，无论对于艺术创作，还是在艺术教育事业上，徐悲鸿真正的扬帆起航达到高峰，还应该从留法归来算起。他说道：“我的教学为第一，书法为第二，绘画为第三”。可见，他已经把发现人才、培养人才放到了第一的位置——也就是说，他把美术事业的发展放到了最重要的位置上，然后才是个人创作。

一、初识蒋兆和

1928年10月的一天，商务印书馆的“社交博士”黄警顽，把二十四岁的蒋兆和领进徐悲鸿在上海霞飞坊99号的家门。徐悲鸿看了他的画后激动不已，立即把他收入门下……

1904年4月3日，蒋兆和出生在四川泸州的一个没落秀才家庭。尽管落魄，但也算得上书香门第。因此，他自幼就攻读“四书”“五经”、《史记》《资治通鉴》，背诵诗词歌赋，习字绘画。十岁开始，使用灯烟和锅底灰制成炭精粉为邻人画像，还为照相馆绘制背景。

作画中的蒋兆和

1920年，十六岁的蒋兆和因生活所迫离开家乡，怀揣借来的五十元路费，开始了“余命属龙，云则升天，水则入海，可以翻天覆地，腾降自如，于是吞吐大荒焉”的浪迹生活。顺着长江东下，流落到上海谋生。

就像徐悲鸿当年闯荡大上海的时候一样，凭着给人画炭像，画广告糊口。有时忍饥挨饿，有时露宿街头，尝尽了人间的苦辣辛酸。晚年时，蒋兆和对这段生活回忆道：

> 我是没有进过美术学校的人，也没有经济条件去接受正规的美术训练，所以全靠自己的努力奋斗。在这点上可以使用社会是“生活的大学”这个字眼，我上的正是这样一所大学。

这时的徐悲鸿，从法国留学归来，受到田汉聘请，正在南国艺术学院主持画科。

处于贫困之中的蒋兆和身材高挑，但却瘦弱不堪，站在徐悲鸿面前局促不安。徐悲鸿看到他的作品后，沉思的双眼顿时放射出喜悦的光芒……

蒋兆和后来对此写道：

> 我带去的油画是一幅对开大小的半身自画像，手持画笔在画前凝思。悲鸿先生把这张画竖放到墙根，蹲着看了好大一会儿。他看得很仔细，并称赞我画得不错。接着又看我的素描，一边看一边很沉着、很用心地连连说“好”。他说我虽未有机会受到正规美术训练，但是素描基础还是很不错的，是可造之才！我知道，悲鸿先生这是在鼓励我。

蒋兆和本来还带去几张小幅水墨画，可由于心中没底，不敢拿出来。听到徐悲鸿对他的油画和素描连连说好，便将兜里卷着的水墨画又拿出来展开。徐悲鸿看后更觉惊奇：他的水墨画不落俗套，在方而硬的勾线之中，用干笔、枯笔擦出明暗调子；而且恰当地强调了明暗交界线，就像他的素描一样有硬度，然后敷以淡墨和淡色，完全是在写实与写意之间拓展着中国水墨画的技法。

徐悲鸿激动起来，似乎遇到了同宗同源的弟兄，上去一把抓住蒋兆和的手，拉起来就走。

徐悲鸿把蒋兆和拉到他在南国艺术学院的画库，让他浏览自己从日本和法国带回来的世界美术精品，以及自己的创作。而且让他在画库里住了下来，一住就是两年。蒋兆和就像徐悲鸿当年住进康有为的辛家花园浏览他的图书和收藏一样，尽情饱览徐悲鸿的图书和作品。两个人还经常在一起谈论中国画改革和发展的路子，从而使蒋兆和坚定了在现实主义道路上发展的信心——将中国画特有的造型魅力最大化，跃入写实主义的行列中。

1929 年，蒋兆和的两张人体变形画参加了第一届全国美展。同年，他的

《黄包车夫的家庭》展出，在美术界引起轰动。这是一幅表现贫民窟底层劳动人民生活的油画，充满着民间色彩。这幅画简直就是蒋兆和自身经历的写照：20世纪20年代的蒋兆和抱着求学目的，像棚户区的贫民一样，在灯红酒绿的背后，经历着乞讨与失业，触摸到高楼底下地沟里的残酷与寒凉。他在回忆这段生活时写道：

> 灾黎遍野，亡命流离，老弱无依，贫病交集，嗷嗷待哺的大众，求一衣一食而尚有不得，岂知人间之有天堂与幸福之可求哉？但不知我们为艺术而艺术的同志们，又做何感想，作何所求？于是我知道有些人是需要人生的美酒，而有些人是需要一碗苦茶来减渴。我又知道艺术之为事，是否可以当一杯人生美酒？或是一碗苦茶？如果其然，我当竭诚来烹一碗苦茶，敬献于大众之前……

蒋兆和真的浸泡了一杯苦茶献给了始终心系的劳苦大众，他的画都是深入到最底层的贫苦民众之中进行写生而创作出来的。让人看了既苦涩又心酸，从而唤起心灵深处的悲悯意识和反抗精神，这便是他要用艺术干预生活的初衷。徐悲鸿对他说道："时代在变，艺术也随着时代发展。像你这样从真人写生出发的，在中国还少见。"

齐白石在看了蒋兆和的《卖子图》后说道："兆和先生与吾友悲鸿君善，尝闻悲鸿称其画，今始得见所作人物，能用中国画笔加入外国法内，此中外特见，予甚佩之。"

齐白石并为其作诗曰：

> 妙手丹青老，工夫自有神。
>
> 卖儿三尺画，压倒借山人。

"借山人"是白石的号，可见他对蒋兆和的赞许已经达到了无以复加的地步。

就在这一年，因为作品的成功，蒋兆和被中央大学聘为教授。1930年，在徐悲鸿的推荐下，他又被上海美专聘为素描教授。

徐悲鸿离开南国艺术学院，交了画库之后，又将蒋兆和请到家里住了半年，二人依然朝夕相处，谈论艺术。

有一次，徐悲鸿带着在学校画的一幅奔马下班回家，准备晚饭后送出去装裱。见蒋兆和背着画夹也刚从外面回来，便冲他说道："又画啥了？打开看看。"

蒋兆和将画夹打开，从中抽出几幅速写，徐悲鸿急切夺在手里一张张翻看……

速写是蒋兆和从贫民区画回来的，使用的是他拿竹管削成的笔，速写是蘸上黑墨水画成的。墨水是自己用灯烟和锅底灰掺上胶制成的，画出的速写线条有粗有细，挺拔刚硬，犹如刀锋一般，就像吴友如用连史纸刻印出来的版画一样。而且构图严谨，笔法细密，造型准确，结构清楚。有赶驴的，有拉黄包车的，有玩杂耍的，也有卖糕和糖葫芦的，还有在街头小吃摊上进食的……

徐悲鸿看得十分专注，不断大声叫好。最后挑出三张蹲在地上喝汤的：有的吃了糕饼噎住喝口汤伸长脖子往下咽，有的嫌汤热鼓起腮帮往凉吹，还有的放下汤碗低着脑袋从衣兜里给老板掏钱。各个活灵活现，看得徐悲鸿捧腹大笑。最后拿着这三张速写不放，要给蒋兆和五十块钱买下来。可他却百般不收他的钱，一定要将这三张速写送给他。徐悲鸿无奈，便将带回来的奔马塞给他与之交换，蒋兆和推脱不过，只好收下。

蒋兆和深知，徐悲鸿这是鼓励他沿着写实主义的道路继续走下去。他于是更加坚定了深入生活，面向社会，用手里的笔描写劳苦大众生活的信心……

1932年"一二八"事变，在日军的轰炸下，上海闸北变成了一片火海，尸骸遍野，满目疮痍。正在上海美专任教的蒋兆和参加了十九路军的宣传队，在弥漫的硝烟中，完成了蔡廷锴将军和蒋光鼎将军的肖像后，便继续为街头的穷苦百姓画速写。之后，创作出《卖小吃的老人》《朱门酒肉臭》

《缝穷》《卖报童》等一批惊人之作。

蒋兆和所绘的蔡将军和蒋将军的油画像由上海良友出版社出版，创造了当时发行量的最高纪录，对于正在进行抗战的军民，起到了鼓舞士气的作用。

青年时代的吴作人

鉴于蒋兆和的成就，徐悲鸿鼓励他出国深造。在给福建省教育厅画《蔡公时济南被难图》时，跟黄孟圭要了两个官费留学的名额。并让蒋碧薇为蒋兆和教授法语，还在此间为他画了一幅素描肖像。这与徐悲鸿给吴作人画肖像一样，也是对蒋兆和的鼓励与支持。可因为他的家里过于贫困，无法解决出国后的生活问题，结果那两个官费名额给了王临乙和吕斯百。

1937 年，徐悲鸿忙于在国内外举办画展，筹集抗战赈资，蒋兆和便应同乡画家之邀去北平谋生。

二、不期而至吴作人

徐悲鸿于 1927 年 9 月初，由法国转道新加坡回到上海。早在这年的 6 月，他正在新加坡为富商林志义画肖像时，田汉主持的上海艺术大学就已刊出了招生广告，将他列入了该校教授的名单。当时，十九岁的吴作人，正在苏州的工业专科学校读建筑系。看到中央大学的招生广告后，便慕名前来投考。

1928 年初，田汉将上海艺术大学改为南国艺术学院，聘请徐悲鸿主持画科、欧阳予倩主持戏剧科，田汉自己则主持文科。

一天下午，徐悲鸿穿件灰白色长衫，健步如飞走上讲台，绘声绘色地给师生们讲起了他在法国留学时的体会和见闻，不时博得师生们的热烈掌声。讲演结束之后，便在田汉的陪同下，从高年级到低年级的教室观察同学们的作业。当他看到一幅素描头像时，见画得很方，很有硬度，已将画石膏头像的方法融进了人物头像之中。看来，作者对于绘画很有悟性，便问道：“这幅画是谁画的？”

室内鸦雀无声，没有人回答。

徐悲鸿再看画面，见左下角写着“吴作人”三个字，于是又问道：“谁叫吴作人？”

从教室后面的角落里，站起来一位身材瘦高的男生，面带羞涩表情，来到徐悲鸿跟前说道：“老师，我叫吴作人。”

徐悲鸿见吴作人有些紧张，便让他在一张课桌前坐下来，询问一些学画的情况后对他说道：“你的作画方法很正确，就照这样的路子走下去，将来你会成为一位很了不起的画家，继续努力吧，一定要刻苦学习。”

徐悲鸿所作吴作人素描头像

“我会的，老师！”吴作人回答道。

接着，徐悲鸿把他在霞飞路的住址写给了吴作人，让他有事到家里去，也可以按此地址给他写信。

这之后，就像徐悲鸿当年到达仰先生的家里去一样，每到星期天，吴作人总要带上自己的作品到他家里去请教。

吴作人思维敏捷，画风干练，不走前人老路，使得徐悲鸿越来越喜欢他。

后来，徐悲鸿离开“南国”，吴作人又跟着他到了中央大学插班做旁听生。1928 年 2 月 6 日的元宵节，吴作人来访。徐悲鸿看过他带来的作品后兴致很高，遂钉起纸为他画了一幅素描头像。

吴作人深知老师此举是为了鼓励自己上进，于是学习更加刻苦。

可不久，吴作人因参加进步学生的游行活动，被学校当局取消了就读资格，徐悲鸿则鼓励他出国深造。可出国留学办理护照需要一张大学文凭，怎么办？徐悲鸿一向注重真才实学，特别看重那些具有艺术感悟能力、方法正确，又有发展前途的学生。于是给仍在南国艺专的田汉写了一封信，让吴作人拿着去找他。

田汉在办公室里接待了吴作人，看完徐悲鸿的信后二话没说，由座椅上站起来转过身，从靠墙的柜橱里取出一张毕业证书，然后又坐回椅子里填上了吴作人的名字，盖上章后便递给了他。吴作人非常激动，当他从田汉手中接过毕业证书时，两手都在发抖，而且一句话也说不出来……

通过徐悲鸿帮助办理了一切手续后，吴作人即赴法国，就连抵达巴黎的船票，也是徐悲鸿为他购得的便宜“水手船票”。1930 年 5 月，吴作人在巴黎自由画院、卢佛尔画院进修素描，9 月考进了巴黎国立高等美术学校——也就是徐悲鸿当年就读的那所名校，进入西蒙教授工作室。后来，由于经济拮据，吴作人无法维持在法国的学习，徐悲鸿又为他争取了比利时皇家美术学院的奖学金。于是，吴作人于同年 11 月，即赶到比利时布鲁塞尔的皇家美术学院。1931 年暑期，以油画习作获得大考第一名，从而荣获金质奖章和桂冠荣誉，并享有个人工作室，全部费用由学院供给。这一时期，吴作人勤奋创作，《哥萨克士兵》《纤夫》《风磨》和《李娜像》等，都是这一时期完成的。比利时籍的李娜后来成了吴作人的夫人。

1933 年，吴作人又以优异成绩，获得皇家美术学院雕塑第一名。

1935 年，吴作人应徐悲鸿之邀，偕李娜回国，任中央大学艺术系讲师。抗战期间，吴作人组织画家到前线写生，1942 年被徐悲鸿聘为中国美术学院研究员。吴作人在绘画上一直坚持徐悲鸿所倡导的现实主义写实画风。1942 年，被教育部聘为终身教授。

三、吕斯百与王临乙

1936年徐悲鸿、王临乙、华林、汪亚尘夫妇（从左至右）在上海合影

1926年初，徐悲鸿从法国第一次东渡新加坡筹款，回到上海省亲时，经岳父蒋梅笙介绍，王临乙带着画作前来向他求教。徐悲鸿看了他的画后激动异常：他的画整体感非常强，具有雕塑的效果与冲击力，于是断定他在雕塑上是一位可塑之才，鼓励他今后要用雕塑的眼光去观察和认识生活。

王临乙1908年出生于上海，1924年考入上海美术专科学校，随留学英国归来的现实主义画家李毅士学习素描和油画。上海的“五卅惨案”发生后，学校停课，他则到李毅士家中继续学习。

1927年，徐悲鸿第二次回国，任南京中央大学艺术系教授，并与田汉携手创办南国艺术学院，兼美术系主任。在这年招收的学生中，徐悲鸿发现了两位天才：一位是一年前经岳父介绍的王临乙，具有雕塑方面的才能；另一位是吕斯百，具有绘画方面的才能。

徐悲鸿离开南国艺术学院后，便推荐王临乙到中央大学艺术系插班学习，并提供生活费，随时为他寻找赴法留学的机会。

吕斯百与妻子马光璇女士

1937年吴作人（后排右一）、王临乙（后排左二）、吕斯百（后排左一）、刘艺新（后排左三）在重庆中央大学合影，前排左起为王合内、李娜、马光璇

在中央大学期间，王临乙一面刻苦学习，一面充当徐悲鸿的助手：徐悲鸿正在创作《田横五百士》和《徯我后》，王临乙和吴作人便帮助他将小构图和素描稿放大到画布上，而且亲自充当画中的模特。

吕斯百，1905年10月15日出生于江苏省江阴县华墅乡太平桥村小桥里，曾用名吕则男，其父吕渭清是清末的秀才小学教师。吕斯百六岁时入江阴县章卿乡太平桥小学，七岁进江阴县峭岐乡小学，八岁便随父远行。在颠沛流离中于浙江省崇德县立第二高小、浙江省石门县立第三高小、浙江省嘉兴第二师范附属小学、江苏省无锡县立第六高小、无锡县立第六高小等校读完了小学，对绘画产生了浓厚兴趣。

1921年，十六岁的吕斯百考入江苏省立第四师范学校读书，品学兼优，经惜才如金的校长仇亮卿力荐，升入师范附属艺专。可由于北伐战争爆发，尚未入学，学校便停办了。无奈之余，便到无锡堰桥胡氏公学任小学教员近半年。

1927年，吕斯百联合同学会给时任教育总长的蔡元培写信，要求将第四师范并入中央大学艺术系。获准后，便与王临乙和吴作人成了同学，受教于徐悲鸿门下。

徐悲鸿业已发现了吕斯百在绘画上的天才，遂像对待王临乙一样，也要寻机将他送出国门深造。

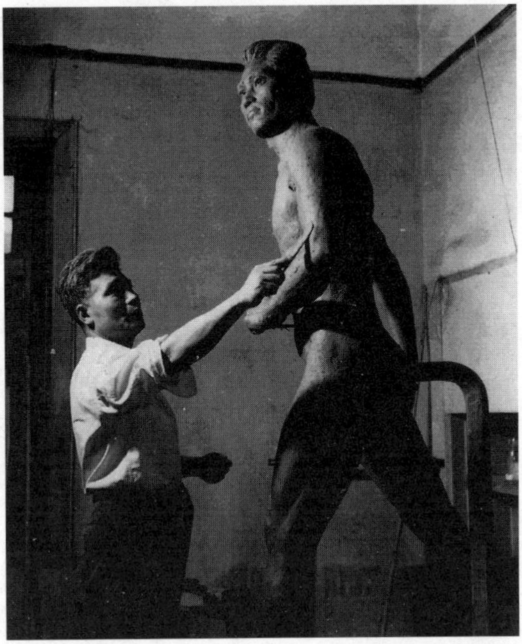

工作中的滑田友

四、奇遇滑田友

提到滑田友，不能不说是艺术上的一位奇才。可你就是再“奇”，如果没人发现你、提携你，你可能就永远会被埋在泥土里，任其发霉和腐烂。

滑田友于1901年5月出生于江苏淮阴，父亲滑寿彭原本是个孤儿，从小在舅父家长大。

父亲十七岁到清江浦学习木匠手艺，二十岁在给镇上一家蒋氏磨坊做活时，被雇主看中，将自己的女儿许配给他。滑田友是家中的长子，他还有两个姐姐，因家中生活贫困，经常以借贷度日。因此，八岁时，才进入镇上一家私塾启蒙，开始了背诵“人之初、性本善”的读书生涯。1912年，十二岁的滑田友离开私塾，进了地主吴琳中办的一所小学，做二年级插班生。因家庭生活贫困交不起学费，少年时代的读书生涯时断时续，可他却一直不肯随父亲学木匠活，决心在学业上有所成就，振兴家道。几经失学后，于1924年底从江苏省第六师范学校毕业，被分配到宿迁县第一小学任美术教员，每月收入二十元，除留五元生活费外，其余寄给父亲，终于还清了家里债务。

1925 年，经父亲包办，为滑田友娶了妻子。可到了 1930 年，他的妻子却遭土匪劫持惨遭蹂躏。三天后被赎回后，已经奄奄一息，水米不进，不久便含恨而死；随后，三岁的儿子也因无人照料患病夭折，滑田友因此大病卧床不起。

病好之后，滑田友便用黄梨木以儿子的容貌雕刻了一尊《小儿头像》，总是随身携带，以寄托他的哀思。在此之前，他总是用泥捏成各种小动物，送给周围的人赏玩。同事见到他的《小儿头像》，遂建议他将头像拍成照片寄给徐悲鸿，说道："你不是总想上学继续学美术吗？叫徐悲鸿看看，能不能让你进中央大学。"

滑田友听从了同事的意见，遂将《小儿头像》拍成照片后寄给了徐悲鸿。

徐悲鸿接到照片后非常惊奇，立即给滑田友回信说道：

> 中国现在恐怕还没有人能刻出这样的雕像，你不必进中央大学，我愿与你做朋友，要把你送到法国去学雕塑，并希望你春假时来南京相见。

在此之前，滑田友已经考过中央大学，专业虽然过关，但却未被录取。得知这一情况后，徐悲鸿去问主管录取的教务长。教务长告诉他说道："滑田友有几门功课都考得不好。"

徐悲鸿看了滑田友不及格的试卷后说道："这些我也不会，物理、化学他都没有学过呀。"

教务长看着徐悲鸿不解其意，他则解释道："搞艺术的人，往往利用知识的落差而成就事业。齐白石、黄宾虹全都没有进过学校，更没学过数、理、化，可这并没影响他们成为伟大的艺术家。"

教务长摇了摇头，仍然没有录取滑田友。

不久，徐悲鸿将滑田友的《小儿头像》送到《良友画报》和《新闻报》

发表出来。

1930 年，雕塑家江小鹣要在上海设计制作孙中山像，急需一个助手。当他在《良友画报》上看到滑田友的《小儿头像》后，便找到编辑部打听作者。可编辑却告诉他说，照片是徐悲鸿送来的。于是，江小鹣又专程从上海赶到南京找到徐悲鸿，要请滑田友当他的助手。

徐悲鸿立刻找到滑田友，把他介绍给江小鹣。于是，在 1930 年的那个暑假，滑田友开始了他的雕塑生涯。10 月，他便协助江小鹣完成在上海的《孙中山像》；1931 年 8 月，又协助他完成武昌《孙中山铜像》，这座铜像矗立于武汉阅马场红楼门前。滑田友同时在上海新华艺专担任助教。1932 年他的作品在新华艺专教授作品展中展出。

江小鹣，1894 年生于苏州，早年留学法国，先学习油画，后钻研雕塑。20 世纪 20 年代归国后定居上海，在虹桥路建造一所雕塑工作室，专门从事雕塑创作。后来，又在闸北附设工艺美术工厂，仿铸古董，经营铜器。1927 年，曾与张辰伯发起组织艺苑油画研究会，先后完成《李平书像》《谭延闿像》《陈嘉庚像》《画家陈师曾半身像》《陈英士烈士骑马像》等。其雕塑造型严谨，神形毕肖，意境深邃，手法洗练，并具有民族特色。

1932 年初夏，适逢陈三立八十大寿，徐悲鸿写信请滑田友去为其塑像。滑田友将此事告诉了江小鹣，江小鹣对他说道："陈先生是我的年伯，我也应当去做。"

结果，滑田友和江小鹣每人为陈三立做了一尊塑像。塑像受到徐悲鸿的大力推介，并联合中央大学三十多名教授具名铸铜，作为陈三立八十寿礼。

之后，滑田友随江小鹣到甪直抢救修复唐塑，可在甪直的古物馆开馆之后，滑田友就失业了。于是，他便写信给徐悲鸿，请他帮助找份工作。

1932 年 12 月，徐悲鸿约滑田友来南京面谈，还特别约定了见面时间。可滑田友却晚到一步。幸好在街上碰见了徐悲鸿，便对他说，要到法国去举办中国近代绘画展览，邀他同行，并决定资助他赴法留学。

可滑田友因在甪直随江小鹣抢救修复唐塑期间，常去一家小饭店用餐，饭店老板看中了他，便让已经成家的大女儿给滑田友写张条子，想将还未出嫁的两个女儿许配他一个——任他挑选其一。滑田友选择了小妹——花容月貌的阎钟芸，由当地的医生金里千做媒，订立了婚约。

听说徐悲鸿要带他去法国，他便提出想结完婚再走。可徐悲鸿却扶着他的肩膀说道："出国学习要思想专一，不能心挂两地，到外国学习也不能肯定是几年，来去不定，这会耽误人家青春的。"

滑田友虽然非常喜欢年轻漂亮、充满青春活力的阎钟芸，可听了徐悲鸿的话思虑再三，还是忍痛割爱，给媒人金里千写了一封退婚信，说明了退婚的理由。

1933 年 1 月 27 日，徐悲鸿带着滑田友在上海举行晚宴，准备第二天启程赴法国举办中国近代绘画展览。席间，向大家介绍了滑田友的天分和他的困难，陈立夫则当即送来四百元，作为他赴法的旅费。

到达巴黎后，徐悲鸿请先前被他送来留学的王临乙给滑田友安排了住处，又请吕斯百教授他法语。王临乙又向自己的老师布夏先生推荐了滑田友，布夏看了他的雕塑作品后，便收他为预科生进入画室。

布夏于 1875 年出生在法国中部的狄戒市，1895 年考入巴黎高等美术学校，1914 年应征入伍，发明了世人皆知的"迷彩"图案，1929 年被巴黎高等美术学校任命为主任教授。

滑田友此时已经三十三岁，巴黎国立高等美术学校有个规定：不到十五岁莫入，超过三十岁则请出。徐悲鸿于是建议他隐瞒十岁报考，并为此找了件中国小瓷瓶送给布夏。

由于语言不通，生活困难，加上父亲病故，滑田友曾一度想要放弃学业，托吕斯百给徐悲鸿写信，帮他解决回国的路费。徐悲鸿见信后对滑田友失去了信心，虽然非常不高兴，可还是给他寄了二百元。

然而，收到徐悲鸿的钱后，滑田友被感动得热泪盈眶，思虑再三，终于从情感危机中走了出来：想要重振精神，决心考取巴黎高等美术学校的正式生，以此感谢徐悲鸿的知遇之恩。

1934 年 6 月，滑田友则以雕塑满分、素描十八分的第一名成绩被巴黎高等美术学校雕塑系录取。

在考雕塑的时候，滑田友因饥饿而滑倒在地上，不得不跑出考场，用身上仅有的五法郎买了个面包吞下去，才重回考场完成了考试。

滑田友用徐悲鸿寄给的费用艰难地支撑着生活，租了一间最廉价的顶层阁楼居住。不料，这间楼房却是因为太冷被冼星海退掉的，墙上还留着他用铅笔写下的一行字："岂能尽如人意，但求无愧我心。"

冼星海得知滑田友住进了他退掉的房子后，便来探望他，并给他送来了一床毛毯，还把每天晚上到中国饭店拉小提琴所挣到的二十法郎分给他一半。

冼星海于 1905 年 6 月 13 日出生于澳门一个贫苦的船工家庭，1918 年进岭南大学附中学习小提琴，1926 年入北京大学音乐传习所、"国立"艺专音乐系学习。1928 年又入上海"国立"音专学习小提琴和钢琴，并发表了著名的音乐短论《普遍的音乐》。

1929 年，冼星海赴巴黎勤工俭学，师从小提琴家帕尼·奥别多菲尔先生和作曲家保罗·杜卡先生，1931 年考入巴黎音乐学院，在肖拉·康托鲁姆作曲班学习。其间，创作了《风》《游子吟》《d 小调小提琴奏鸣曲》等十余首作品。

冼星海回国后，滑田友的生活变得更加艰难，有时一天只吃几片面包，身体变得瘦弱不堪，最后住进了医院。由于没钱支付住院费，只好为医生、护士和病人画肖像。

出院之后，在巴黎高等美术学校素描老师马舍亚的帮助和交涉下，滑田友在中国驻巴黎大使馆获得了每月二百法郎的生活费，才使他得以渡过难关，从而更加努力学习。

从 1933 年开始，法国艺术家沙龙展每年都收到滑田友的雕塑作品。1936 年，他的《沉思》坐像获得铜奖。该作品被法国里昂中法大学收藏后，送给他三年的官费学费。

从 1934 年到 1937 年的三年中，滑田友每天早 4 点至晚 10 全都在雕塑室、素描室、博物院和图书馆中度过，从未间断。

1939年,滑田友收到潘季屏资助的三千法郎,于1940年完成了雕塑《出浴》,在1941年春季沙龙展上获得银奖,同年创作的浮雕《葡萄》也获银奖。1943年，他的人体雕塑立姿《沉思》，又在艺术家沙龙展上获得最高奖——金奖，同时获得了H·C(Hors–concurs)资格，也就是说，从此以后，他的作品可以不经过评审就可以参加展出。

1940年，滑田友成为罗丹的再传弟子——他的导师是罗丹最好的学生德斯比欧，在法国大名鼎鼎。滑田友在描述他对自己的态度时写道：

> 年已七十有六，每不愿入学生之研究室，既见戴后，开口便谈韵脚，其指示起落响应，清晰爽快，可惜言者谆谆，听者藐藐，如对牛弹琴耳。盖青年学生，绝无了解其指导之功能也。既见田友，则大喜，此后每入，必先看田友作品，出室必又重现一次，故田友从之虽仅二年，而收益诚不少也。

滑田友在法国获得了众多奖项，他的作品被许多博物馆、大学和法国教育部收藏，每年经济上的收入也非常丰厚。

五、邂逅陈子奋

1928年8月26日，徐悲鸿参加了福建省第一届美术展览的剪彩仪式。在观看作品时，陈子奋的绘画和篆刻让他的眼前一亮：他的花鸟画勾勒得笔法挺拔，设色简练，具有一股扑面而来的清新淡雅之风；而他的篆刻则腕力横绝，古朴遒劲，卓尔不群。

徐悲鸿不愧是位诲人不倦的伯乐，从来都不会放过任何一位被他发现的艺术千里马。第二天，他便偕家人并带上王临乙，乘坐黄包车来到福州水玉巷一号拜访陈子奋。

陈子奋1898年5月11日出生于福建长乐，比徐悲鸿小三岁，字意芗，号无寐。其父吉光，为私塾先生，善篆刻与治印，师从邓石如。陈子奋少年时代即受父亲耳濡目染，髫龄即习篆刻，又画国画。后来曾自言道：

白描大师陈子奋

余学篆治印，垂六十年，求其一点一画圆融藏锋，而追近於甲骨、钟鼎、玺印者，接前贤之步趋，冀发扬而光大。

陈子奋十六岁便出任小学国画教员，二十岁即以鬻画谋生。其画深得陈洪绶、任伯年的用笔之妙，尤擅花鸟写生，勾勒笔法超绝，设色清丽。

陈子奋年已三十，对于徐悲鸿的来访受宠若惊。一阵拘谨过后，便如知己，开始与他谈笑风生。徐悲鸿兴起，铺开纸便开始为陈子奋画像，一面与他谈论陈洪绶和任伯年的技艺，说自己和他们在艺术上的追求是同宗同源。

画完肖像，陈子奋遂留徐悲鸿在家中用餐。席间，二人开怀畅饮，相见恨晚，话题无不关联篆刻与国画，当因方言不能尽情表达其意时，二人又用笔谈。

晚饭之后，陈子奋连夜为徐悲鸿治印三方，徐悲鸿则为他画了《九方皋图》。

徐悲鸿与陈子奋促膝相谈，深夜方归。9 月 12 日离开福州时，又为他作了一幅《伯乐相马图》，题跋曰：

戊辰夏尽，薄游福州，乃识陈先生意芗，年未三十已以书画篆刻名其家。为余治“游与艺”“长颀颔而何伤”“天下为公”诸章，雄奇遒劲，腕力横绝。盱衡此世，罕得甚匹也。画宗老莲、伯年，渐欲入宋人之室，旷怀远去，品洁学醇，实生平畏友。吾国文艺复兴，讵不如意芗者期之哉！兹将远别，怅然不怿，聊奉此图，愿勿相忘，悲鸿画竟并志。

9月14日，徐悲鸿带着陈子奋刻制的泰山石印章回到上海，立刻写信对他致谢道：

忆此行足纪者，为获一良友，及所刻印十余方。昨示谢君公展，相与叹赏者久之。高艺动人，此世知音者度不少也。足下当益奋发努力于不朽之业。当代印人，精巧若寿石工，奇岸若齐白石，典丽则乔大壮，文秀若钱瘦铁、丁佛言……而雄浑则无过陈子奋者。

9月25日，徐悲鸿又致陈子奋一函，曰：

足下此时可专攻双勾写生（对实物写生作稿，然后以己意布置，另写成幅，写大幅册页又可当小中堂用者，不拘长短），摹闽中所产花鸟，务极精确，几欲令其可作标本用，然者数十幅须简而洁。

又曰：

前日所见壁间悬挂四屏，作鸡、猫、柳等，作者系何姓氏？可否调查其年龄与近状（又其学本原），能否一并奉示？

三天之后，徐悲鸿又致陈子奋一函，称赞他的绘画曰：

接孟圭先生转到大作三纸，或曼妙，或苍古，均不可多得之作。弟尤爱白描幅。大树下佛幅，章法嫌寻常，白头鸟神韵俱佳。

徐悲鸿还说道：

福州榕树盘根错节，树树入画，盍取法之。写树以淡墨先皴树身，再乘湿施勾勒，则树必奇古……人物花鸟，此后须创新体。狂者不尊古人，而拘者则墨守太过，要皆无当也。

至此，徐悲鸿与陈子奋的书信往来不断，已成莫逆之交。在 12 月 31 日致他的函中曰：

想杰作又增几许？经子渊所藏之伯年画册，已由神州国光社出版，另包奉寄。弟近得石章数事，拟请足下为治印。前赐黄血两章，亦还求法镌。贪得无厌（弟欲得兄刊百件），当为知者所许。特不知为兄所厌否？

1929 年，全国美术展览会在上海举行，陈子奋前往参加。徐悲鸿与他第二次相见兴奋无比，朝夕相谈，刻印作画，其乐融融，遂邀请他到南京的家里做客。他便随他赴南京逗留数日，徐悲鸿则要聘他到中央大学教授国画，可他却因“老母在堂，恕不远行”而未能赴任。

1931 年秋季开学后，徐悲鸿遂作《贺陈子奋筑楼奉亲诗》一首：

闽中自古多才士，吾得福州识陈子，
金石刊刻妙入神，秉性孝悌追古人。
自惟廿载风尘老，损却少年颜色好。
安得避地从君游，歌吟登临乐此楼。

意芗贤兄筑楼奉亲今之高士书此申贺

辛未之秋悲鸿

此后，陈子奋的创作进入了旺盛期，他已成为中国画坛举足轻重的人物，这跟徐悲鸿与他的交往，对他的激励不无关系。不久，徐悲鸿便带着他的作品赴欧洲举办中国近代绘画展览。

六、南昌出个傅抱石

1930 年 7 月 2 日，徐悲鸿参加完中央大学第三届毕业生的毕业典礼，便带学生赴庐山写生。

1924 年 4 月，印度诗人泰戈尔到中国访问，由徐志摩和林徽因负责接待并担任翻译。泰戈尔由上海来到风光旖旎的杭州，在西湖之畔的净慈寺拜会了陈三立。

1926 年底，陈三立由杭州到上海寄寓三载。晚年怀乡心切，对庐山尤为萦念。1929 年 11 月，由次子陈隆恪夫妇陪同，乘轮溯江而上，终于登上庐山，卜居于牯岭新宅松门别墅。徐悲鸿抵达庐山后，就下榻于诗人家中，并为其画了全身像。从庐山上下来，到达南昌之后，徐悲鸿下榻于裕民大旅社，当地报纸立刻报道了他的行踪。

一天晚上，傅抱石正在家中昏暗的煤油灯下作画，裕民银行行长——徐悲鸿的朋友廖体元、廖季登叔侄二人突然闯入，冲他说道："徐悲鸿来南昌了，你不是一直想找个高人给你指导吗，咋不去见他？"

傅抱石从座位上站起来，嘴唇翕合半天才说道："徐悲鸿？他那么大的画家，我一个无名小卒……"

"其实徐悲鸿惜才如命，一点架子都没有。"廖体元说道，"明天你就带上画去吧，我先过去等你。"

翌日上午，造访者中出现一位面目清秀、身穿旧布长衫、腋下夹个小包袱的青年。徐悲鸿见他一直站在别人后面，一句话也不说，就请他到前边坐，让他把包袱里边的画取出来展开。青年看看周围的人，面带羞涩，将包袱皮慢慢解开，先是取出几块图章及拓片。徐悲鸿将图章、拓片拿在手中，顿觉眼前一亮。可看到边款刻有“赵之谦”三个字时，又感到纳闷。青年见徐悲鸿有些疑惑，立即解释道：“先生，我这是仿赵之谦的图章。”

傅抱石与夫人罗时慧 1931 年在南昌，仅从表情上看，生活就不尽人意

“哦……”徐悲鸿又将图章仔细看了看说道，“刻得很像了，很好呀。吴昌硕、齐白石的篆刻，都是由赵之谦入手的。赵之谦的篆刻初学浙派，继法秦汉玺印，博取秦诏、汉镜、泉币、汉铭文和碑版文字入印，一扫旧习，所刻苍秀雄深。你可以顺着他的路子试试。不过，你一定要自出机杼，最后形成自己的风格。”

青年听了徐悲鸿的话，深受感动，连连点头。

“再把你的画打开看看。”徐悲鸿放下图章和拓片说道。

青年又将几幅叠着的皮纸展开，徐悲鸿见是几幅山水画。篇幅都不大，但笔墨却浑然一体，气势恢宏，很有石涛的大家味道，落款处写有“傅抱石”三个字，下面的印章与刚才看到的是同一种风格。徐悲鸿有些激动，看着青年问道：“你叫傅抱石？”

“是的。”青年答道。

“你现在做什么事？”

“原来在中学教美术课，现在失业在家。”

“哦……”徐悲鸿呻吟一下又问道，“你进过什么美术学校吗？”

“没有。”傅抱石回答说，“我是自学的。”

傅抱石原名傅瑞麟，祖籍江西新余县北岗乡章塘村，1904 年 10 月 5 日出生在江西南昌东湖边一条僻陋的街巷，父亲傅聚和年轻时便离开新余来到南昌，开了一家修伞铺，全家以此惨淡为生。

因为家境贫寒，傅抱石没有机会上学，便到一家陶瓷厂当学徒，陶瓷上面的各种装饰图案使他受到了艺术熏陶。通过勤勉自学，于 1921 年十七岁时考入江西省的最高学府——省立第一师范。在此期间，经常出入一些古旧书店，读到一些古代画史、画论方面的著作。对他启发最大的是陈鼎所著《瞎尊者传》中石涛的一句话：“我用我法”。而石涛的“搜尽奇峰打草稿”，更让他情有独钟。受此启发，开始研究画史、画论中的一些具体问题：从顾恺之的《魏晋胜流画赞》到石涛的《苦瓜和尚画语录》，皆都认真研读。1925 年，还在师范读书的傅抱石完成了他的第一部著作《国画源流述概》。

在金石篆刻上，傅抱石初仿赵之谦，《二金蝶印谱》成了他的范本，直仿得真伪难辨，使得南昌城里不断有“赵之谦”的印章出现，让一些收藏家如坠五里雾中。

1926 年，傅抱石从江西省立第一师范毕业，留校任教于附属小学。教学之余，又把自己多年治印的体会和心得写进了《摹印学》中，加上 1925 年完成的《国画源流述概》，均为他后来在绘画上的成就奠定了理论基础。1928 年，傅抱石被江西省立第一中学聘请为初中部和高中部艺术科教员，教授中国画、画论、篆刻及中国美术史。在当时，国内尚无一本系统完整的绘画史论著作。于是，1929 年便在他《国画源流述概》的基础上编写了一部长达六万字的学术专著《中国绘画变迁史纲》。

凭着天资聪慧和刻苦努力，傅抱石成为当地一位小有名气的画家，可当他来见徐悲鸿时，已经失业在家。

徐悲鸿还在仔细观看傅抱石的画和上面的印章。

从写实主义和反映现实生活的观念出发，徐悲鸿首先推崇的是人物画，其次是花鸟画。而傅抱石的山水画，却表现出一种少有的灵气。但与他的画比较起来，徐悲鸿倒觉得他的篆刻更具功力。

徐悲鸿已经看出了傅抱石是位可塑之才，于是又对他说道："这样吧，把你的画再拿几张来我看看。白天人太多，你晚上来可以吗？"

"好的。我晚上再来吧。"傅抱石连连说道，一边将图章和画在皮纸上的山水画用包皮包起来就往外走。

徐悲鸿送傅抱石出门时又对他说道："最好是晚上 10 点钟以后来。"

"好的。"傅抱石几乎不相信这会是真的，也不敢再回头看一眼徐悲鸿，便一阵风似的跑回家里，冲着妻子罗时慧高声喊道："见到了，我见到徐悲鸿啦！他让我晚上再带几张画过去给他看。"

"你不是在做梦吧？"罗时慧微笑着说。

"是真的。"傅抱石的包袱还挎在胳膊上，顾不上放下便急忙对罗时慧说，"真的，我见到他了我不骗你，他让我再带些画晚上 10 点钟之后去见他。"

"为啥要 10 点钟以后？"罗时慧问道。

"你真笨！"傅抱石说道，"10 点钟之后没人了，安静呗，他好专心看我的画。"

"那我陪你一块儿去吧。"

"可是……"傅抱石打量着罗时慧的身上身下。

罗时慧明白丈夫的意思：傅抱石平时只给学校代点美术课，收入十分微薄。现在失业了，就用全部时间刻印、画画，但却也卖不了几个钱。因此生活十分贫困，一年下来也添不了什么衣服。罗时慧看着傅抱石的眼神，脸上生出诡秘的微笑……

"你笑啥？"傅抱石问道。

罗时慧转身到衣橱的底部取出两件旗袍回到傅抱石面前，轮换着抻开在自己的身上比试，问他哪一件合适。

傅抱石的两眼放光，惊叹道："啊呀，真漂亮！你啥时候做的，我咋不知道？"

"结婚时候娘家陪送的呗。"罗时慧笑着说道，"你就说穿哪件好吧？"

"夏天嘛，当然是这件了。"傅抱石从妻子手中接过一件浅色的旗袍比在她的身上说道，"这么好的衣服平时咋不见你穿？"

"这不是留着陪你出去穿吗？不能给你丢脸！"罗时慧笑个不停，"这回我可以陪你去了吧？我也想听听徐大师咋评价你。"

"啊，行，行啊！"傅抱石看着罗时慧笑道，"赶快把家里的画都找出来，我再挑几张。"

罗时慧像一阵清风，将傅抱石的画全部搜出来堆在他的面前。他便一张一张展开，觉得满意的就叠起来放在一边，最后包好。

傅抱石兴奋得坐卧不安，不断张望墙上的挂钟，计算着时间，盼望着晚上的 10 点钟快点到来。看了两次，他又将挂钟的玻璃门打开，用钥匙上发条，害怕挂钟停摆不走。罗时慧见他神不守舍的样子，便给他研了一池墨，铺上宣纸让他作画。

傅抱石来到画案前提起笔，情绪渐渐沉稳下来。罗时慧看他画了一会儿，便开始做饭。吃完饭，等到时间差不多了，她便换了衣服，提上包袱陪着傅抱石到旅社去见徐悲鸿。

罗时慧 1911 年出生在江西南昌百花洲边的萧家巷一号，十七岁那年考入了傅抱石执教的江西省立第一中学高中部艺术科。这时的傅抱石，在当地已经是位小有名气的画家了。

开学的第一天，看见身着灰布长衫，头戴黑色礼帽，脚穿圆口布鞋，面庞消瘦的傅抱石夹着公文包缓步走进教室时，罗时慧就被他的相貌和风度所吸引；一节绘画理论课下来，更为他的才华、学识和雄辩的口才所打动，遂开始喜欢上他了。

然而，罗时慧却总是用戏谑的方式吸引傅抱石的注意：不是将他写在黑板上的字抹掉一笔引起同学们哄堂大笑，就是在课堂上故意答错他提出的问题。渐渐地，这位调皮而又十分聪明漂亮的女学生给傅抱石留下了深刻印象，而且揣摩到了她的真正用意。

随之，傅抱石与罗时慧的师生关系，逐渐演变为相互爱慕 。

可是，罗时慧想要与傅抱石结婚，却遭到了父亲罗鸿宾的激烈反对，决不同意将自己的女儿嫁给一个穷教员，而是要她嫁到有钱的人家去享受荣华富贵。

罗时慧的父亲当过省税务局长，家里非常富有，而且娶了三房姨太太，罗时慧的母亲便是他的第三房。

父亲虽然坚决反对，但母亲却同意罗时慧与傅抱石的婚事——作为大户人家的姨太太，她已经尝够了个中滋味，因此同意她去找一个情投意合的人过正常人的生活。

故此，罗时慧的母亲便与女儿一起开始做大太太和二太太的工作。两位太太一个爱财，一个爱玩。母女俩便投其所好，给爱财的送礼，给爱玩的送戏票。天长日久，两位太太也都同意了罗时慧与傅抱石的婚事。接下来，便只剩下父亲一个人了。

由于傅抱石的才华出众，已被罗鸿宾聘为家庭教师，教授他的两个儿子，而且租住了他家的房子。这样，傅抱石就在他的面前尽量表现自己的智慧，加上三房太太不断给他吹耳旁风，罗鸿宾最后终于答应将女儿嫁给傅抱石。

“乾坤定亦，钟鼓乐之。”1930 年的春节，几经周折后，十九岁的罗时慧与二十六岁的傅抱石在南昌正式结婚，罗时慧即转到了另一所学校去求学。

婚后，傅抱石与罗时慧悠悠燕燕，珠联璧合，夫唱妇随。罗时慧全力支持丈夫的绘画事业，自谑为“磨墨妇”，甘愿忍受贫穷的生活，傅抱石则一刻也离不开她。可婚后没几个月，省一中一些大专毕业的老师便联名告到省教育厅，要求将只有师范学历的傅抱石解职。傅抱石失业后，外出画过广告，干过临时工，艰难地维持着家庭生活。

罗时慧出身名门，一个大家闺秀的女子，一切接人待物的礼节自然用不着傅抱石操心。来到旅社，她便落落大方地跟随傅抱石进去见徐悲鸿。

徐悲鸿还在接待来访者，等到讲解完其他人带去的画作后一抬头，才看见傅抱石，于是站起来与他握手。当他的目光转向罗时慧时，傅抱石对他说道："这是我夫人罗时慧。"

"你好，罗夫人！"徐悲鸿又与罗时慧握握手。

来访者中还有两三个人等待徐悲鸿接待，他掏出怀里的表看了看，觉得天色这么晚了还让傅抱石带着夫人等待，实在不好意思。于是接过他胳膊上挎着的包袱，对他说道："抱石，你看，天这么晚了，你的画我得仔细看呢。要不，你和夫人今天先回去，把家里的地址告诉我，我明天到你家里去吧。"

听了徐悲鸿的话，傅抱石和罗时慧似乎更加激动，于是把家里地址留给他，转身离开了旅社。

第二天一大早就开始下雨，使得傅抱石的心情烦躁不安。自己因为家里穷，很小就跟着一个修伞匠挑着担子，走街串巷当学徒。仅仅凭着喜好，不停地刻印、画画。至今二十六岁了，已经把自己的未来交付给了水墨丹青，他是多么希望能够遇到一位高人指点，从而改变自己的命运啊！可是，外面的雨越下越大。这样大的雨，徐悲鸿还会来吗？他正这样想着，忽然听见外面有人大声说话，向路人询问傅抱石家的院子。

傅抱石不顾一切冲出门外，只见徐悲鸿仍然穿着昨天的夏布长衫，手中撑着一把红色油布雨伞，那个包着画作的包袱，被他紧握在雨伞下边的伞柄上。

罗时慧急忙上前把住被风雨摇曳的门，将徐悲鸿迎进屋里。

傅抱石收起徐悲鸿的雨伞，把他引到自己简陋的画案旁边坐下。徐悲鸿将包袱里的画取出来铺在画案上说道："傅先生的画我都看了，顶顶好，顶顶好的！"

傅抱石激动得一句话也说不出来，罗时慧靠着他紧紧抓住了他的一只手，让他镇静。

徐悲鸿见傅抱石有些紧张，便让他坐下来对他说道："你应该出国去留学，去深造，依我看，你的前途是不可估量的。"

傅抱石面带难色，看着徐悲鸿一声不吱。

“经费有困难，我会替你想办法。”徐悲鸿又说道，“你愿意去法国留学吗？去了学习雕刻和绘画都可以。”

傅抱石更加激动，拉住罗时慧的手几乎要跪下给徐悲鸿叩拜，被他一把挡住。

外面的大雨还在下着，罗时慧想要留徐悲鸿在家里吃顿便饭，于是打着雨伞挎上竹篮顶着大雨出了门。不大工夫从外面回来，因为经济拮据，只买了小笼包和玫瑰饼。正与徐悲鸿谈论艺术的傅抱石急忙去推开门，把她迎进屋里。

吃饭时候，罗时慧觉得饭菜过于简单了，心里总感到不安。而徐悲鸿却对小笼包和玫瑰饼赞不绝口，说这是双重的美味，如果再搞过多的菜肴，便会将这美味冲淡。

吃完饭，罗时慧便研了一池墨，请徐悲鸿给留一幅画。

“画啥，你点个题吧。”徐悲鸿冲罗时慧说道。

“就画张鸭子吧。”罗时慧说道，“我一直想买只鸭子给抱石补补身子，权且就用您笔下的鸭子补吧。”

“好。”徐悲鸿提笔挥毫，顷刻间一幅张开翅膀的鸭子便跃然纸上。然而，他却意犹未尽，接着又画了一幅《白鹅》，和一幅《雄鸡图》。

从傅抱石家里出来，徐悲鸿举着雨伞直奔江西省主席熊式辉的官邸。

熊式辉当然知道大名鼎鼎的徐悲鸿，也很倾慕他的画作。徐悲鸿则开门见山地说道：“熊主席，我来拜见你，是想求你一件事。”

“什么事？”熊式辉问道。

“你们南昌出了个傅抱石，他是个很有才华和功力的画家，前途无量啊！”

“傅抱石？”熊式辉说道，“没听说过，怎么，你是想帮他找个职业吧？”

“不，”徐悲鸿说道，“我是想你们江西应该培养他，把他送到国外去留学，让他扩大眼界，接触世界艺术，将来为国家做更大贡献。”

“哦……”熊式辉呻吟半晌才说道，“这件事可不容易办到，留学生

江西省主席熊式辉（左二）与驻美大使胡适（右一）在社交场所。大文人也很随便，胡适的礼帽竟然放在座椅底下

的名额太少了。”

“可是，像傅抱石这样有悟性的人才不是更少吗？”徐悲鸿接着说道，“他是你们江西难得的人才，将来如果成为一位大名鼎鼎的画家，不也是你们江西的荣耀吗？”

熊式辉有意推脱，但却对徐悲鸿很客气地说道：“悲鸿先生，久仰你的大名了，不见外的话，明天能到余舍来用用便餐吗？如果方便，还请先生绘一幅奔马，我当珍若拱璧。”

徐悲鸿立刻抱拳恭手：“熊主席，吃饭就不必了，可画一定送过来。”

又寒暄几句，徐悲鸿起身告辞，熊式辉将他送至门外。

回到旅社，徐悲鸿立刻画了一幅《奔马》，并附上一封信——请求熊主席拨给傅抱石一个留学名额，再送一笔资金。信写好后，约来傅抱石的好友——裕丰银行行长廖体元，请他将画和信送到熊式辉府上。

熊式辉见到徐悲鸿的《奔马》兴奋万分，立刻吩咐手下的秘书说道：“去，把那个傅抱石的留学手续给办了，再按徐悲鸿的意思，赠送他一千元。”

办理完傅抱石出国留学的事情之后，徐悲鸿便在廖体元、廖季登和傅抱石的陪同下游览青云谱，道院内藏有八大山人的遗像和画作，他的尸骨就埋在院里。

游览道院时，徐悲鸿见祖先堂中的龛中道士及施主的木雕像雕刻得栩栩如生，颇为惊喜，于是询问廖体元该像出自何人之手？廖说其作者为范振华，徐悲鸿则要求立即寻访范振华。可廖体元却说范振华乃民间艺人，只是不时入城，入时居于水观音殿。听罢，徐悲鸿也只得等来日再寻机会。于是便和廖体元、廖季登、傅抱石一起从青云谱的一端开始，挨间观看八大山人的画作。

徐悲鸿原来也观览和收藏过八大山人的作品，可却没见过这么多。现在一下子看到这么多真迹，实在是惊叹不已，对他的章法、笔墨，甚至每一棵树、每一块石头、每一只小鸟都进行了仔细地观察和细细玩味，还不时停下来给三个人讲解八大山人的身世和他作品的深刻含义……

八大山人生于明朝天启六年（1626），卒于清康熙四十四年（1705）。他为明太祖朱元璋第十七子宁献王朱权的后裔。他的祖父朱多炡、生来喑哑的父亲朱谋觐，全都精于诗、书、画。他十七岁应科举，荐为诸生（秀才）。然而两年之后风云突变，明朝灭亡后，他便把自己的希望寄托在灭清复明势力的崛起上，他当然也是这种势力中的一员。因此，不得不躲避清朝廷的追杀，曾一度削发为僧。就在清朝政权日渐巩固，复明希望破灭之后，他既不想寄人篱下，也不愿屈膝为清廷服务，于是精神出现了“疯癫”。清代陈鼎在《八大山人传》中对他描述道：

> 初则伏地呜咽，已而仰天大笑，笑已，忽跿跔踊跃，叫号痛哭，或鼓腹高歌，或混舞于世，一日之间，癫态百出，市人恶其扰，醉之酒，则颠止。

上苍真的独具慧眼：将一位也许不会成为“画圣”的骄子从天堂抛出来投进炼狱——用两条“犬”把他看在中间不让他讲话，再用烈火对他进行冶炼——炼去他身上的所有“浮尘”！然后将一支同样经过冶炼的画笔递在他的手中。

所有的希望和幻想全都破灭了，八大山人再也不可能拥有功名利禄和荣华富贵。国破家亡的打击，极度的心灵抑郁和苦闷，使他早已经变成了一只身受重伤的“小鸟”。所以，他画的鸟大多都只是单腿独立。而且，所画之鸟大多都没有具体的名称，看不出什么体貌特征，这可能是受伤之鸟已经变成了一种符号，变成了他人心中的自我。

因而，单腿独立之鸟早已成了八大山人的心灵写照。特别是早期的作品，鸟的形状大多又是方形的，甚至连眼睛也是方形的，而且非常夸张：或怒发冲冠，或蜷缩着身躯，或情绪低迷。这种怪诞变形，淋漓奇古的抽象、象征意义上的单腿鸟，更是加深了他内心深处的无限痛苦。正如郑板桥在题他的画作时写到的一样：

国破家亡鬓总皤，一囊诗画作头陀；
横涂竖抹千千幅，墨点无多泪水多。

除了所画鱼鸟没有体貌特征外，八大山人画的石头也大多上宽下窄，成岌岌可危的倾斜之势；所画的树大多无根；加上他那“三月十九日”五个字组成的“龟”字在书画上的题名——三月十九日是明崇祯皇帝吊死在煤山的日子，他以此表示悼念；他题画所使用的号“八大山人”，也写得似哭之、似笑之，所有这些，都是他内心隐痛和不平的呻吟。法国 19 世纪作家福楼拜主张作家应该从笔下的作品中淡出——写作应该是纯客观的。绘画作品却不像他主张的那样，特别是中国的文人画，那完全是画家心灵的自我写照，八大山人就是在用他的作品向世人发出一种有着巨大悲哀的痛苦呼号……

正因为八大山人画鸟时不把客体中的鸟作为具象的鸟对待，而是作为一种共性、一种心灵的符号，因此，他的单腿独立之鸟带着一种独特的凄美而感染着读者。画作不但给读者留下了冲击心灵的极深印象，还能体察到画家内心痛苦的社会渊源。

八大山人所受的迫害和遭遇，以及他所处的时代，使他的艺术就像他画的单腿独立的小鸟一样，形成了与别人完全不同的冷峻凄美、孤寂高傲、毫无媚骨之气的艺术风格。他的画更没有矫揉造作，甚至连色彩都没有。而有的只是横涂竖抹“墨点无多泪水多”的苍劲笔墨，是他心中独立的艺术精神，是那似哭之、似笑之“八大山人”下面的如血如泪鲜红的印章。这是他所独有的艺术之美。

一直到太阳落山之后，徐悲鸿才和几个人来到一块墓地，向八大山人和他的妻子、儿子的坟茔三鞠躬。

看完八大山人的故居数日后，徐悲鸿又与廖体元、廖季登及傅抱石重游水观音殿。恰逢盛暑，烈日当空，范振华正袒裼昼寐，鼾声如雷，一小侍工服侍其旁。徐悲鸿一行则衣帽款款，唯恐唤醒范振华，扰其清梦，使之局促不宁，遂制止小侍工将其唤醒。他留下款项，嘱廖体元、傅抱石为他购取范振华一农夫头像及一水牛，并说道：“范君之木刻人像，足跻欧洲二等名家之列，与泥人张所作，俱能简约，不事琐屑，且于比例精审，无大头矮足之习……会心造化之微，以技术轮，与 17 世纪西班牙雕刻师无多让矣！中国想雕塑伟人像，肯定会去请大雕刻家、洋雕刻家为之。但是平心论定，我所见者，未能驾乎青云谱祖先堂木人也。只是其名初未出闾里，传之不广，未为世人重视。”

在来青云谱之前，徐悲鸿曾赴天津访问过泥人张，购得几件泥塑。至此又看了范振华的木雕，则赞叹不已，便在《对泥人感言》中说道：

> 世多有瑰奇卓绝之士，而长没于草莱。余以本年四月一日过津，应南开大学之邀，赴往讲演。既毕，张伯苓先生谈及当年津沽名手泥人张事，称其艺之卓绝高妙。谓少年时，曾见其人。今无嗣响，余言夙闻其袖中捅塑人像，神情毕肖之奇能，报章杂记屡称之。顾抵津数次，无缘得观其作，以未亲见，尚在怀疑，先生能令我一观其手迹否？张先生沉思片时曰：“不难。严范孙先

生之父若伯，皆有泥人张所塑喜容，当犹保藏其家。”因急电话询范老之孙某君。已欲观泥人张所塑其喜容为请。严君报曰可。张先生与余皆狂喜。乃急驱车偕冯先生柳漪等，共诣严府。

接下来，徐悲鸿在感言中则详细描述了见到泥人张作品时的狂喜：其所作清末人物传神程度完全可以与历代帝王像相媲美，李鸿章像表现出来的无礼，与达·芬奇笔下所画的犹大有异曲同工之妙……他还在感言中叙述了泥人张手下的小人物卖糕者、卖糖者，均是写实主义杰作，完全可以与西方雕塑大师的作品比肩。从泥人张又谈到范振华，对中国的民间艺术大加赞扬，使人读后可以了解到中国民间艺术的巨大魅力……

徐悲鸿不但慧眼识英，发现、推举犹如傅抱石这样少有的天才，对于民间艺人的成就，也大声奔走呼号。偌大个中国，不是没有人才，也不是没有世界艺术大师级的作品，仅仅作为一个民间艺人范振华，就可直言不讳地说他能与西方的艺术家相比肩。

1933 年，傅抱石启程前往日本留学，罗时慧抱着幼子到码头送行。这时，他的母亲已经染上了肺病，他则忧心忡忡。临别时，罗时慧一手抱着孩子，一只手扬起来对他说道：“你放心走吧！我会承担起一切家事，侍奉好婆婆，你就集中精力学习吧。”

抵达日本之后，傅抱石入东京帝国美术学院，师从史学泰斗、东方美术史权威金原省吾门下，从翻译他的《唐代之绘画》和《宋代之绘画》入手，开始对中国绘画史的系统研究。同时，针对日本史学界对中国古代一些画论的模糊认识，又写成了《论顾恺之至荆浩山水画史问题》。接着，开始撰写关于石涛的评传，以及《中国绘画理论》和《论秦汉诸美术与西方之关系》的写作。

早在 1926 年，傅抱石就聆听过郭沫若的讲演。这次来日留学，便专门前去拜访因“四一二”政变而流亡日本的郭沫若，从此与之建立起了亦师亦友的深厚友谊。他的才学受到郭沫若的极大赞扬，把他与齐白石称之为“南北二石”，并手书“南石斋”赠予他，还为他出版的画集作序。

1934年5月10日，傅抱石中国画展览在东京银座松板屋举行，展出篆刻、书法、绘画共一百七十余种。接着，篆刻《离骚》又夺得全日本篆刻大赛冠军。正当他准备第二次画展时，传来母亲病重的消息。等到1935年6月赶回南昌家里时,母亲已经离世，使他悲痛万分。

傅抱石终成大器，被徐悲鸿聘为中央大学教授。1936年7月，傅抱石在南昌举办了个人画展，论文《轮秦汉诸美术与西方之关系》及《石涛年谱考》发表。8月，译著《郎世宁传考略》发表。11月，编译《基本工艺图案法》问世。翌年3月，《石涛丛考》发表，《中国美术年表》出版。5月，《汉魏六朝之墓砖》一文发表。7月著《大涤子题画诗跋校补》，发表《石涛再考》《民国以来国画之史的考察》及译文《中国文人画概论》。10月，完成《石涛画论之研究》《石涛生卒考》《六朝初期之绘画》等论文。 1942年6月下旬，徐悲鸿自新加坡回到重庆，与傅抱石合作了一幅《云林洗马图》。

倪云林是元代画家、诗人，与黄公望、王蒙、吴镇三人并称为“元四家”。他的画以山水为主要题材，构图简约，意境凄清冷寂、萧条淡泊。

《云林洗马图》（中国画）傅抱石画人物与梧桐，徐悲鸿补白马

倪云林钟爱自己的一匹白马，外出归来，总不忍见其蒙尘，即命马夫反复清洗。傅抱石受此感动，遂要创作一幅《云林洗马图》，于是在一幅立轴上画下三棵梧桐树，倪云林身着青衫，袖手而立，侍女执长柄宫扇侧立于其身后，马夫在稍远处准备洗刷白马，三人相互呼应。

徐悲鸿更是爱马如命，看见画面浓淡相宜，人物有疏有密，形象动作惟妙惟肖，于是用白描补上一匹白马。整个画面营造出深浓的盛夏清荫，闲逸优雅，意境深远。

《云林洗马图》不但记录了徐悲鸿与傅抱石的深厚友谊，也见证了二人在艺术创作上的默契。

第八章

曲线运动

徐悲鸿从南京回到上海后，对蒋碧薇非常愤慨，但顾及面子也不好再到“南国”去授课。虽然“南国”四十三名学生派来叶秀英、吕斯百和徐风到沪请愿，要求徐悲鸿回去上课，可还是被他婉言谢绝了。对此引起了田汉的不满……

一、南国元老

自从徐悲鸿归国后，田汉便经常来访，两人相互切磋艺术：田汉邀他观看他的话剧《画家与其妹》《苏州夜话》《江村小景》；徐悲鸿则对他讲述《田横五百士》《傒我后》《禹凿龙门》等作品的构思和创作计划，还对他赞扬欧阳予倩的《潘金莲》是一部“翻数百年之陈案，扬美人之隐衷；入情入理，壮快淋漓，不愧杰作”。

应田汉之邀，徐悲鸿、欧阳予倩与他一起将南国电影剧社改为南国社，增设了文学、绘画、音乐、戏剧、电影五个部。1928 年 1 月 1 日，田汉以爱咸斯路 371 号弄内石库门大宅，和沿马路 377—381 号为校址，以上海艺术大学为基础改为南国艺术学院。徐悲鸿主持画科、欧阳予倩主持戏剧、田汉任院长并主持文科；黄素任教务主任、陈子展为总务主任，同时聘请了郁达夫、徐志摩、洪深、赵太侔、孙师毅、吴抱

《岁寒三友》屹立于桂林穿山公园的雕塑：田汉（左）、欧阳予倩（中）、徐悲鸿（右）

一、陈红、叶鼎洛、朱伟基、陈趾清、方信等一大批名师任教。

田汉于 1898 生于湖南长沙，字寿昌，曾用笔名伯鸿、陈瑜、漱人、汉仙等。1916 年，田汉从长沙师范毕业后，随舅父易象东渡日本，入东京高等师范英文系学习。易像曾经参加过孙中山的中华革命党，同林伯渠一起工作，后来在李大钊的神学会中任干事

1919 年夏天，田汉借回国探亲之际，将表妹易淑瑜带到日本一起求学。他俩自幼青梅竹马，意气相投。同年，在东京加入李大钊等人组织的少年中国学会，开始发表诗歌和评论。

1920 年，易象在长沙被反动军阀赵恒惕杀害。一个失去了慈祥的父亲，一个失去了挚爱的舅父，悲痛之余，田汉与易淑瑜结为夫妻。他们的至深相爱，使得田汉的创作进入了丰收期，《梵峨嶙与蔷薇》《乡愁》《咖啡店之一夜》等戏剧就是在这一时期创作的。

1921 年，田汉与郭沫若、成仿吾、郁达夫等人组织了创造社，倡导新文学；田汉与郭沫若、宗白华的通信以《三叶集》为书名出版。

1922 年回国后，田汉受聘于上海中华书局编辑所，与妻子易淑瑜创办的《南国半月刊》，成了他发表戏剧作品

田汉与冼星海

《历史的丰碑》（素描）徐悲鸿作

1929年徐悲鸿与南国社人员在南京中央大学校园合影，左起谢寿康、俞珊、田汉、吴作人、蒋兆和、吕霞光、徐悲鸿、刘艺新

的园地——发表的独幕悲剧《获虎之夜》，上海各学校竞相上演，由此，开始了“南国戏剧运动”。此后，田汉先后在长沙第一师范学校、上海大学、复旦大学任教，1924年，编辑《醒狮周报》副刊《南国特刊》。

不幸的是，易淑瑜于1925年1月，因患病被误诊，丢下仅仅一岁的儿子在上海辞世，《南国半月刊》也因此停办。

1928年2月26日下午2时，南国艺术学院举行开学典礼，迎来新生四十余人。出席者除上面提到的田汉所聘任的那些教授之外，来宾还有朱应鹏、邱代明、黄警顽、王锡礼、吴瑞燕、王泊生等数十人。院长田汉在典礼上宣称“本学院是无产青年所建设的研究艺术的机关，师友应团结一气把学校看成自己的东西”。

徐悲鸿则对画科同学承诺每日有八课时可学；同时，尚有吴抱一、沈亮、陈师毅等人在开学典礼上发表演说，大有将南国艺术学院办好之势头。

南国艺术学院开学就绪后，3月17日，徐悲鸿应邀到四川路老靶子路口参加画家司徒乔的乔小画室春季展览会开幕式，这次展览会展览陈列司徒乔油画作品五十余幅。

司徒乔向来以表现底层贫民生活而著称，作品具有写实风格，深受徐悲鸿推崇。

司徒乔在中国画坛是一位举足轻重的人物。1902年生于广东开平，这里毗邻港澳，北距广州十一公里。

司徒乔的父亲司徒郁在广州岭南大学附属小学任职，所以，他从岭南大学附小一直读到岭南大学文学院，曾与音乐家冼星海、日本诗人草野心平同窗共读。

画家司徒乔

1924年，司徒乔来到北京，进入燕京大学深造，其间，为鲁迅编辑的《莽原》绘制封面和插图。鲁迅说他“不管功课，不寻导师，以他自己的毅力，终日画古庙、土山、破屋、穷人、乞丐”，是一位“抱有明丽之心的作者”。他为鲁迅小说《故乡》所作鲁迅与闰土的插图，至今无人可以超越。

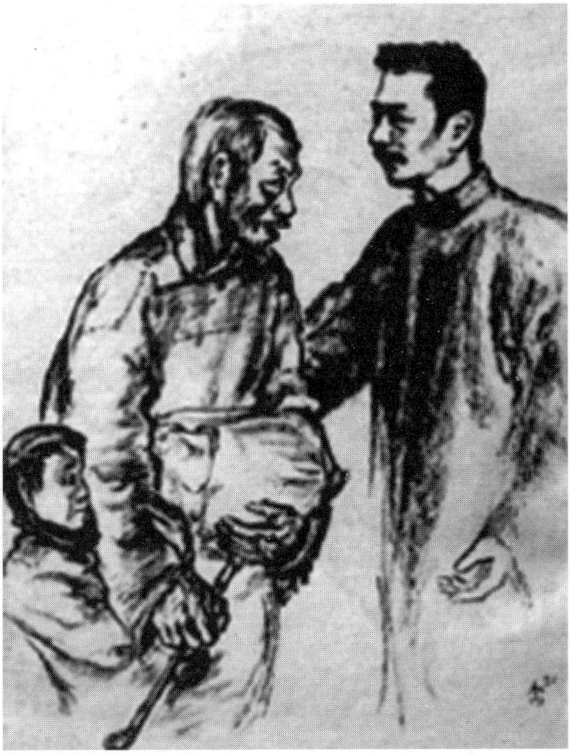

司徒乔为鲁迅小说《故乡》所作插图

1925年，司徒乔带着画板参加孙中山的追悼会，当场所画的孙中山遗像在孙中山故居悬挂了几十年。

1926年，司徒乔在北京中央公园举办画展，其《五个警察一个0》《馒头店门前》被鲁迅用超过定价的款额购买。

参观完司徒乔的乔小画室春季展览会，徐悲鸿在《良友画报》第二十六期上发表评论赞扬道：

> 司徒乔先生对色彩之感觉，为当代最敏感之人，又有灵动之笔供其纵横驰骋，益以坚卓。尚再加用功，便可追踪意人 Efoetifo。

徐悲鸿从来不会阿谀奉承任何人，因为他具有高深的艺术修养，故也从来不会把人看错。由此可以看出司徒乔的实力，和他在中国画界应该占有的地位。后来的实践证明，确实是如此。

1928 年 3 月，徐悲鸿开始在南国艺术学院创作大型油画《傒我后》；年底，又进行大型油画《田横五百士》和大型国画《九方皋》起草。他的创作真正进入到一个高峰期。

《傒我后》取材于《孟子・梁惠王》"傒我后，后来其苏"，意在处于夏桀暴虐的统治之下，百姓痛苦不堪，殷切期待商汤带兵前来讨伐暴君。

画面描绘了在干旱威胁下一群衣不遮体的大人和孩子，在龟裂的土地上引颈仰天盼望着甘露。在当时的时代背景下，徐悲鸿创作这样一幅画，其寓意不言自明。

《田横五百士》取材于《史记・田儋列传》：田横是秦末齐国旧王族、齐王田氏的后裔，相继为齐王。汉高祖消灭群雄统一天下之后，田横带领他的五百义士困守在一个孤岛上。当汉高祖派人前来招降时，他为保存五百义士的性命，拔剑自刎。之后，两个部下也在他的墓穴旁自杀身亡。最后，五百义士也都蹈海尽忠。作品表现了在国破家亡之后，一种高尚的民族气节。

《九方皋》出自《道应训・淮南子》，由淮南王与食客苏飞、李尚、左吴、雷被等合著。作品寓意是在对待人、事、物时，要抓住本质特征，而不能只注重表象。

徐悲鸿与欧阳予倩（右）

此时，徐悲鸿被中央大学聘为教授，他在每个月中的半个月来中央大学上班，半个月在南国艺术学院任教。

正在这时，决意主持戏剧科的欧阳予倩前来拜访蒋碧薇。

蒋碧薇早就听说过欧阳予倩的婚姻生活具有传奇色彩，便以小妹的身份让他讲述。他自然也不避讳，便向她娓娓道来……

欧阳予倩 1889 年 5 月 12 日生于湖南浏阳的官宦之家。1902 年十五岁时留学日本，1906 年因日本当局驱逐留学生而回国。再度赴日完成学业后，1911 年回国便进行戏曲创作和演出，为中国早期话剧的兴起做出了重要贡献。

1919 年，欧阳予倩创办了南通伶工学社，1912 年参加上海戏剧社，随后加入了南国社，与田汉一起主持戏剧科，同时从事电影工作，作品颇丰。“九一八事变”之后，欧阳予倩加入 “左联”，积极参加抗日活动。

欧阳予倩最令人拍案叫绝的就是他的婚姻：1906 年，他从日本归国后回到浏阳，家里已为他定好了亲并让他立即成婚。可他这时已经变成了一名追求自由的斗士，因对女方一无所知，便宁死不从。然而，他是家中长子，为了延续宗族香火，追求传统的父亲态度强硬；母亲也苦苦哀求，甚至跪在他的面前哭诉……

欧阳予倩不想过分伤害老人的心，则要顺水推舟，想和徐悲鸿一样，结婚后便离家出走，永不回头。

然而就在洞房之夜，欧阳予倩得知新娘刘韵秋不但生得倾国倾城，而且是一位大家闺秀：聪明贤惠，琴、棋、书、画无所不通。又经过几天的相处，发现她在脾气秉性及其追求和爱好上也与自己非常投缘，于是有了相见恨晚的感觉。遂准备将她带去日本，与自己一同求学。可因为刘家坚决反对，他差一点没带上她私奔。

三个月后，欧阳予倩又独自踏上了赴日征程，继续去完成学业。学成归国之后，便赴上海从事戏剧活动。可他的父亲和刘家却坚决反对他当“戏子”，并让刘韵秋逼他走官宦之路。可他却给她写信说道：“挨一百个炸弹也不灰心。”

欧阳予倩（左）与郭沫若在香港

于是，刘韵秋便义无反顾地支持欧阳予倩的戏剧事业。1915 年冬天，他瞒着家人把刘韵秋接到上海，他在《自我演戏以来》一书中写道：

虽然是旧式婚姻，爱情之深厚，并不输于自由恋爱，且有过之。

欧阳予倩的京剧在上海演出成功之后，招来了众多

1932年冬—1933年冬，欧阳予倩（中）携夫人刘韵秋赴法国、意大利、英国、苏联等国考察艺术

美色的追求与引诱；刘韵秋也因倾国倾城的相貌和大家闺秀的魅力而“遭遇”不凡知己：给她写缠绵的情书，大把大把地往她的皮包里塞钞票。可他们二人均都不为其所动，一直洁身自好，相互厮守。

欧阳予倩总是忙于业务，刘韵秋则为他编写整理剧本、画舞台布景、制作道具并裁剪、刺绣演出服装，而且还要到田汉和欧阳予倩办的戏校去给上文化课。“五卅运动”中，刘韵秋还帮助欧阳予倩印制反帝传单，带着儿子冒险到街头去散发。田汉称欧阳予倩与刘韵秋的夫妻关系为“台上典型台下效，铜琶应唱好夫妻”。

至此，徐悲鸿与田汉、欧阳予倩、郁达夫等人朝夕相处，已成莫逆之交。可蒋碧薇却不同意徐悲鸿与田汉搅在一起，因为他在南国社没有工薪，搞的是义务教育。她被欧阳予倩的爱情生活所感动，遂对田汉表示了不满情绪。欧阳予倩听了，也说田汉办事只凭一股冲劲儿，既没有计划也没有经验，更不懂得规章条例。

欧阳予倩的话本来是说者无心，但却听者有意。趁着徐悲鸿去中央大学授课之机，蒋碧薇叫上寿安一起，到南国社将他的画具全部搬回家里，并扬言要将家搬到南京去，以此要挟徐悲鸿离开了南国社。

二、离开“南国”

徐悲鸿从南京回到上海后，对蒋碧薇的行为非常愤慨，但顾及面子，也不好再到“南国”去授课。虽然“南国”的四十三名学生派了叶季英、吕斯百和徐凤三名代表到沪请愿，要求徐悲鸿回校任教，可还是被他婉言谢绝了。对此，引起了田汉的不满。他在总结南国社的工作《我们的自己批评——我们的艺术运动之理论与实际》的长篇大论中说道：

> 相约奋斗到底的徐悲鸿先生在我们为着他的“光荣”奋斗的时候，已安排脱离我们的战线了。这因悲鸿先生似乎本没有一种为新兴阶级的艺术而奋斗的心思，他不过同情我个人所谓“精神”又多少为敏而好学的青年所动，所以他参加的动机是感情多于理智的。一旦他的感情变化，他自然得脱离我们的战线了。
>
> 他之脱离于南国艺术运动自然有多大损失，而受损失最大的还是他自己。我们知道悲鸿据称是一个固执的古典主义者，他虽然处在现代，而他的思想不幸是“古之人”。最近洪深先生大光明受辱事件，悲鸿曾去缄慰问，有“尚勇知耻，壮士之行”等语，还可以证明悲鸿所赞美的甚至不是近代的所谓爱国心，而是一种封建的道德，因此他归国以来画的大画，不是鼓吹中世纪武士精神的《田横岛》，就是希望后来其苏的《徯我后》。他所画的肖像画也不幸大部分是康有为、陈三立、张溥泉一流人。他目击许多民众的痛苦，独为栖霞山古物被商业主义俗恶化而呼号；他日在“假 ×× 之名以行”的环境中曾不剖析论列其是非，而在艺

专校长任内孜孜于“艺术院”与“美术院”之辩。他今年1月曾草中央美术会宣言，首引孟子曰“口之于味也，有同嗜焉，目之于色也，有同美焉”而谓“为学当先求其同，后讨其殊”，在“尚同”一点便是我们之所以请他合作的。因为我们知道要建设今日中国民众的艺术是大有赖于同嗜同美的技巧，尤其是能写今日民众底共同的痛苦底内容的。他又深恨今日艺术界风气骛于荒诞怪僻，不求真实，想要力振此弊，提倡真实的画风，所以他在中央美术会宣言中则曰“至在艺事其肓于真于德者久矣远矣”尚同尚真，实在是我们今日要求我们的画家们的最大的美德。但不幸悲鸿先生的所谓“同，虽耳目口鼻皆与人同，而所含意识并不与同”；他所谓“真”仅注意表面描写之真，而忽视目前的现实世界，逃避于一种理想或情绪的世界。我们知道他有这种毛病，颇想他多多接近无产青年，做在野的运动，因此他可以多有机会接触惨淡的现实，并且会感知劳苦群众一般的要求，但不幸他的环境不许他如此，他终于深藏在象牙的宫殿中做“天人”的梦，他在中央美术会宣言里述他理想的“天人”。

……

要之，悲鸿错误在美术上的，我也错误在文学上。我们彼此都不曾十分弄清我们艺术运动的立场和对象，自己走入歧途是必然的，同时把学生引入歧途也是自然的。所以批评悲鸿先生者即批评自己，也就是批评南国艺术院的艺术教育。但现在就到学院本身的批评吧。

从田汉长篇大论对徐悲鸿的“批判”中，可以看出，他是多么舍不得让徐悲鸿离开南国艺术学院。而他的“批判”，恰好验证了徐悲鸿对“写实主义”和“画家个性”的坚持，以及对艺术艰苦卓绝的精神追求，和他那作为艺术家所具备的顽强个性。正是这种“坚持”和追求，及其顽强的个性，才使他成为驰名中外的艺术大师。这里姑且不提田汉提到的徐悲鸿是什么资产阶级艺术家，因为即便不是无产阶级艺术家的达·芬奇，不也创作出了举世公认的《蒙娜丽莎》吗！田汉到底是一位了不起的文学大家，他的“批判”让我们对徐悲鸿有了更加全面、更加深刻的认识，也更为立体了。正因为如此，也才使得田汉对徐悲鸿万般不舍。而田汉的“批判”也是有分寸的，这种分寸就在于他绝不是要将徐悲鸿打倒，而是指出他气宇轩昂的身上的绸布长衫被烟头烧了个洞。同时也不难看出，田汉对于徐悲鸿的“批判”，还明显地带有“二徐之争”的味道。他说他是一个固执的古典主义者，他虽然处在现代，而他的思想不幸是“古之人”。这不正是徐志摩在与徐悲鸿论争时给他下的定义吗？因此，我们可以断定，无论是田汉与徐悲鸿，还是徐悲鸿与徐志摩，这都是大师与大师之间的争论，丝毫都不能损害和降低对方的人格与声誉。

对于徐悲鸿离开南国艺术学院，虽然是由蒋碧薇引起的，但所引发的“批判”这件事，田汉与徐悲鸿都曾找对方倾诉过心迹。吴作人在《回忆南国社时期的徐悲鸿和田汉》中说道：

曾有过一次长谈，我相信他们之间，已就各自的艺术观和艺术活动相互支持上有了默契。这是为此后的一些事实所证实了的。

田汉与徐悲鸿都是名人，后来的事实表明，双方不但达成了某种默契与谅解，而且仍然是“莫逆之交”。

然而在当时，徐悲鸿的心情必然还是抑郁的。为了缓解不悦，他于1928年5月，应苏州艺专校长严文樑之邀游览苏州。逗留苏州期间，为颜文樑和苏州美专的胡粹中、黄觉寺、陆生及门卫竹君老人画了多幅肖像。

在为严文樑画像时，徐悲鸿赞赏他的画是法国19世纪画风真实细密的“梅索尼埃”，并极力劝他赴法深造。直到临别时，他又用疏朗的笔调为严文樑再次造像一幅：其神态之宛然，笔法之洗练充分显示出徐悲鸿出手不凡的大家风范。

此时，朱了洲正在苏州兴办体育专科学校。他早已娶了蒋碧薇的堂妹玫君，与岳父、岳母住在一起。徐悲鸿来苏州，与朱了洲必得一见。

朱了洲本来参与了徐悲鸿与蒋碧薇当年私奔的策划，如今，十几年过去了，再次相见，谈话自然十分投机。朱了洲的夫人玫君也是当年在宜兴与他私奔到上海后才进了务本女校的。可现在，两人的感情却出现了裂痕，朱了洲已经有了一位新的“地下女人”，也住在苏州，可玫君却还蒙在鼓里。不久之后，到了抗战初期，朱了洲与玫君离异，投入那个女人的怀抱中，这已是后话。

告别朱了洲后，徐悲鸿回到南京，到中央大学沙塘园学生宿舍看望艺术科的同学，引得同学们欢声雷动，欣喜异常，然后静下来听他发表演说。其宗旨便是“吾国古哲所云尊德行，崇文学，致广大，尽精微，极高明，道中庸者，其百世艺人之准则乎”。

1928 年 6 月，徐悲鸿的个人画展在南京门帘桥第四师范学校举行，展出了他在法国留学时的人物写生作品。有意思的是，开幕之前，他看见徐风的一幅《自画像》，觉得色彩和谐，气势大方，于是便将此画放到展室与自己的作品一同展出。由此可见，徐悲鸿发现人才提携后进，则是不分时间不分场合，无时无刻不在进行。

画展结束后，徐悲鸿再次来到南国艺术学院与田汉促膝谈心，相互得到了理解。在与吴作人话别时，对他说道：“我现在的处境，已经不允许再来“南国”兼课了，但我并不放弃和那些形式主义画派做斗争，我要培养一些能搞写实主义的学生。我走了，你在上海是学不到什么的，最好你还是跟我去南京吧；你不用担心，到了南京，就直接来找我，作为我带去的旁听生。一切费用你都不用管。”

听了徐悲鸿的话，吴作人激动不已。

在上海，徐悲鸿便找上老友吴仲熊一同去拜见任伯年的儿子任堇。在此之前，经陈三立引荐，徐悲鸿认识了任伯年外甥吴仲熊，遂成为好友。

吴仲熊 1899 生于浙江吴兴，字仲炯，斋号芳菲室，继母为任伯年的女儿任雨华。

吴仲熊自幼嗜爱艺术，喜欢书画，所作山水、花鸟得其外公任伯年衣钵。

任堇便是任雨华的弟弟，字堇叔，自幼深得父亲任伯年真传，后师从吴昌硕学习大写意及篆刻。其弱冠即闻名艺苑，中年后回归本门家法，所作山水，澹远有致，书法娟秀可爱，兼写花鸟，皆能精妙入神。任堇早年参加西泠印社，系早期社员之一。同时参与豫园书画善会、海上书画联合会、海上题襟馆金石书画会等书画组织。与吴昌硕、黄宾虹、王福庵等人交往甚密，是近代“海派”书画篆刻大家。

徐悲鸿随吴仲熊一入任堇家门，便被一具紫砂泥塑所吸引：陶人身高四尺，已是暮年，佝偻垂辫，神态惟妙惟肖。

人们都知道任伯年是位绘画大家，但却很少有人知道他在雕塑上的天才。

1875年，任伯年的住所离豫园不远。豫园不但是上海重要的商业之地，还是上海书画、工艺、古玩商铺聚集之地，有许多民间艺人聚集于此。据郑逸梅《小阳秋》中记载：

> 寓沪城三牌楼附近，鬻画为活。邻有张紫云者，善以紫砂抟为鸦片烟斗，时称紫云斗，价值绝高。伯年见之，忽有触发，罗致佳质紫砂，作为茗壶酒瓯，以及种种器皿，镌书若画款识于其上。更捏塑其尊人一像，高三四尺，须眉衣褶，备极工细。日日从事于此，画事为废，至断粮无以为炊。妻怒，尽举案头所有而置之地，碎裂不复成器。谨克保存者，即翁像一具耳。伯年徐徐曰：“此足与曼生争一席地，博利或竟胜于丹青也。”

原来，这具紫砂泥雕塑的老翁竟是任伯年所做的父亲任声鹤像。如果不是妻子极力反对，说不定他还会雕塑出更多、更精彩的杰作。

徐悲鸿被任声鹤的精妙造型和神态所吸引不忍离开，直到任堇将父亲的多幅遗作摆出来，他才与吴仲熊走过去。反复观看、细细玩味之后，徐悲鸿才让任堇将画幅收起来。临别时，任堇将父亲四十九岁时的一幅摄影赠赠予了徐悲鸿，并在题识中写道：

嗜酒病肺，捐馆前五年，用医者言止酒不复饮。而涉秋徂冬，犹咳呛哕逆，湍汗颡泚。

徐悲鸿手捧任伯年照片激动不已，连声道谢。后来，他所绘制的任伯年油画像，就是根据这张照片画的。

任堇赠送给徐悲鸿的其父任伯年四十九岁时的照片，后来他以此绘制任伯年像

三、福州之行

徐悲鸿当年在法国结识的黄孟圭，也就是新加坡黄曼士的昆季，早已成为徐悲鸿夫妇的老朋友。此时，黄孟圭已经回国任职福建省教育厅厅长。听说徐悲鸿夫妇已经回国，便约他们到福州小游，画几张画，并请他为福建省第一届美术展览会剪彩。

徐悲鸿如约而至，游览完苏州，便和蒋碧薇带上王临乙由上海乘海轮抵闽江口马尾镇，然后转乘汽船至福州，住在教育厅官邸的楼上，受到黄孟圭的热情接待。徐悲鸿便开始绘制《蔡公时济南被难图》。

1928 年 2 月，南京政府北进攻打奉系军阀，称为“第二次北伐”。日本唯恐中国一旦得到统一，便不能任其肆意侵略，因此，以保护侨民为名，派兵进驻济南、青岛及胶济铁路沿线，以阻挠北伐的行进。

5 月 1 日，北伐军开进济南后，5 月 3 日日军大举进攻，疯狂奸淫掳掠，屠杀中国公民数千人。

大气凌然的
蔡公时

当时，蒋介石所采取的是不抵抗政策，只命战地政务委员会外交处主任蔡公时前去交涉，要求日军迅速撤退。

蔡公时，福建人，是南京政府外交特派员，便带领十七名外交人员赶赴济南。待他们到达后，交涉署立即被日军包围。蔡公时只得拿起电话，要通日本驻济南领事西田畊一，询问因何发生冲突。西田畊一狡黠地回答："不知何故互起误会，双方现应立即停战。"

蔡公时再派人出去，但交涉署已被日本兵封锁，出去的人被开枪打了回来。

全署人员被围困一天后，又饿又乏。随即，传令兵跑来报告："外面日本兵砸门，穷凶极恶，怎么办？"

蔡公时沉思一下说道："开门，请他们进来！"

可还没等传令兵转身，交涉署的大门已被日军撞开。二十多个日本兵一哄而入，不容分说，剪断电灯和电话线，交涉署立刻变得一片漆黑。

一个日本军官用手电筒照射着，大声喊道："我们是为搜查枪械而来。白天被打死的两个日本皇军，必是你们署里的人干的，你们的主管是谁？"

蔡公时挺身而出，说道："上午被打死的两个日本兵，确系为流弹所击，彼此不要误会。我们是外交人员，从来不带枪支，请不必搜查，免滋纷扰！"

日本军官不听解释，一声令下，日本兵便将蔡公时手下的人全部捆绑起来，开始翻箱倒柜，抢劫文件。

瞬间，又进来一个日本军官厉声高叫："我们已经查明，大日本皇军确系署中的中国人员所枪杀，非交出枪弹不能了结！"

蔡公时据理争辩，要求释放被绑人员。日本军官恼羞成怒，命令下属将蔡公时也捆绑起来。蔡公时忍无可忍，便操日语叱责道："汝等不明外交礼仪，一味无理蛮干！此次贵国出兵济南，说是保护侨民，为何借隙寻衅，肆行狂妄，做出种种无理之举动！实非文明国所宜出此。至于已死之日本兵，若果系敝署所为，亦应由贵国领事提出质问，则中国自有相当之答复，何用你们如此喋喋不休耶？若你们果系奉日本领事之命令而来，则单人即到领事馆交涉，亦无不可！"

听了蔡公时的话，日本军官冷笑道："你们的蒋总司令都不敢骂大日本皇军半句，他想找我们谈判，我们都没有兴趣。你的官儿有多大，再大也大不过蒋先生！"

日本军官还不解气，一巴掌掴在蔡公时脸上，打得他鼻口蹿血，并咬牙切齿骂道："你不要命啦，竟敢辱骂皇军，把你送到蒋总司令手里，他也得杀了你，再向大日本皇军道歉！"

蔡公时一腔爱国热血似烈火般燃烧起来，义愤填膺，又对他们痛斥道："强盗！我早就看透你们了，现在我以一个中国人的身份痛斥你们这帮强盗！"

日本军官兽性大发，便命日本兵将捆起的人绑在柱子上肆意毒打，并命日本兵挥动刺刀割耳、削鼻。

蔡公时立刻双目圆睁，大声怒骂道："日本强盗禽兽不如，此种国耻，何时能雪！野兽们，中国人可杀不可辱！"

交涉署庶务张麟书、参议张鸿渐、书记王炳潭等人在蔡公时的激励下，争相痛骂，怒斥强盗。但这帮丧心病狂的法西斯强盗先将张麟书耳鼻割下，断其腿臂，血肉狼藉，不成人形。又将蔡公时等人的绑绳砍断，三人一组拉出屋外。

蔡公时被第一批拖到交涉署院内，一阵枪声响后，全部壮烈牺牲，这

日军所到之处残酷杀戮的中国儿童

就是历史上惨烈的“五三惨案”。只有勤务兵张汉儒趁枪声一响，应声倒地，后找机会死里逃生。作为现场见证人，写下了《蔡公时殉难始末记》，以揭露日寇犯下的滔天罪行。

徐悲鸿怀着对日本法西斯的无比仇恨，和对革命烈士无限崇敬的心情，夜以继日地进行创作。

《蔡公时济南被难图》高一米五、宽三米五，徐悲鸿以教育厅职员杨浔宝为模特起草了素描稿，然后由王临乙帮助放大到画布上。画面为蔡公时立于一张桌子侧面正在与日本

《蔡公时济南被难图》草稿

人交涉，其凛然不可侵犯之情令人肃然起敬。

《蔡公时济南被难图》完成后，悬挂于福州西湖紫薇厅，前去观瞻的人络绎不绝，轰动一时，对于中国军民后来的抗日情绪起到了巨大激励作用。

除了绘制《蔡公时济南被难图》外，徐悲鸿还为黄孟圭夫人画了一幅《群马图》，又为其女儿黄美意画了《抱猫的女孩》肖像，其形象甜美，色彩柔和，惟妙惟肖。此外，徐悲鸿还为教育厅花园里合抱粗的荔枝树、鼓山半亭的大松树写生，绘制了《闽郊牧马图》《春松》等一批画作。最后为陈子奋画肖像，并赠送他《伯乐相马》；陈子奋则连夜为悲鸿治印数枚，其作雄奇遒劲，古朴绝妙，徐悲鸿以“雄浑则无过于兄者”赞赏之。

徐悲鸿与蒋碧薇居于福州历时两个月，绘画之余，在黄孟圭夫妇陪同下，游览了福州西湖、西禅寺、鼓山等名胜古迹。

临别时，福建省教育厅送给徐悲鸿三千元润资。当黄孟圭再向他询问还有什么要求时，他便提出，可否由福建教育厅拨给两个派往欧洲留学的官费名额。

徐悲鸿原想将蒋兆和送往法国留学，可因为他的家庭贫困，不能支付留学后的日常生活开销。所以，如果获得两个名额，徐悲鸿就要送给吕斯百和王临乙。

熟料，经研究落实后，黄孟圭只给了一个名额。这样，吕斯百与王临乙便相互推让起来，都把名额推给对方，谁也不肯办理赴欧留学手续。黄孟圭得知此情况后深受感动，经过千方百计努力，又搞到一个名额。这样，吕斯百与王临乙才得以一同出国留学。

到达法国之后，吕斯百与王临乙即往里昂中法大学补习法语。1929年2月，二人考取了里昂高等美术专科学校，与常书鸿成为同学。

在里昂美术专科学校学习的三年时间里，吕斯百十分刻苦，成绩始终名列前茅，经常受到老师的褒奖。他还经常到当地的美术馆、博物馆去临摹欧洲大师的作品，其毕业创作《汲水者》，明显带有欧洲19世纪象征主义画家凡尔纳的风格，并获得里昂美术专科学校毕业生首奖。

1931年7月，吕斯百从里昂美术专科学校毕业，考入了巴黎高等美术专科学校——也就是徐悲鸿当年就读过的那所学校，入德芳信(Devamb)画室。1932年，吕斯百转入朱里安（Juliam）油画研究院学习油画。朱里安学院，也曾是徐悲鸿研习油画的地方。

1931年，王临乙考入巴黎国立高等美术学校雕塑系，进入雕塑家布夏工作室。与后来的滑田友，全都师从这位大师，多次获得一等奖和龚古尔美术奖。

1932年4月，吕斯百与常书鸿、王临乙等人在留法学生中组织起留法艺术学会，对其描述道：

> 留法艺术学会无组织形式，轮流负责召集。当时组织的目的是为了交流、互助、介绍、郊游写生等，具有加强联系的性质，而在艺术的观点方面会员们是一致的。

1933年，徐悲鸿赴欧洲举办画展时，王临乙也像吕斯百一样，每天不离徐悲鸿左右，帮助装框、布置、采购物品，并随徐悲鸿访问名流、旅行写生。徐悲鸿对他的综合能力有了进一步认识，在他后来担任中央美术学院院长时，则聘任他担任雕塑系主任兼总务长。

1934年，吕斯百在巴黎高等美术专科学校毕业，与赴欧洲举办中国近代美术展览会的徐悲鸿同船回国。回国后，与蒋兆和同时住在徐悲鸿家里，遂被他聘为中央大学讲师、教授，后来又担任艺术系主任。经徐悲鸿介绍，他还在苏州美专兼职教授油画。

1935年，吕斯百与吴作人、刘开渠在中央大学图书馆举办了三人画展，教育家、画家艾中信在观感中说道："吕斯百的艺术充分体现出简练的品质，无论造型设色，都有简练的特点。"

1937年5月，由蒋碧薇介绍，吕斯百与马光旋结婚。马光旋是国民党元老吴稚晖的姨外甥女，长期在欧洲留学，1935年回国。

后来，吕斯百辗转于兰州、江苏等地执教，作品颇丰，成为中国油画

常书鸿、陈秀芝夫妇与女儿常沙娜

界的栋梁之才。

王临乙入法国里昂大学后，又以优异成绩考入里昂国立美术学院，成为三年级插班生。他的学习成绩总是名列第一，并获得各种奖项。

在专业上取得巨大收获的同时，王临乙又收获了爱情。

常书鸿是在杭州任美术教师期间与陈芝秀结婚的，然后一起赴法国留学：常书鸿学习工艺和绘画，陈芝秀学习雕塑，两人都是留法艺术学会的发起人。因此，会员们便经常在他们家里聚会。王临乙由此结识了雕塑系的法国女生合内・尼凯尔：一位是东方帅哥，一位是西方美女，日久生情，双双坠入爱河。

合内的个子高挑，生着一双碧蓝的眼睛和满头金发，鼻梁高耸，青春靓丽，婀娜多姿。可她和王临乙的恋情却遭到了父母的强烈反对——不同意她嫁给相隔万里、战乱多端，而且十分贫穷的中国一位同样贫穷的留学生。王临乙到合内的家里去，她的母亲尼凯尔太太竟用手枪对准他，让他离开合内，并答应送给他一笔钱。

王临乙却面不改色，郑重说道："只要合内小姐需要，我随时准备为她付出鲜血和生命。”

看见母亲用手枪逼住了王临乙的胸膛，合内勇敢地跑过去护住了他，挡住枪口对父母说道：“只要我们的爱情纯洁、真挚，我不怕穷困和遥远，我会克服所有的困难。”

合内的父母最后妥协了，就在 1935 年王临乙学成回国的前夕，两位老人将女儿领到常书鸿的家里，当着他们夫妇的面，让合内与王临乙签订了婚约。尼凯尔太太对王临乙说道：“我知道合内非你不嫁，你也非她不娶，我们成全你们。不过你现在不能将合内带走，除非你回国谋到职位，拿到教授的聘书，我们才肯把女儿交给你。”

王临乙欣喜异常，立刻说道：“好，一言为定！”

随后，王临乙便告别了合内小姐和布夏老师，乘邮船回到阔别六年的祖国。第二年年底，王临乙带着徐悲鸿发给他的教授和雕塑系主任的聘书返回巴黎，尼凯尔太太见此，百感交集地说道：“王先生，我不得不佩服你对爱情的忠贞，把我的女儿带走吧，请你要善待她！”

1937 年 1 月 13 日，王临乙与合内小姐在巴黎维尔奥弗朗区政府举行了婚礼。婚后，他将妻子合内改为王合内。十五天后，王合内随着丈夫来到中国，开始了新的生活。后来，王临乙随徐悲鸿赴任北平艺专、中央美术学院任教授、雕塑系主任、总务长；王合内则任教授，讲授雕塑和法语。

吕斯百与王临乙之所以有后来的骄人成就，和徐悲鸿在福州期间向黄孟圭争取的两个留学生名额密不可分。

然而，此事却引起了福建省内一些人士的不满，后来在全国教育工作会议上，黄孟圭因此深受诘责，竟至被罢官，不得不远走南洋。对此，徐悲鸿深感内疚与不安。

四、北上赴任

从福州回到上海后，徐悲鸿接到北平大学校长李石曾的聘书，请他担任北平大学艺术学院院长。

前面已经提到，徐悲鸿与李石曾早在出国留学之前就已经相识，后来又在法国留学时相遇。就在回国途中的船上，还为他画了一幅肖像呢。

1917年应蔡元培之邀，李石曾回国担任北大生物系教授，一边又和蔡元培等人在北平建立了华法教育会、留法勤工俭学会。同年，李石曾在高阳县布里村创办了全国第一所留法工艺学校，而且在保定育德中学附设了留法高等预备班，向法国输送留学生。1918年，北京成立法文专修馆，李石曾任副馆长并亲自授课。

1920年，李石曾在北京创办中法大学。同年，得到孙中山和广州政府的经济支持，在法国建立里昂中法大学。

1924年，李石曾当选中国国民党第一届中央监察委员，并连任至第六届。第七届以后，改任中央评议委员，并为主席团成员。1924年，亦任办理清室善后委员会委员长，并筹建故宫博物院。1925年10月后任故宫博物院临时董事兼理事长。从1924年起，出任北平大学校长。

除了个人关系之外，李石曾对徐悲鸿的人品和才华也特别器重，因此觉得北平大学艺术学院院长一职非他莫属。

接到李石曾的聘书后，徐悲鸿只身北上，于11月15日正式接任北平大学艺术学院院长一职。该院已设有中国画、西画、图案、戏剧、音乐五个系，每系两个班。徐悲鸿在就职演说中提出要增加预算经费，增添建筑、雕刻两个系。

上任之后，徐悲鸿在教学上进行了一系列改革：不但整顿了教学秩序，还经过严格考核，清退了一些不合格的挂名教员。此举受到校方和整顿后师生的热烈赞许，但却引起了一些保守势力的反对和抵制。

接着，徐悲鸿又开始组建教师队伍，根据学校的学科设置，将中国画列为艺术学院的重点科系。孰料，该系并没有什么知名教授，特别是对中国画进行改革、创新的教授。他已经深切体会到著名教授对于办学的重要性。赴法留学时，实行的都是导师负责制：教授的知名度高，便于贯彻个人的教学理念，为了保持自己的声誉，对学生也会认真负责。所以，教出来的学生质量就高，影响也大。在中国，虽然建立导师工作室的制度还未成熟，但著名教授还是不可或缺的。再则，北平当时的画坛，受到保守势力的控制：一脉陈陈相袭、泥古不化。为了矫正当时的画风流弊，徐悲鸿便赶到西城区跨车胡同 13 号去请齐白石。对此，他于 1950 年说道：

> 吾于十七（1928 年）秋间为李石曾约长北平艺校……曾三访齐白石，请他教授中国画系。时白石六十八，其艺最精卓之时也。

齐白石自幼家境贫寒，以砍柴辅佐家庭生活，在乡间只上了半年村塾就辍学当了木匠，十五岁时，拜齐长龄为师做粗木作。由于听师傅说粗木作与细木作不能平起平坐，于是一年后，便拜周子美为师学细木作。二十五岁时以《芥子园画谱》为蓝本做起了雕花木匠，并开始习画。从二十七岁开始，便丢掉了斧锯，拜胡沁园为师学习花鸟鱼虫、拜陈少蕃为师学习诗画、拜谭溥为师学习山水、拜萧传鑫为师学画肖像。到了二十九岁之后便以鬻画为生，而且苦读诗书。四十岁之后，他又“身行万里半天下”：登五岳、下五岭、过长江、泛舟洞庭，遍览嵩山、庐山、衡峰。胸襟从此开阔，见识也由此雄深。

然而，齐白石原来所接触的多是一些民间画师，他们虽然能给他以启蒙，但终归不能帮助他冲破樊篱。就在 1919 年他五十五岁时，举家迁往北平，遇见陈师曾。二人的秉性、意气、见识相投，遂成为莫逆之交。

陈师曾于 1876 生于江西修水，又名衡恪，号朽道人、槐堂，系诗人陈三立长子、历史学家陈寅恪之兄。

陈师曾早年留学日本，攻读博物学，善诗文、书法，尤长于绘画、篆刻，是吴昌硕之后革新文人画的重要代表。在文人画遭到“美术革命”冲击时，他曾高度肯定文人画的价值。在承袭明代沈周、清代石涛技法的基础之上，远宗明人徐渭、陈淳大写意笔法，画风雄厚爽健，富有情趣；人物画则以意笔勾描，注重神韵，守师法造化，从自然中汲取创作灵感；写意花鸟画近学吴昌硕，带有速写和漫画的纪实性；风俗画多描绘底层人物，如收破烂者、吹鼓手、拉骆驼的、说书人、卖糖葫芦的、磨刀人等，斑斓多彩，各具神韵。著有《中国绘画史》《中国文人画之研究》《染苍室印存》等。

陈师曾看出齐白石在诗、书、画、印方面的潜力，因而劝他不要一味模仿古人，而要自出机杼，形成个人特有的风格，才能不被历史的烟尘所淹没。

听了陈师曾的话，齐白石则面壁十年，认真研究古人，开始了他的衰年变法。八大山人在明朝灭亡之后由天堂被抛进了地狱，由于天分过高，却又无比孤独，因此，他的笔墨过于冷逸，不易做到雅俗共赏；徐渭的画风虽高，但题材却有些狭窄；吴昌硕的笔墨虽然放纵，可却缺少亦张亦弛；任伯年的许多画作虽能够雅俗共赏，可画的却多是南方景物。研究了这些人的画法之后，齐白石便开始了"扫除凡格实难能，十载关门始变更"的艰苦岁月：取各家之长，避各家之短，走出画室，面对自然，师法造化。"人欲骂之，余勿听也，人欲誉之，余勿听也"。终于，他的画风大变：笔墨放纵，却又不失严谨；追求神韵，而不单纯拘泥形似；题材广泛，又让人觉得极有深意和情趣；大处落墨，而显得不枯、不躁、不死、不破、不焦，清新自然，变化无穷。中国画的"笔墨艺术"在齐白石的手上达到了一个新的高峰……

然而，支持齐白石变法的陈师曾，在他变法不久的1923年便谢世了。齐白石的知音甚少，因此遭到了北京画坛保守势力的攻击、唾骂和诋毁：说他的画是"没有一点实际意义的'雕虫小技'"，"是用一根画棺材的拙笔在糟蹋中国的传统绘画"，是"野狐之禅，俗气熏人"，"不能登大雅之堂"。

徐悲鸿正是在齐白石遭到保守势力的攻击唾骂中，去请他到北平大学艺术学院任国画教授的。

1929年9月6日上午9时，徐悲鸿乘马车来到西城区跨车胡同13号。齐白石正在装有铁栅栏的画室里作画，听门人报告说北平大学艺术学院院长来访。

之前，齐白石已经在报上看到徐悲鸿赴北平受聘北平大学艺术学院院长一职的消息，立刻放下画笔，让门人将其引入。

徐悲鸿还是第一次与齐白石会晤，见他身穿长袍，身体硬朗，留有长须，精神抖擞。落座之后，二人遂谈起绘画，一会儿又谈诗，继而谈到中国画的发展，大有相见恨晚之意。

最后，徐悲鸿向齐白石说明来意："齐先生是闻名遐迩的画坛大师，鄙人想请您来余执掌之艺术学院任教。"

齐白石又重新打量一番身穿长衫、留着中分头，目光炯炯的徐悲鸿。十分感谢他的"知遇之恩"，可他还是婉言辞谢道："承蒙徐院长看重，可只是老朽年逾花甲，耳欠聪，目欠明，恕难应命，但只是心领了。"

徐悲鸿慢慢端起仆人送上的茶喝了一口，又冲齐白石说道："先生绘画正是垂绝旺成之时，实为老马识途，点拨指导，无人能及，正是用武之时，还是恳请先生出山。"

齐白石仍然不肯答应，说道："教授责任重大，老朽害怕误人子弟，还是另请高明吧！"

徐悲鸿见齐白石执意不肯，便起身告辞。

两天之后，徐悲鸿再次登门，见齐白石仍在作画，便大加赞赏："余见自八大山人之后三百年来，笔墨之简练，章法之精妙，寓意之深奥，无人可及先生者。"

齐白石则应声道："徐院长过奖了，其实则不然，余受先师陈师曾先生教诲，对待艺术只是不敢怠慢使然。"

徐悲鸿又对齐白石诚恳说道："先生既能吞吐由之，还请先生助余一臂之力，教导后进推陈而出新，成吾国绘画之大业。"

齐白石仍然执拗推辞道："实难高就，还是请徐院长另请贤达为好。"

徐悲鸿又无功而返，但他却锲而不舍。几天后，又冒雨赶来。齐白石被徐悲鸿的精神所感动，便对他道出了实情：自己本是一个乡野的木工，没有学历文凭，若登上大学讲堂去授课，恐有教师之非议，又怕学生捣乱连课都上不成。

徐悲鸿听罢，便用真诚的口吻对齐白石说："齐先生的顾虑不无道理，但教授的资格在于真才实学。先生融合传统写意和民间绘画的表现技巧，艺术风格独特，不但能教学生，也能教我徐悲鸿。”

“不敢，不敢，徐院长真是太谦虚了。”齐白石连连摆手，“老朽实在不敢当。”

“不是谦虚，事实如此。”徐悲鸿又向齐白石保证道，“齐先生去上课时，不必讲长篇的理论，只做示范，稍加提示即可。开学之初，我陪您去上课，为您保驾。”

齐白石非常感动，终于点头同意了：“那就让我试一试吧。”

徐悲鸿并未食言，开学那天，亲自乘马车赶到齐白石宅邸。齐白石将他的笔墨、砚台、七子盒装进一只竹篮提着，随徐悲鸿坐马车来到学校。进到教室后，他看见已经为他摆好了桌子和画具，但他却要用自己带来的。徐悲鸿便将桌子上准备好的画具换下来，替他研墨，然后挤在学生当中，观看他示范作画。

齐白石不慌不忙，先将一只大笔全都调满淡墨，然后又在笔端蘸上重墨，一笔一笔侧锋抹在徐悲鸿为他铺好的宣纸上；几笔重墨过后，又将笔端蘸了点清水，抹下几笔淡墨，然后用中锋重墨勾筋，再用稍浓的墨顿顿挫挫地画出枝蔓，最后又在七子盒调好了浓淡相宜的胭脂画出了花朵和花蕾。一幅墨分五色、错落有致的《牵牛花》便跃然纸上。

齐白石放下手中的笔站起身，对着画面纵览片刻，然后又提起一支中楷调好浓墨舔舔笔锋，在画面的右下方题上了“寄萍老人白石”几个字，最后在他的名字底下按下了一枚刻着“白石”的印章。徐悲鸿则带着同学们为之击掌。

齐白石的教学虽然收到了十分良好的效果，但却仍然引起了社会上的流言蜚语，他的作品也受到一些顽固分子的抵制：在一次画展上，他的一幅《虾趣》被挤到一个不被人注意的角落里。徐悲鸿看到后，便让人将其挂到他的《奔马》旁边，并将标价八元改成八十元，而且在下边注明：“徐悲鸿标价”，可他的《奔马》，却只标价七十元。

在组建教师队伍时，徐悲鸿不但聘任了齐白石，还聘任了仍在上海任教的王个簃和黄宾虹。

王个簃是吴昌硕的入门弟子，前面已经做过介绍。

黄宾虹于 1865 年出于浙江金华，比徐悲鸿年长三十岁。其六岁时，随父亲躲避战乱于金华入学读书，勤习金石书法；九岁读“四书”“五经”，十一岁读《字诂》《梦陔堂文说》《经说》；十三岁随父返歙应童子试，获第一名。后又观董其昌、查士标山水画，开始临摹、写生；二十二岁便赴扬州，随号“野桥”的郑珊和号“纯道人”的陈崇光学习山水与花鸟；四十二岁后定居上海，出任各大艺术院校教授，对山水画进行锐意改革与创新，成为一代宗师。

在 20 世纪 30 年代的画坛，就有“南黄北齐”之说。说的是南方有个黄宾虹，北方有个齐白石。前者用加法画大写意山水，笔墨加到一笔不能再加的时候为止，使得画面色黑如漆，层峦叠翠，郁郁葱葱，此处无声胜有声，让人如堕五里雾中，享受其无穷奥妙；后者则用减法画大写意花鸟，笔墨减到一笔不能再减的时候为止，墨色多变，笔意放纵，让人感到一种淋漓尽致的艺术享受。

在繁忙的工作中，徐悲鸿在北平大学艺术学院继续完成大幅油画《田横五百士》的创作。除此之外，还创作了油画《父亲徐达章像》《风景》《小孩》，以及中国画《雄狮图轴》《梅稍双鹊图轴》《九方皋图轴》《戏鹅图轴》《游天平山图轴》《马》《乌鸡》《老人像》等。

遗憾的是，三个月后，徐悲鸿所聘的王个簃和黄宾虹仍未到任，学校再次发生风潮，教学秩序大乱，他的教学主张已无法贯彻，不得已辞职南归。

关于这次学潮，朱希祖的儿子朱偰在《五四运动前后的北京大学》一文中曾说：

谁知到了九月间（1928），北大又出现了一个新危机，而且这个危机是在阴谋中酝酿将近成熟，比以前军阀的明目张胆进行压迫，还要危险得多。

北方高阳派来李石曾一系的学阀和旧北大“三沈二马”一系

联合，要想独吞北大，把北大放在“北平大学区”之下，而且推李石曾出来，做北平大学校长，李书华任副校长；而沈尹默一系则包办北大文理二院，取消北京大学名称，改称北平大学文理二院，法学院改称社会学院。他们沟通了国民党政府教育部（这时蒋梦麟做部长），暗中进行部署，甚至什么人做教务长，什么人做系主任，什么人做注册组主任，什么人做会计组主任……都已经内定。他们以为内有蒋梦麟的奥援，外有李石曾的支持，大局已定，可以万无一失。

北大的学生被出卖了。校内激起一股怒潮。大家要求把复校运动进行到底。于是复校运动，遂改变了它的对象：起先是对军阀奋斗，现在则改为对学阀作战……

离开北平时，徐悲鸿作国画《梅花双雀图》一幅。一只缩颈孤雀立于梅枝之上，呆若木鸡，题识中写道：

《论语》尝称夫子温而厉，威而不猛，恭而安，信圣人之德也。戊辰冬仲来长北平艺院，收拾残局，棘手万分。旷逸半生，乃识丛脞，疾言遽我，顿异德时。无辜亦遭呵责，中心歉念，自诚无方。其纳我画，其谅我愚，悲鸿。

语中道出徐悲鸿心有余而力不足，无法施展抱负的悲苦心理。随即来到齐白石寓所与他辞行，得齐白石一幅《月下寻归图》：画面为身穿长袍的老人扶杖而行，面容抑郁，题诗二首：

草庐三顾不容辞，何况雕虫老画师。
海上清风明月满，杖藤扶梦访徐熙。

一朝不见令人思，重聚陶然未有期。

深信人间神鬼力，白皮松外暗风吹。

旁白一行小字：

悲鸿先生辞余出燕，余问南归何所？答："月满在上海，缺在南京。"

字里行间，道出了齐白石与徐悲鸿的深厚情谊和与之不忍离别的悲怆心境。告别了齐白石，徐悲鸿怅然返沪。

徐悲鸿辞职南归后，齐白石再也不到学校去上课。事后，学校虽三番五次到家里请他，他则写一张条子让家人交给来者，上面写道："齐白石已死了！"此乃则"物为识己者用，人为知己者而事矣"！

就在十几年后，徐悲鸿再次就任北平艺专——后来的中央美术学院长时，又将齐白石聘为教授。

第九章

多事之秋

从北平返回南京之后，徐悲鸿即回到中央大学继续任教。可作为一位迷恋艺术、热爱祖国，具有独立个性、卓尔不群的艺术家，他的生活永远也不会平静……

一、较劲蒋介石

1928年，随着国民政府迁都南京，中央机关各部门也都纷至沓来。因此，许多单位需要建房，蒋介石出任校长的陆军军官学校首当其冲。可建房用砖，从何而来？

陆军军官学校已经迫不及待，准备拆除离学校最近的一段明代城墙，以其砖建造校舍。

刘纪文初恋宋美龄

早在1927年4月，国民政府定都南京后。6月6日，南京被定为特别市，刘纪文成为南京建市后的第一任市长。

前面介绍过，1916年，刘纪文到美国去看望宋子文时，已经与宋美龄订婚。

1917年，刘纪文和宋美龄回到上海，宋美龄身着洋装，戴一顶有檐的帽子，或穿一件很显腰身的上装，抑或满不在乎地穿一身剪裁时髦的女式骑装，参加各种社会活动。

1922年12月，上海莫里哀路孙中山家中举行基督教晚会，主持人是宋子文。宋美龄身穿紫缎长袍，系着的绿色腰带紧裹着她那妖娆的身段，丰腴的胸脯平静地起伏着，优雅迷人。参加晚会的蒋介石与陈洁如结婚才一年，但看见宋美龄，心中却禁不住发出惊羡的呼叫，立刻决定追求她。

《大公报》创始人胡霖对蒋介石追求宋美龄有如此分析：

> 蒋介石再婚是一个深谋远虑的政治行动。他希望做他们的妹夫，以便争取孙中山夫人和宋子文。

当时蒋介石也开始想到有必要得到西方的持。以美龄做他的夫人，他便有了同西方人打交道的“嘴巴和耳朵”。另外，他很看重子文这个金融专家。不过，说蒋介石不爱美龄那是不公正的。蒋介石显然认为自己是英雄。在中国历史上，英雄难过美人关。出于政治考虑，蒋介石无所不为。对蒋介石来说，在这种情况下娶一位新夫人似乎是理所当然之举。

蒋介石与宋美龄

然而，蒋介石追求宋美龄，却遭到宋庆龄、宋子文和宋母的坚决反对。只有宋蔼龄力排众议，认为蒋介石前途无量，宋家在孙中山之后时代的发扬光大，只有蒋氏可倚，同意蒋宋联姻。

北伐战争节节胜利，蒋介石的辉煌战绩，开始使倾心于权势的宋美龄芳心萌动。1927 年春夏之交，蒋介石一跃成为南京国民党政权的最高领袖。随即，宋美龄收到他一封热辣辣的求爱信：

余今无意政治活动，唯念生平倾慕之人，厥惟女士。前在粤时，曾使人向令兄姊处示意，均未得要领。当时或因政治关系，顾余今退而为山野之人矣。举世所弃，万念灰绝。曩日之百对战疆，叱咤自喜，迄今思之，所谓功业。宛如幻梦。独对女士才华容德，恋恋终不能忘，便不知此举世所弃之下野武人，女士视之，谓如何耳？

在国民党一班元老政要吴稚晖、张静江等人的撮合下，宋美龄最终动摇了原先的意愿，与恋人刘纪文分手。

刘纪文自然知道自己的社会地位与能力无法跟蒋介石抗衡，也只得将宋美龄拱手相让，但他的情绪从此一落千丈。

就在嫁给蒋介石之前，宋美龄郑重提出几项条件，其中之一就是要善待刘纪文。蒋介石爽快答应了。随后，刘纪文当上了南京特别市市长，未几，又顺利当上了国民党中央执行委员，五年后迁任广州当了四年市长，执政期间光明磊落，为人称道。

1928 年底，刘纪文与许淑珍在南京圣公会礼拜堂举行了盛大婚礼，蒋介石、谭延闿亲自到场证婚。有彩车专列来往于宁、沪之间。以上种种真实细节，人们不得而知，但刘纪文确实是个有才干的人。

1928 年 11 月 15 日，刘纪文向国民政府呈文曰：

> 军事委员会主席蒋面谕太平门至丰润门一段城墙，业经南京市政府议决拆卸……查职府并无议决拆卸诚案。

刘纪文担任南京市长的时间虽然不长，但却干了不少好事：首先开辟了中山大道，并以此为中心，建设了城市道路系统；在路两旁广栽的法国梧桐，被西方称为“世界一流”，真正做到了“甘棠留荫后人看”；还建设了高度开放的五洲公园；又为古老的城门改名，请党国要人题写名称。

因此，刘纪文也绝不会同意拆除南京古城墙。他向国民政府的呈文，实际是否定了蒋介石的提案。这让蒋介石很没面子，但他仍然一意孤行，立即让时任国民政府军政部长何应钦草拟一份报告，称要保护台城一带城墙，拆除从太平门至神策门一段。国民政府即刻将蒋介石签署的这份军方报告以《国民政府会议 232 号文件》下发。

在此之前，时任南京特别市市长的何民魂，也曾呈文上报国民政府，称宣武门月城因“年久失修”“坍坏”，而且“与军事既似无甚关系，且修复亦需巨费”，提出予以拆除，拆下的城砖用来修建马路。当时的国民政府批示曰：

古迹亦保存，修燕子矶一代马路另筹款可也（不修不拆可也）

就在这样的危急时刻，从北平回到上海的徐悲鸿，不但是中央大学教授，同时还兼任南京古物保管委员会委员。当听到时任国民党中央委员、中央大学校长朱家骅告诉他南京的明城墙即将被拆除时拍案而起，立即给国民党中央政治会议北平分会拍去电报：

首都后湖自太平门至神策、丰润门一带为宇内稀有之胜境，有人建议拆除此段城垣，务恳据理力争，留此美术上历史上胜迹。

徐悲鸿发往北平的电文，很快被北平分会以同样电报转呈南京国民政府，得到了即将赴任的国民政府委员、行政院长、铁道部部长孙科以及朱家骅等人的热烈响应与支持，国民政府为此召集紧急会议。

1928年10月18日，刘纪文与许淑珍在南京市府大礼堂举行了盛大婚礼，证婚人有两位，一位是蒋介石，另一位谭延闿。宋美龄送一花篮，赋诗曰：往昔进履殿恩晖，事倍争效鸟双飞。如今寥廓横空喜，烟花烂漫至如归

蒋介石对此恼羞成怒，另写一份呈文以陆军军官学校校长的名义呈送国民政府，声言工程已经全部开工，急等用砖，不能停止拆除城墙。

然而，徐悲鸿却毫不退让，不但发了电文，写了文章，还不断接受国内外的记者采访，社会各界对徐悲鸿的声援之

声日益高涨。接着，他又在《中国古玩》上发文称：

南京之国都，在世界各都会上占如何地位，我不敢知。我所知南京之骄视世界者，则自台城至太平门，沿后湖二千丈一段之走道，虽巴黎之香榭丽舍大街不能专美。因其寥廓旷远，雄峻伟丽，据古城俯瞰远眺，有非人力所计拟及者。而后湖为一荒塘，钟山徐比邱垤。以国内胜迹言之，虽比福州之西湖亦且不及维借此绵延不尽，高巍严整，文艺复兴时代之古堞环绕之，乃如人束带而立，望之俨然，且亲切有味。于是寄人幽思，宣泄愁绪，凭吊残阳，缅怀历史，放浪歌咏，游目畅怀，人得其所，遂忘后湖为荒潦。视狮山吝堡垒以其有城堞之美，情景易也，乃二十世纪筹人之子，弁髦史乘。敝屣美术，用其道教五千年来文明无所遗之华人，孜孜为利，乃毁灭大地五百年前 Donatelo（多那太罗，意大利文艺复兴初期佛罗伦萨雕塑家）时代之奇观，欲以其转建一尚不知作用之中华民国国民政府者。中山陵之地位，足以增益首都妙景否？其建筑视德 Loipoo，纪功塔，与罗马新建 Emannel 像为何如，虽溺爱中国者，不能乙彼而甲此，且恐不能成一比例。

而欲毁灭世界第一等之巨工，溯其谋乃利其砖。呜呼！刘伯温胡不推算，令朱元璋多制亿兆大砖，埋之于今国民政府所欲建造之地，而使我四万万人拱戴之首都，失其低回咏叹，徜徉登临，忘忧寄慨之乐国也。西湖雷峰塔，非以年代久远，建筑不固，而自倒者。因有妄人生病，食其砖当药石，因致万劫不复，遂丧西子湖之魂。乃不五年，又有此续貂之举，尤欲言美术，谈文化，噫嘻！是真无独有偶真正道地之 Chimoiserie。

闻此，蒋介石对徐悲鸿虽然已经恨之入骨，可他还是不愿触犯众怒，不得已，于 1929 年 3 月下令，停止拆除南京明代古城墙。

作为一介书生的徐悲鸿，势单力薄，可他所面对的，却是手握中国最高权柄的独裁者，人们都为他捏了一把汗。但他却面不改色心不跳。不仅如此，美国将军陈纳德回国时，向蒋介石索要徐悲鸿的《灵鹫图》。蒋介石便多次派人以高价向他购买，但却都遭到他严词拒绝。由此，不断受到特务分子的威逼与恐吓。徐悲鸿气愤了，对来人怒斥道："我的作品属于国家，就是把国民党的金库给我，我也不让它流落海外！"

硬的不行，蒋介石换了软招，又接连派人来阿谀奉承，开出了更加诱人的条件。于是，徐悲鸿让廖靖文将《灵鹫图》取出来展开，来人见此大喜过望——这下可以回去向蒋委员长报功了，肯定会得到一笔重赏……

这时，徐悲鸿看一眼来人，不动声色地提起毛笔蘸上墨，漫不经心地在砚台边上舔了舔笔锋，弯下腰在《灵鹫图》的边角郑重写下"静文爱妻保存"几个小字。来人见了不禁张口结舌，如果身上带着枪，真想一枪把徐悲鸿毙了。回去向委员长报告了情况后，蒋介石暴跳如雷，给了他重重一巴掌，从此对徐悲鸿更加仇视……

更有甚者，徐悲鸿还多次拒绝为蒋介石画像，虽经蒋碧薇和他的情人张道藩多次劝解与威逼，可他却丝毫不为所动。如此种种，都要承担巨大的生命风险……

二、蒋碧薇的"不义之举"

就在徐悲鸿北上赴任后，蒋碧薇突发高烧，浑身上下继发红疹，害上了极其危险的传染病——猩红热。这种病当时无药可医，只能辗转病榻，痛苦万分，生不如死。

然而，蒋碧薇与徐悲鸿的缘分未尽，这么厉害的病既没住院，也无特效药，却未叩开死亡的大门，居然慢慢痊愈。病好之后，全身皮肤都已被烧得脱离了肉体——就像纸一样一张一张地剥落下来。接下来，她则办理了一件不知所云的事情……

"游子学成当报国。"1928 年春天，徐悲鸿、邵洵美和张道藩就不断写信催促天狗会的老大谢寿康回国。

1929年，徐悲鸿从北平辞职返沪后，谢寿康已从法国归来，住在天狗会老四邵洵美家里。经蔡元培、张乃燕、朱家骅、张静江众人推荐，出任“国立”中央大学文学院院长，并担任民国政府立法委员。

谢寿康的婚姻极富戏剧性：在他刚满七岁时，父母为他包办了一位与他同岁的童养媳刘作雨，张灯结彩，用一乘徐悲鸿初婚时抬着徐周氏进门的那种红泥花轿抬回家里，在宗祠拜过堂送入洞房后，由祖母在二人中间陪睡三天，然后分居。

十年之后，十七岁的谢寿康赴法留学，行前与刘作雨圆了房。三天后，便踏上了旅欧征程。留法十八年来，他的太太一直待在江西老家苦苦等待；他在海外也是不尽思念，每每想起，动辄感慨欷歔，不胜惆怅。因此，一到上海，便写信到江西老家请他的太太前来团聚。

接到信，谢寿康太太立刻欣喜万分地赶来上海。然而，情况却非常令人失望：留洋归来谢寿康中上等身材，英俊潇洒，是位风流倜傥、满腹诗书、文质彬彬的男子汉；可刘作雨的个子只有一米五，比谢寿康矮下一头，而且皮肤粗糙，穿一身土布衣裳，十足乡下佬打扮，没有一点文化气息。

谢寿康对他的太太倒还蛮好，进出成双入对，行路与之携手，恩恩爱爱，表现得亲密无间。

“丑妻近地家中宝”，也许这就是人们常说的“情人眼里出西施”吧。可徐悲鸿却为之唉声叹气，愁眉苦脸地对蒋碧薇说道：“我真为老谢难过，这以后的日子可怎么过啊！”蒋碧薇听了不禁大笑道：“吹皱一池春水，干卿何事？只要老谢觉得好就行了，有你什么事啊！”

然而事情果然不出徐悲鸿所料，时间一久，谢寿康与他的太太无论在外表，还是内在气质、文化素养上，差距显得越来越大，阴阳两重天。而且，刘作雨还不能生育。夫妻二人再也不能携手比肩同行，到了暑期与同事外出，谢寿康不得不将她送到上海寄住在蒋碧薇母亲家里。此后再到上海，既不去看她，更不去与之同居，只是每个月付给她津贴、房租和膳食费。

看来，谢寿康与他太太的婚姻已经处于风雨飘摇之中，他有意请蒋碧薇出面帮他解决一下，可此时，她正怀着女儿丽丽，已有七个月之久。

由于父亲蒋梅笙来到南京就任金陵女子大学教授，蒋碧薇陪着父母与弟弟丹麟坐马车去游览明故宫，胎儿受到了震动，胞衣脱离，不得不动手术将胎儿取出。不然，孩子和大人的性命均都难保。

徐悲鸿听医生说动手术只能保住大人，便在手术书上签了字。然而，上过麻药，用钳子将胎儿钳出时，体重才只有四磅——也就是说，孩子的体重只是 1.81 公斤。

原本对孩子就没抱什么希望，可老百姓的话却说“七活八不活”。奇迹果然出现：动过手术后，蒋碧薇虽然流了不少血，孩子又小又瘦，但母子却都安然无恙。

谢寿康已经决定要与他的太太离婚，蒋碧薇身体恢复之后，便请她出山帮忙。可是，“宁拆一座庙，不破一桩婚”。蒋碧薇对谢寿康说道：“你在巴黎十八年，她在家乡苦熬。‘夜半三更门半开，小奴等到月牙歪，山高路远无口信，肝肠寸断无人来’。你回来的时候，她是那样的欣喜若狂，你对她又那么好，现在让我突然去跟她提你要离婚，这怎么会使她相信？我成了什么人啦！”

然而，刘作雨自幼就是谢家的童养媳，无疑早已成为旧式婚姻的牺牲品。较长时间以来，谢寿康对她的冷淡，已使她体会到个中滋味，心里也已经黯然神伤。

由于情绪索然，谢寿康已经辞去中央大学文学院院长职务。收入没了，他的太太自然也就拿不到生活费。就这样耗下去，无疑同时牺牲两个人，刘作雨既得不到丈夫，也没了生活来源，感到非常苦闷。于是，蒋碧薇经过慎重考虑，终于下了决心，对仍然住在父亲蒋梅笙家的谢太太说道：“你看，如果你同意离婚，不但可以激活你的先生，他还可以付你一笔生活费。因此，你们不如好聚好散。二者皆伤取其轻，牺牲一个人，总比两个人同归于尽强得多。离了婚，拿到生活费，你后半生的生活也就有了保障。”

刘作雨听后虽然哭得死去活来，最后终于同意了蒋碧薇的意见。在离婚谈判的整个过程中，谢寿康不但一次都未露面，离婚签字那天，也不肯出席，只是躲在离徐悲鸿家几十步远的丹凤街苏希洵家里等待结果。

出席签字仪式的，除刘作雨和蒋碧薇外，还有刘克俊、谢建华和徐悲鸿三位先生。因为谢寿康没有钱付律师费，刘克俊便担任了义务律师，和谢建华及徐悲鸿，又是三位担保人：倘若谢寿康日后不给谢太太付生活费，便由他们三个人付给。刘作雨不识字，当她拿起笔在离婚协议上画了个“十”字之后，便泪如雨下，失声痛哭起来，在场的人无不为之动容……

蒋碧薇又四处奔波，向亲友筹借了一笔不大不小的款子，作为谢太太的旅费、生活费，送她回到江西的老家，依然住在谢寿康家里。谢寿康并未食言，按月给离婚的刘作雨寄去生活费。后来，出任中国驻罗马公使，抗战时期，又从罗马寄回一笔款给蒋碧薇转交刘作雨。这时，她已被谢寿康的侄儿谢井田接过去奉为己母，也算得到了一个较好归宿。谢井田还用谢寿康给的钱娶妻成家，而且开办了一家相当规模的印刷厂，衣食无忧。

1933 年 12 月，谢寿康在上海出任立法院委员时，经中央大学校长张乃燕介绍，认识了原上海道台袁树勋的孙女儿袁荣福。1939 年春，四十二岁的谢寿康在南京石婆婆巷与袁荣福举行了婚礼。

1937 年 10 月，谢寿康再度出国赴欧，先后担任驻比利时和瑞士公使，后来又到罗马教廷开馆，担任中国第一任驻廷公使。

袁荣福具有相当的文化修养，写得一手“颜体”好字，实属大家闺秀。

谢寿康与袁女士一共生养了三个男孩，长大后两位在美国，一位随父母在罗马，玉树兰芝，辉煌海外。蒋碧薇再想起当年拆散一桩婚姻的“不义之举”，心里倒也感到一丝慰藉。谢寿康为人正直，清正廉洁，虽为高官多年，但却连属于自己的房子都没有。正因为蒋碧薇为谢寿康帮了这么大的忙，在她后来要阻止徐悲鸿的恋人孙多慈留学比利时找到他时，他才处于进退维谷的尴尬境地……

第十章

“二徐”之争论

这场争论的产生，有着纷繁复杂的社会和文化背景：勃然兴起的洋画运动、自由解放的艺术思潮、盛极一时的全国美展，都使得这场争论在所难免。正因为徐悲鸿实践着写实主义观点，他才反对在展览会上出现过多现代派形式主义作品。

1929年4月10日，教育部在上海的新普育堂举办了“全国第一届美术展览”。

因为是全国首届美展，评选委员囊括了全国当时最著名的美术家徐悲鸿、何香凝、叶恭绰、潘天寿、马公愚、李毅士、江小鹣、丁衍庸、方介堪等人。刘海粟当时虽然旅欧缺席，但他已于1928年5月15日在南京召开的全国教育会议上提出了《举办全国美术展览会议案》。

这次展览不仅有中国画家的作品，还有国际友人的作品参展，展出作品的数量之多，质量之高都是空前的。然而，这次展览却也引起了一场空前的、影响后来许多年的争论……

徐悲鸿是位现实主义画家的代表，主张师法造化，中西结合。既尊崇我国历史上有成就的画家，也崇拜西方的现实主义、浪漫主义和印象派、象征派的某些画家。在艺术创作上，他选择了现实主义道路，并且旗帜鲜明地强调“素描是一切造型艺术的基础”，声称：

> 研究绘画之第一步功夫即为素描，素描是吾人基本之学问，亦为绘画表现唯一之法门。素描拙劣，则于一个物象，不能认识清楚，以言颜色更不知所措。故素描功夫欠缺者，其所描颜色，纵如何美丽，实是放滥，几与无颜色等。

这场争论的产生，有着纷繁复杂的社会和文化背景：勃然兴起的洋画运动、自由解放的艺术思潮、盛极一时的全国美展，都使得这场争论在所难免。正因为徐悲鸿实践着写实主义观点，才反对在展览会上出现过多现代派形式主义的作品。

在中国，素描写实刚刚被引入，严格说来，还没有几个人能够画出几张完整的素描。西方的现代派，还只是几个留学西方的人见过。在这种情况下，盲目夸张地提倡现代派，必然会忽略写实基础的训练。徐悲鸿就是因为刘海粟对马蒂斯、塞尚的过分推崇而不满。他发现整个参展的作品有太多的现代派倾向，便拒绝展出自己的作品。虽经徐志摩一再规劝，但他却一意孤行，写了一篇《惑》交给了他。

展览会组织出版了由徐志摩、陈小蝶、杨清磬等人编辑的《美展汇刊》，每三天出刊一期。

由此，徐悲鸿所倡导的学院派绘画与刘海粟所推崇的现代派绘画矛盾冲突，在一个不适宜的时间里凸显。收到徐悲鸿的《惑》之后，徐志摩精心撰写了一篇《我也惑》的长文，与徐悲鸿的《惑》在《美展汇刊》上同时发表。

一、徐悲鸿之“惑”

徐悲鸿在《惑》（致徐志摩的公开信）中说道：

中国有破天荒之全国美术展览会，可云喜事，值得称贺。而最可称贺者，乃在无塞尚（Cezanne）、马蒂斯（Matisse）、薄奈尔（Bonnard）等无耻之作。（除参考品中有一二外）

美术之所以能安慰吾人者，乃在其自身之健全。故需一智之艺。Artsavant 若必醉心 Archaisme（简陋之原人学术）亦只可就其质而撷取其包含之善材，供吾做原料。终不当头脑简单，而返乎原始时代之生（中国之不善学北碑者亦生此病）。

法国派之大，乃在其容纳一切，如吾人虽有耳目之聪明，同时身体上亦藏有粪汁之污垢。如普鲁东（Prud’hon）之高妙，安格尔（Ingres）之华贵，德拉克洛瓦（Delacrolx）之壮丽，毕于维史（Puvis de Chavanne）之伟大，薄奈（Bonnat）爱耐（Henner）之坚卓敏锐，干连（Carriere）之飘渺虚和，达仰（Dagnan-Bouveret）白司姜勒班司（Bastien-Lepage）及爱倍尔（Hebert）之精微幽深，谷洛（Corot）之逸韵，倍难尔（Besnard）之浑博，薄特理（Baudry）之清雅，德吕（Rude）之强，罗丹（Rodin）之雄，卡尔波（Carpeau）

之能，米勒（Millet）之苍莽沉寂，莫奈（Monet）之奇变瑰丽，又沉着茂密如库贝尔（Courbet），诙诡滑稽如杜米埃（Daumier），挥洒自如如穆落（Morot），便捷轻松如特茄史（Degas），神秘如穆罗（Morean），博精动物如巴里（Barye），虽以马奈（Manet）之庸，勒奴幻(Renoir)之俗，塞尚(Cezanne)之浮，马蒂斯(Matisse)之劣，纵悉反对方向所有之恶性，而借卖画商人之操纵宣传，亦能震撼一时，昭昭在人耳目。欧洲自大战以来，心理变易。美术之尊严蔽蚀，俗尚竞趋时髦。幸大奇之保存，得见昔人至德。降及今日，生存竞争激烈，无暇治及高深。是乃变象，并非进程。非谓遂无进步，顾绝非彼辈。若吾东人尤而效之，则恰同西人欲传播中国学术于欧土，而所捆载尽系张博士竞生之书。五帝三王之史虚无，而刺探綦详黄慧如事迹。以掩饰浑体糊涂，不可笑耶。

新派中自有巨人。如夏凡(Puvis de Chavanne)罗丹(Rodin)、卡里埃(Carriere)、莫奈(Monet)、及尚在之倍难尔(Besnand)。又如点派之马尔当(Martin)及安茫象(Ama Jean)西蒙(Simon)、勃郎雪（Beanche）亦卓绝有独造。顾最脍炙人口之美术家，多带几分商业性质。奈黄面人受（Durand Ruel）（大画商）一类人愚弄，以市面上无德之Menzel,Leibl,比之St bats, Lys西班牙之Sorolla,瑞典之Zorn,意大利之Boldini、Tito、Satorio,英之Sargent英国籍Br ngwyn,匈牙利之Munkatzy(皆革新不可一世之大家）之作。其名于是插焉无闻。若吾国革命政府启其天纵之谋，伟大之计，高瞻远瞩，竟抽烟赌杂税一千万元，成立一大规模之美术馆，而收罗三五千元一幅之塞尚之画十大间（彼等之画一小时可作两幅），为民脂民膏计，未见得就好过买来路货之吗啡海洛因。在我徐悲鸿个人，却将披发入山，不愿再见此类卑鄙昏聩黑暗堕落也。

吾滋愿吾敬爱之中国艺人，凭吾国天赋造物之繁，有徐熙、黄筌、易元吉、钱舜举等大师，并与吾人以新生命工力湛深遗世独立之任伯年。不愿再见毫无真气无愿力一种 Art Conventionel 之四王充塞，及外行而主画坛之吴昌老。式微式微，衰落已极。愿吾国艺术趋向光明正大之途。以绍吾先人非功利（此为吾中国美术之特点。美术之共同条件固有非功利，但在他国，恒有求福邀功之迹。不若中国人写花鸟作山水唯抒情寄美感）之伟绩。而使一切卖头商人，无所施其狡狯也。（此亦过虑，但势所必然。）

志摩兄：承再三眷念，感激万分。顾百花开放，难以同时，比来意兴都尽，其不参与盛会，并无恶意。足下之明当察及也。昨旧作文一篇，谨呈教。教采登与否，原所弗计。但苟登去，须校对精确，毋白字连篇。拜祷此致

日祉 悲鸿启

此次布置妥当，殊见匠心。其佩诸公贤劳，出口亦多佳作。

剑父诸幅能置中间（即过去几幅）亦尊重名家之意。尊意如何？

徐悲鸿认为徐志摩之所以竭力为塞尚辩护是“激于侠情的义愤”，因为塞尚“奋励一生……含垢忍辱，实能博得人深厚之同情”。他提出自己的写实主张是“细心体会造物，精密观察之，不必先有什么主义，横亘胸中，使为目障”。他认为：“艺 Art Plastignt 之元素，为 form，色次之”，“形即不存，何云艺乎”？

二、我也“惑”

针对徐悲鸿的“惑”，徐志摩在《与徐悲鸿先生书——我也惑》中写道：

悲鸿兄：

你是一个——现世上不多见的——热情的古道人。就你不轻阿附，不论在人事上或在绘事上的气节与风格言，你不是一个今人。在你的言行的后背，你坚强地抱守着你独有的美与德的准绳——这，不论如何，在现代是值得赞美的。批评或平衡的唯一的含义是标准。论人事人们心目中有是与非，直与枉，乃至善与恶的分别的观念。艺术是独立的；如果关于艺术的批评可以容纳一个道德性的观念，那就只许有——我想你一定可以同意——一个真与伪的辨认。没有一个作为的人，或是一个侥幸的投机的人，不论他手段如何巧妙，可以希冀在文艺史上占有永久的地位。他可以凭他的欺蒙的天才，或技巧的小慧，耸动一时的视听，弋取浮动的声名，但一经真实的光焰的烛照，他就不得不呈露他的原形。关于这一点，悲鸿，你有的，是“嫉伪如仇”严正和敌忾之心，正如种田人的除莠为的是护苗，你的嫉伪，我信，为的亦无非是爱“真”。即在平常谈吐中，悲鸿，你往往不自制止你的热情的激发，同时你的“古道”、你的谨严的道德的性情，有如一尊佛，危然趺坐在你热情的莲座上，指示着一个不可错误的态度。你爱，你就热热地爱；你恨，你也热热地恨。崇拜时你纳头，愤慨时你破口。眼望着天，脚踏着地，悲鸿，你永远不是一个走路走一半的人。说到这里，我可以想见碧薇嫂或者要微笑地插科：“真对，他是一个书呆！”

但在艺术品评上，真与伪的界限，虽则是至关重要，却不是单凭经验，也不是纯恃直觉所能完全剖析的。我这里说的真伪，当然是指一个作家在他的作品里所表现的意趣与志向，不是指鉴古家的辨别作品的真假，那另是一回事。一个中材的学生，从他的学校里的先生们学得一些绘事的手法，谨愿地步武着前辈的法式，在趣味上无所发明，犹之在技术上不敢独异，他的真诚是无可置疑的，但他不能使我们对他的真诚发生兴趣。换一边说，当罗斯金指斥魏斯德勒（Whistlr）是一个“故意的骗子”，骂他是一个"俗物，无耻，纨绔"；或是当托尔斯泰在他的艺术论里否认莎士比亚与贝多芬是第一流的作家，我们顿时感觉到一种空气的紧张——在前一例是艺术界发生了重大的趣事，在后一例是一个新艺术观的诞生的警告。魏斯德勒是不是存心欺骗，"拿一盘画油泼上公众的脸，讨价二百个金几尼"？罗斯金曾经为透纳（Turner）作过最庄严的辩护的唯一艺术批评家，说是！贝多芬晚年的作品是否"无意义的狂呓"（Meaningress ravin s）？伟大的托尔斯泰说是！古希腊的悲剧家、拉裴尔、米开朗其罗、罗丹，夏凡、槐格纳、魏尔仑、易卜生、梅德林克等等是否都是"粗暴，野蛮，无意义"的作家，他们这一群是否都是"无耻的抄袭者"？伟大的托尔斯泰又肯定说是！美术学校或是画院是否摧残真正艺术的机关？伟大的托尔斯泰又断言说是！

难怪罗斯金与魏斯德勒的官司曾经轰动全伦敦的注意，难怪我们的罗曼·罗兰看了《艺术论》，觉得地土不再承载着他的脚底。但这两件事当然是不能相提并论的。罗斯金当初分明不免有意气的牵连（正如朋琼司的妒忌与势利），再加之老年的昏瞀与固执，他的对魏斯德勒的攻击在艺术史上只是一个笑柄，完全是无意义的。这五十年来人们只知道更进地欣赏魏斯德勒的《滥泼的颜色》，同时也许记得罗斯金可怜的老悖，但谁还去翻念ForsClavigira？托尔斯泰的见解却是另一回事。他的声音是文艺界天空的雷震，激起万壑的回响，波及遥远的天边；我们虽则不敢说他的艺术论完全改变了近代艺术的面目，但谁敢疑问他的博大的破坏的同时也有建设的力量？

但要讨论托尔斯泰的艺术观当然不是一封随手的信札，如我现在写的，所能做到，这我希望以后更有别的机会。我方才提及罗斯金与托尔斯泰两桩旧话，意思无非是要说到在艺术上品评作家态度真伪的不易！简直是难。大名家也有他疏忽或是夹杂意气的时候，那时他的话就比例的失去它们可听的价值。我所以说到这一层是因为你，悲鸿，在你的大文里开头就呼斥塞尚与马蒂斯的作品“无耻”。另有一次你把塞尚比作“乡下人的茅厕”，对比你的尊师达仰先生的《大华饭店》。在你大文的末尾你又把他们的恶影响此类“来路货之吗啡海洛因”；如果将来我们的美术馆专事收罗他们一类的作品，你“个人却将披发入山，不愿再见此卑鄙昏聩黑暗堕落也”。这不过于言重吗，严正不苟的悲鸿先生？

风尚是一个最耐寻味的社会与心理的现象。客观地说，从方跟丝袜到尖跟丝袜，从维多利亚时代的进化的乐观主义到维多利亚后期的怀疑主义，再到欧战期内的悲观主义，从爱司髻到鸭稍鬏，从安格尔的典雅作风到柯罗的飘逸，从特拉克洛洼的壮丽到塞尚“土气”再到梵·高的癫狂——一样是因缘于人性好变动喜新异（深一义的是革命性的创作）的现象。我国近几十年事事模仿欧西，那是个必然的倾向，固然是无可喜悦，抱憾却亦无须。是他们强，是他们能干，有什么可说的？妙的是各式欧化的时髦在国内见得到的，并不是直接从欧西来，那倒也罢，而往往是从日本转贩过来的，这第二手的模仿似乎不是最上等的企业。说到学袭，说到赶时髦（这似乎是一个定律），总是皮毛的、新奇的、肤浅的先得机会。（你没有见过学上海派装束学过火的乡镇里来的女子吗？）主义是共产最风行，文学是“革命的”最得势，音乐是“脚死”最受欢迎，绘画当然就非得是表现派或是漩涡派或是达达主义或是立体主义或是别的什么更耸动的咆死木死。

在最近几年内，关于欧西文化的研究也成了一种时髦，在这项下，美术的讨论也占有渐次扩大的地盘。虽则在国内能有几个人亲眼见到过卢浮宫或是乌翡楼或是特莱司登美术院里的内容？但一样的拉斐尔、安格尔、米勒、佚音梵尼亚及塞尚、阿溪朋谷已然是极随熟的口头禅。我亲自听到过（你大约也有经验）学画不到三两星期的学生们热奋地争辩古典派与后期印象派的优劣，梵·高的梨抵挡着考莱琪奥的圣母，塞尚的苹果交斗着波提切利的《维纳斯》——他们那口齿的便捷与使用各家学派种种法宝的热烈，不由得我不十分惊讶地钦佩。这大都是（我猜想）就近由我们的东邻转贩得来的。日本是永远跟着德国走；德国是一座咆死木死最繁殖的森林，假如没有那种咆死木死的巧妙的繁缛的区分，在艺术上凭空的争论是几乎不可能的。在新近的欧西画派中，也不知怎的，最受传诵的，分明最合口味的（在理论上至少），碰巧是所谓后期印象派，但是天知道！在国内最早谈塞尚谈梵·高谈马蒂斯的几位压根儿就没有见过（也许除了蔡孑民先生）一半幅这几位画家的真迹！除非我是孤陋，我并且敢声言最早带回塞尚梵·高等套版印画片来的还是我这蓝青外行！这一派所以入时的一个理由是与在文学里自由体诗短篇小说独幕剧所以入时同一的——看来容易，我十二分同情由美术学校或画院刻苦出身的朋友鄙薄塞尚以次一流的画，正如我完全懂得由八股试帖刻苦出身的老辈鄙薄胡适之以次一流的诗。你说他们的画一小时可作两三幅。这话并不过于失实，梵·高当初穷极时平均每天作画三幅，每幅平均换得一个法郎的代价——三个法郎足够他一天的面包咖啡与板烟！

但这“看来容易”却真是害人——尤其是性情爱好附会的就跟着来摭拾一些他们自己懂不得一半的名词，吹动他们传声的喇叭，希望这么一来就可以勾引起，如同月亮勾引海潮，一个“伟大的”运动——革命；在文艺上撇动全武行做武戏与在政治上卖弄身手有时一样的过瘾！这你可以懂得了吧，悲鸿，为什么所谓后期印象派的作风能在，也不仅中国，几于全世界，有如许的威风？你是代表一种反动，对这种在你看来完全 Anarchic 运动的反动（却不可误会我说你是反革命，那不是顽！），所以你更不能姑息，更不能容忍，你是立定主意要凭你的“浩然之气”来扫荡这光天下的妖气！我当然不是拿你来比陪在前十年的文学界的林畏庐，你不可误会；我感觉到的只是你的愤慨的真诚。如果你，悲鸿，干脆地说，我们现在学西画不可盲从塞尚马蒂斯一流，我想我可以赞同——尤其那一个“盲”字。文化的一个意义是意识的扩大与深湛，“盲”不是进化的道上的路碑。你如其能进一步，向当代的艺界指示一条坦荡的大道，那我，虽则一个素人， 也一定敬献我的钦仰与感激。但你恰偏偏挑了塞尚与马蒂斯来发泄你一腔的怒火；骂他们“无耻”，骂他们“卑鄙昏瞶”，骂他们“黑暗堕落”，这话如其出在另一个的口里，不论谁，只要不是你，悲鸿，那我再也不来费工夫迂回地写这样长篇的文字（说实话，现在能有几个的言论是值得尊重的！）；但既然你说得出，我也不能制止我的“惑”，非得进一步请教，请你更剀切地剖析，更剀切地指示，解我的，同时也解，我敢信，少数与同感的朋友的，“惑”。

我不但尊重你的言论，那是当然的，我并且尊重你的谩骂。（“无耻”一流字眼不能不归入谩骂一栏吧？）因为你绝不是瞎骂。你不但亲自见过塞尚的作品，并且据你自己说，见到过三百多幅的多，那在中国竟许没有第二个。也不是因为派别不同；要不然你何以偏偏；不反对皮加粟（Piccasson），“不反对”梵·高与高更，这见证你并不是一个固执成见的“古典派”或画院派的人。换句话说，你品评事物所根据的是，正如一个有化育的人应得根据，活的感觉，不是死的法则。我所以惑。再说，前天我们同在看全国美展所陈列的日本洋画时，你又会极口赞许太田三郎那幅皮加粟后期影响极明显的裸女，并且你也“不反对”，除非我是错误，满谷国四郎的两幅作品；同时你我也同意看不起中树不折一类专写故事的画片，汤浅一郎一流平庸的无感觉的手笔；你并且还进一步申说“与其这一类的东西毋宁见胜藏那怕人的裸像”。这又正见你的见解的平允与高超，不杂意气，亦无有成见。在这里，正如在别的地方，我们共同的批判的标准还不是一个真与伪或实与虚的区分？在我们衡量艺术的天平上最占重要的，还不是一个不依傍的纯真的艺术的境界（An jndependent artistic uision）与一点纯真的艺术的感觉？什么叫作一个美术家？除是他凭着绘画的或塑造的形象想要表现他独自感受到的某种灵性的经验？技巧有它的地位，知识也有它的用处，但单凭任何高深的技巧与知识，一个作家不能创作出你我可以承认的纯艺术的作品。你我在艺术里正如你我在人事里兢兢然寻求的，还不是一些新鲜的精神的流露，一些高贵的生命的晶华？况且在艺术上说到技巧还不是如同在人的品评上说到举止与外貌；我们不当因为一个人衣衫的不华丽或谈吐的不文雅而藐视他实有的人格与德行，同样的我们不该因为一张画或一尊像技术的外相的粗糙或生硬而忽略它所表现的生命与气魄。这且如此，何况有时伤口的外相的粗糙与生硬正是它独具的性格的表现？（我们不以江南山川的柔媚去品评泰岱的雄伟，也不责备施耐庵不用柴大官人的口吻去表写李逵的性格，也为了同样的理由。但这当然是一个极浅的比照。）

如果我上面说的一些话你听来不是完全没有理性；如果再进一步关于品评艺术的基本原则，你也可以相当地容许，且不说顺从，我的肤浅的观察，那你，悲鸿，就不应得如此谩骂塞尚与马蒂斯的作风，不说他们艺术家的人格。在他们俩，尤其是塞尚，挨骂是绝不稀奇；如你知道，塞尚一辈子关于他自己的作品，几乎除了骂就不曾听见过别的品评——野蛮，荒谬，粗暴，胡闹，滑稽，疯癫，妖怪，怖梦，在1874年“Communard”（这正如同现代中国人骂反动派），在1904年，他死的前两年，Un Anarchist'O在1895年（塞尚五十六岁）服拉尔先生（Ambroise Vollard）用尽了气力组织成塞尚的第一次个人展览时，几于所有走过Ba Rue Labbitte的人（因为在窗柜里放着他的有名的《休憩时的浴者》）都得各尽本分似的，按他们各人的身分贡献他们的笑骂！下女、面包师、电报生、美术学生、艺人、绅士们、太太们，尤其是讲究体面的太太们，没有一个不是羞红了脸或是气红了脸的，表示他们高贵的愤慨——看了艺术堕落到这般田地的愤慨。但在十一二年后艺史上有名的“独立派”的“秋赛”时，塞尚，这个普鲁罔司山坳里的土老儿，顿时被当时的青年艺术家们拥上了二十世纪艺术的宝座，一个不冕的君王！在莫奈、穆罗、高更、夏凡等等奇瑰的群峰的中间，又涌出一座莽苍浑灏的宗岳！Selle Cezanne是一座圣殿，只有虔诚的脚踪才可以容许进去瞻仰，更有谁敢来议论的话——先生小心了，这不再是十一二年前的“拉斐脱路三十九”！

这一边的笑骂，那一边的拥戴，当然同样是一种意气的反动，都不是品评或欣赏艺术应具的合理的态度。再过五年塞尚的作品到了英国又引起了艺界相类的各走极端的风波：一边是“非理士汀”们当然的嬉笑与怒骂，一边是，“高看毛人”们一样当然反对的怒骂与嬉笑。就在现在，塞尚已经接踵着蒙内、米勒、贺茄史等等成为近代的典型（Classic），在一班艺人们心及素人们提到塞尚还是不能有一致的看法，虽则咒骂得热烈，正如崇拜得疯狂，都已随着时光减淡得多的了。塞尚在现代画术上，正如罗丹在塑术上的影响，早已是不可磨灭，不容否认的事实，他个人艺术的评价亦已然渐次的确定——却不料，万不料在这年上，在中国，尤其是你的见解，悲鸿，还发见到这1895年以前巴黎市上的回声！我如何能不诧异？如何能不惑？

话再说回头，假如你只说你不喜欢，甚而厌恶塞尚以及他的同流的作品，那是你声明你的品味，个人的好恶，我绝没有话说。但你指斥他是“无耻”“卑鄙”“商业的”。我为古人辩诬，为艺术批评争身价，不能不告罪饶舌。如其在艺术界里也有殉道的志士，塞尚当然是一个（记得文学界的弗绿贝尔）。如其近代有名的画家中有到死卖不到钱，同时金钱的计算从不曾羼入他纯艺的努力的人，塞尚当然是一个。如其近代画史上有性格孤高，耿介澹泊，完全遗世独立，终身的志愿但求实现他个人独到的一个“境界”，这样的一个人，塞尚当然是一个。换一句话说，如其近代画史上有“无耻”“卑鄙”一类字眼最应用不上的一个，塞尚是那一个人！塞尚足足画了五十几年的画，终生不做别的事。他看不起巴黎人，因为他有一次听说巴黎有买他的静物画的人，“他们的品位准是够低的”，他在乡间说。他画，他不断地画；在室内画，在野外画；一早起画，黄昏时还是画；画过就把画掷在一边再来第二幅；画不满意（他永远不满意）他就拿刀向画布上搠，或是拿画从窗口丢下楼去，有的穿挂在树枝上像一只风筝。你（无论你是谁）只要漏出一半句夸赞他的画的话，他就非得央着把那幅画送给你（他却不虑到你带回家时见得见不得你的太太）！他搬家就把他画得的画如数丢下在他搬走的画室里！至于他的题材，他就只画他眼前与眼内的景象：山岭，山谷，房舍，苹果，大葱，乡里人（不是雇来的模特儿），他自己或是他的戴绿帽的，黄脸婆子，河边洗澡的，林木，捧泥娃娃的女小孩……他要传达他的个人的感觉，安排他的“色调的建筑”，实现他的不得和表现的“灵性的经验”？我们能想象一个更尽忠于纯粹艺术的作者不？他一次说他不愿画耶稣，因为他自己对教的信仰不够虔诚，不够真。这能说是无耻卑鄙不？（在中国不久，我相信，十个画家里至少会有九个要画孙中山先生，因为——因为他们都确信他们自己是三民主义的忠实的信徒！）至于他的画的本身，但我实在再不能纵容我自己了，我话已然说得太多；况且你是最知道塞尚的伤口的，比我知道得多，虽则你的同情似乎比我少，外行多谈美术是一种大大的罪孽，我如何敢大胆！但容我再顺便在这信尾指出：在你所慷慨述到的近代法国大师的名单中，有的，如同特拉克洛瓦与库尔倍是塞尚私塾的先生，（小说家左拉Zole，塞尚的挚友，死后他的画堆里发现一张画题名 Len'evement 人都疑心不是特拉克洛瓦自己就是门下画的，但随后发现署名是塞尚！你知道这件小掌故否？）所以，我们别看轻那土老儿，早年时他也会画博得我们夸壮丽雄伟等等的神话。如伟丈夫抗走妖艳的女子之类！)有的如同勒奴幻或Pissarro(你似乎不曾提到他，但你决不能如何恨他），或莫奈或特茄史都是他的程度，浅深的相知（虽则塞尚说："这群人打扮得都像律师。"），有的，例如马奈，你称为"庸"的，或是夏凡，你称为伟大的，是他的冤家，他们的轻视是相互的，至于尊师达仰先生，他大约不曾会过塞尚，他大概不屑批评塞尚的作品，但同时我揣度他或许不能完全赞同你对他的批评。但这些还有什么说，既然如今塞尚不再是一个乡里来的人，不再是Communard或是Anarchist，已然是在艺术界成为典型如普桑（Poussin）、特拉克洛瓦、罗丹、米勒等一个个已然成为典型？我当然不敢不许你做第二个托尔斯泰，拓出一支巨膀去扫掉文庙里所有的神座，但我却愿意先拜读你的《艺术论》。最后还有一句话：对不起马蒂斯，他今天只能躲在他前辈的后背，闪避你的刀锋；但幸而他的先生是你所佩服的穆罗（Morean），他在东方的伙伴或支裔又是你声言"不反对"的满谷国四郎，他今天，我知道，正在苏州玩虎丘！

1929年4月9日天亮

从徐志摩不厌其烦的长篇大论中，可以看出他与徐悲鸿的分歧主要集中在对塞尚和马蒂斯为代表的西方现代派的看法上 。徐悲鸿的观点认为：中国当时的写实主义绘画还处于刚刚起步的阶段，以素描为基础的绘画基本功尚不扎实。在这种情况下如果盲目去搞什么"现代派"，必然使中国的绘画走到邪路上去。从当时的国情出发，他的这种观点当然是无可非议的。

而从徐志摩的观点看：塞尚和马蒂斯作为一种流派的诞生，必然有他的道理与合理性，在世界艺术的殿堂里应该得到宽容，允许各种风格存在，而不能一棍子打死。应该说，他的观点也不无道理。因此，这场争论越辩越激烈，两个人的背后都站着不同的支持者……

三、惑之不解

看完徐志摩的《我也惑》，徐悲鸿的心中很不平静，于是又写了《惑之不解》，进一步阐述自己的观点。在《惑之不解》中，继他的“惑”深入论述了西方“现代派”不过是艺术上的“傀儡”，而傀儡则不能视之为“人”，这是区分艺术真伪的重要标志。艺术要讲求形，形之不存则谈不上艺术。马蒂斯的作品在西方堆积如山，还有那些呆板的“院体”作品，可无论如何，也无法冲击万古江河的传统杰作。伪艺术永远也代替不了真艺术。

徐悲鸿还列举了罗斯金、林畏庐，及其德拉克洛瓦的《希阿岛的残杀》《但丁和维基尔在地狱》等作品与“现代派”作品进行了认真比较，以之正其不入流之作品。进一步阐明对待艺术，就像对待植物一样不能存有偏见。在西方，仍以达仰先生的写实艺术被视为主流。对于饥饿人群，所急需的并不是什么燕窝和鱼翅，而是青菜豆腐汤……

徐悲鸿还着重说明他曾游说陈嘉庚，并上书中法庚款委员会，要求成立美术馆，将那些现实主义杰作介绍到中国，但却未见成效。他还进一步提出了自己对美术的主张，认为美术仍然是尊德性、崇文学、致广大、尽精微、极高明、道中庸……

徐悲鸿写完《惑之不解》，尚觉意犹未尽，于是再次写了续篇，发表在 1929 年的《美展汇刊》增刊上，以极为诚恳的态度列举对西方现代派产生巨大影响的塞尚、德拉科罗瓦、罗丹、拉斐尔、提香，及其他们的作品，与徐志摩交换意见。

徐悲鸿与徐志摩两位都是文艺界名宿，又是十分要好的朋友。二人的争论，绝不只是个人认识上的差异，而是使 20 世纪开先风的文坛朝着什么方向发展的问题。徐悲鸿在这次展览中拒绝展出自己的作品自然有他的道理。这就是作为一位学者、艺术家，能够影响国家学风的原因所在。

四、徐志摩其人

读完《惑之不解》（续篇），徐志摩又写了洋洋六千言的长文继续与徐悲鸿论战。可因为《美展汇刊》的出版时间所限，最后没有刊出。

徐悲鸿与徐志摩的“惑”与“不惑”刊发三天后，徐志摩便给尚在法国的刘海粟写了一封信：

> 《美展》三日刊已出六期，我嘱每期寄十份，想早见。文字甚杂，皆清馨在张罗，我实无暇兼顾。我与悲鸿打架一文，或可引起留法艺术诸君辩论兴味。如有文字，盼多多寄来！《新月》随时可登。悲鸿经此，恐有些哭笑为难。他其实太过，老气横秋，遂谓天下无人也。

可以看出，徐志摩给刘海粟写信，主要还是想进一步获得留法人员的支持。徐志摩与刘海粟的个人关系非常好，就在他追求陆小曼几乎被她的母亲吴曼华阻断的情况下，是刘海粟出面说服了吴曼华，才得以成全他与陆小曼的婚姻。

徐志摩 1897 年 1 月 15 日出生于浙江海宁，是金庸的表兄，1915 年毕业于杭州一中，先后就读于上海沪江大学、天津北洋大学和北京大学。1918 年赴美国攻读银行学，改名志摩。1921 年赴英国入剑桥大学研究政治经济学。在剑桥两年，深受西方教育思想的熏陶及欧美浪漫主义和唯美派诗潮影响，成为“新月派”代表诗人。

1916 年，徐志摩考入北京大学，并于同年应父亲之命与年仅十六岁的张幼仪结婚。可在 1922 年，张幼仪生下第二个儿子彼得后，他便在柏林逼着她在离婚协议书上签了字。在与张幼仪离婚之前，他就已经开始追求林徽因。

林徽因是林长民的女儿，1904 年 6 月出生于杭州，跟随祖父、祖母居住。1912 年八岁时随父移居上海，1916 年随迁北京。1920 年与父亲林长民游历欧洲时，立下了要当女建筑师的志向。

徐志摩本来是梁启超的学生，他的才华很受老师青睐，到英国留学时，是梁启超把他介绍给林长民的。就在拜访林长民时见到了林徽因。当他第一眼看见站在林长民身旁，矮着父亲半头的这位纯情少女时，使他怦然心动：林徽因一身“五四”时期青年女学生的打扮——齐耳的油黑短发衬托着白皙宁静的面庞，鼻子和嘴唇的线条柔和而典雅，洋溢出东方女性含蓄的古典美；她那微微蹙紧的眉宇间和略带忧郁的漆黑眸子里，透出了一代才女特有的灵性。

徐志摩当即认定就是她——她就是我在茫茫人海中所要寻找的终身伴侣。可是，他那时已经二十四岁，而且已是两个孩子的父亲，可林徽因才刚满十六岁。就在出国之前，她已在双方父母的撮合下与梁启超之子梁思成订立了婚约。

然而，林徽因不但冰清玉洁，口齿伶俐，而且聪明智慧，才思过人。她的魅力让才华横溢的任性诗人发起了凌厉攻势，在给她的爱情诗中写道：

> 我是天空里的一片云，偶尔投影在你的波心——
> 你不必讶异，更无须欢喜——
> 在转瞬间消灭了踪迹。你我相逢在黑夜的海上，
> 你有你的，我有我的，方向； 你记得也好，
> 最好你忘掉，在这交会时互放的光亮！

已经成为自由战士的徐志摩以为，他的有妇之夫身份只不过是“白璧微瑕”，婚姻与爱情不是一回事，他所追求的是后者。1922 年 3 月，与张幼仪在英国办理了离婚手续后，对林徽因的追求更加有恃无恐。

根据后来林徽因一直放不下徐志摩的情况推测，在他的凌厉攻势面前，她当时也是有所心动的。然而，林长民虽然欣赏徐志摩的才华，可他与梁启超毕竟是多年的老朋友，也不愿意让女儿充当第三者而遭受众人的冷眼和唾弃。因此，他便把林徽因匆匆带回国内，在与梁启超的共同安排下，

让女儿与梁思成的关系正式确定了下来。

从林徽因的角度讲，她虽然受过西方教育，可她的内心还是充满传统的，尽管徐志摩在她的心中已经搅起了巨大波澜，可最后，她的理性还是战胜了感情：她在英国见到过张幼仪，那时，她正抚养着徐志摩的第二个孩子彼得，她那幽怨的眼神令她难以忘怀……

等到徐志摩回国时，林徽因与梁思成的婚事已成定局。然而，爱情之火却使浪漫诗人变得更加疯狂，他一定要把林徽因追到手。他的行为遭到老师梁启超的怒斥，但他随后在给老师的信里却写道：

> 我将于茫茫人海中寻找我唯一灵魂知己，得之我幸，不得我命，如此而已。

徐志摩的所作所为也让梁启超深感不安，为了防备夜长梦多，于1924年送林徽因、梁思成双双赴美留学。林徽因本来是与梁思成一起去学建筑的，可当时美国宾州大学的建筑系却不收女生，于是改学了美术。可她主要还是在选修建筑学的课程，以致后来与梁思成均成为新中国成立后第一代著名建筑学家。

1925年，张作霖依靠日本政府的支援，兵分四路进攻北京。奉军将领郭松龄向全国发表《反奉通电》，将原奉军第三方面军改称为东北国民军，并托人游说林长民共同出关以助其力。林长民感谢郭松龄的知遇之恩，11月30日乘坐他的专车秘密离京。不料途中遭遇奉军王永清部的袭击，林长民中流弹身亡。林徽因由此失去了经济支持，面临辍学回国挣钱养家糊口的现实。这时，梁启超慷慨解囊，不但承担了林徽因在美国的全部学习费用，还按时给她的家里送去生活费。

1927年，林徽因从宾州大学美术学院毕业，又入耶鲁大学戏剧学院学习舞台美术。1928年春，与梁思成在渥太华举行了婚礼。8月，夫妻偕同回国，一起受聘于北京大学建筑系。

林徽因与梁思成既已成婚，徐志摩感到一阵绝望后，又把爱情着陆点落到陆小曼身上……

陆小曼的父亲陆定是晚清时的举人，日本早稻田大学毕业，留学期间参加过孙中山的同盟会。国民党南京政府成立后任财政部参事、赋税司长，也是中华储蓄银行的主要创办人。

陆小曼的母亲吴曼华出身名门，多才多艺，不但有较深的古文功底，而且能诗善画，对女儿影响颇深，陆小曼的“曼”字便来源于母亲的“曼华”。

陆小曼生得花容月貌，身材婀娜多姿。由于出身于名门世家，自幼受到良好的教育和家庭影响，加上自身勤奋努力，使她成为中国近代史上少有的才女：不但能诗善画，钢琴技艺同样精湛，而且于十七岁时就已精通了英文和法语。

1922 年，十九岁的陆小曼依父母之命嫁给了王赓。

王赓是一名优秀的职业军人，结婚后被任命为哈尔滨警察局长，她则随同前往。别看陆小曼的年纪不大，可她已经在北洋政府外交部度过了三年翻译生涯，又以她的年轻貌美、多才多艺和善于交际而誉满京城。所以抵达哈尔滨后，大街小巷全都贴满了她的海报。

然而时间一长，陆小曼却发现自己与王赓无论在个人的追求和爱好上，以及人生态度上都不尽相同；加之对哈尔滨的寒冷气候和生活习惯并不适应，因此整日郁郁寡欢。不久，便回了北京的娘家。

徐志摩本来是王赓的朋友，到他家做客时，就像当年张道藩在徐悲鸿家遇到蒋碧薇时一样，对陆小曼一见钟情。从此，便成了王家里的常客。有时候徐志摩来到王家，陆小曼便要求王赓出去玩，可他却忙于军务，便对她说道：“我没空，叫志摩陪你去吧。”

以后，徐志摩又登门请王赓出去游玩，王赓又对他说道：“我今天很忙，叫小曼陪你去吧。”

王赓与徐志摩不同，他像徐悲鸿一样信守中国的一句古老格言：“宁穿朋友衣，不沾朋友妻”。因此不但对徐志摩十分信任，对陆小曼也非常放心。

于是，徐志摩便常常将陆小曼带出家门，投其所好，陪她打牌、听戏、逛天桥，还为她介绍北京的名师学画。陆小曼心里想道：这才是我心中的理想伴侣。可是，我们却相识在不该相识的时候……

自从徐志摩带着失意的心态走进王赓家门见到陆小曼一刻起，他那沉郁的心里立刻透进一丝光亮：陆小曼苗条秀逸的身段，妩媚可人的形象，和女性特有的娇柔，一点也不比林徽因差；而那忧郁多情的眼神，鼻子的形状，嘴唇的曲线，与林徽因一样带有东方女性的古典美；她在艺术上的才情与林徽因相比，只怕是有过之而无不及。这样，气度翩翩风华正茂的江南才子，遇上了情意绵绵的含露玫瑰，便如干柴烈火般熊熊燃烧起来……

陆小曼的美丽动人和她的缠绵情怀激发了徐志摩无限诗情，脍炙人口的爱情诗《花的快乐处》《春的投生》《一块晦色的路牌》《翡冷翠的一夜》等，都是在这段恋爱时期写就的。他不但经常与陆小待在一起，还天天给她写信，在信中说道："我的诗魂的滋养全得靠你，你得抱着我的诗魂像母亲抱着孩子似的，他冷了你给他穿，他饿了你得喂他食——有你的爱他不愁饿不怕冻，有你的爱他就有生命！"

由于王赓的疏忽，成就了浪漫诗人和一代才女的真正恋情，而且一发而不可收拾。等到王赓醒悟过来，为时已晚。经过几次争吵后不得不怀着巨大痛苦将妻子拱手让给徐志摩，对她说道："小曼，我想了很久很久，既然你跟我一起生活没有乐趣，既然我不能给你所希望的生活，那么我们只有分开。"

听了王赓的话，陆小曼感动得痛哭流涕。王赓又说道："小曼，你别哭，你知道我是爱你的，但我平时工作太忙，对你关心不够，这是我的性格所决定的。你和志摩都是艺术型人物，一定能够意气相投，我祝福你们以后能得到幸福。"

可此时，陆小曼已经有了身孕。与王赓结婚几年才怀上孩子，她有些舍不得将其做掉。而与王庚比较起来，她更喜欢徐志摩。可如果将孩子生下来，与王赓就不好再离婚，也就不能嫁给徐志摩。最后，为了爱情和自由，她还是选择了放弃——忍痛可爱，背着王赓和徐志摩到一家德国医院做了流产手术。1925年底，解除了与王赓维持四年的婚姻，年仅二十三岁。离婚后，王庚再未续娶。

王赓，1895年5月15日出生于江苏无锡。家道衰落后发奋求学，1911年毕业于清华大学后赴美留学。1915年获普林斯顿大学文学士学位，同年入美国西点军校，与美国名将艾森豪威尔同学。

1918年6月毕业回国，王赓供职于北洋陆军部。1918年担任巴黎和会中国代表团上校武官，兼外交部翻译。1920年任陆军上校，同年与陆小曼结婚。

1923年，王庚出任交通部护路军副司令，同年晋升陆军少将。1924年底，任哈尔滨市警察局长。并先后担任孙传芳的五省联军总部参谋长，敌前炮兵司令，铁甲车司令军职。1931年宋子文当财政部长时，任“税警总团”团长，中将军衔。1932年春“一二八”上海保卫战期间，遭日寇逮捕。释放后于1942年初被任命为赴美军事代表团团员，4月，途经开罗时病逝。年仅四十七岁。王赓逝世后，被北非盟军以厚礼葬于开罗市郊英军公墓。

热恋中的徐志摩与陆小曼。仅从姿态和表情上，便可看出他们的爱情有可能将以悲剧形式结束

陆小曼虽然与王赓离了婚，可想要嫁给徐志摩，还是遭遇到双方家庭的重重障碍。在百般艰难的情况下，徐志摩只好求助好友胡适、刘海粟出面调停。

陆小曼和王赓的离婚协议是她的父亲陆定背着母亲吴曼华给办理的，可吴曼华既不同意女儿与王赓离婚，也不同意她嫁给徐

《陆小曼肖像》（素描）徐悲鸿作

志摩，并要求她立刻离开北京——离开徐志摩赴上海。

刘海粟找到吴曼华说道：“老伯母休怪我信口雌黄，讲话不留情面。我虽然学的艺术，但我也很讲实际。目前这样把小曼逼到上海，又能解决什么问题？她和王先生就能白头偕老吗？而且，她的婚姻又是你们父母包办的。如果整日跟你们二老吵闹的话，你们也不得安宁啊！”

吴曼华回答道：“我们何尝不知道，可因为我们夫妇都喜欢王赓，才把小曼嫁给他的。我们对志摩的印象也不坏，只是人言可畏啊！”

刘海粟虽然苦口婆心讲了许多包办婚姻酿成的爱情悲剧，可吴曼华还是下不了决心，于是又说道：“老实说，王赓对我们二老还真算孝心，对小曼也很厚道，怎么开得了口让他和女儿离婚呢。”

刘海粟见吴曼华忧心忡忡，便让她陪陆小曼离开王赓赴上海。然后与胡适加强各方面工作。可徐志摩的父亲徐申如的态度更加坚决。他是浙江海宁县硖石镇的富绅，在当地很有名望。他以为儿子抛弃温柔贤淑的张幼仪已属大逆不道，再娶一位有夫之妇进门，更是有辱门风。工作尽管艰难，可刘海粟并不放弃。最后，徐申如以断绝对儿子的经济支持而勉强答应，并要求他们婚后不能继续住在北平。

梁启超毕竟是徐志摩的恩师。徐志摩又找到他做自己与陆小曼的证婚人。梁启超虽然遭遇过徐志摩与林徽因的麻烦，可他终归是个大人物，有着常人难以具备的修养，因此没有拒绝。但他却在婚礼上无情怒斥了徐志摩：“希望他勿再做一次过来人。”

婚后，徐志摩写出了影响几代人的《爱眉小札》。陆小曼还出演他《玉堂春》《春季闹学》等剧目，又师从贺天健、陈半丁学画。然而，她的生活依然奢侈放任：结交名流，频繁出入社交场所，成为上海社交界的名媛。

正因为有了陆小曼这层关系，徐志摩对刘海粟更加敬重，关系也更加紧密，因此他才把与徐悲鸿的争论写信告诉了刘海粟。

五、李毅士之“我不惑”

徐悲鸿虽然承认塞尚、马蒂斯的作品是“十二分的天性流露”，但他还是以社会效果作为衡量艺术价值的标准：如果他们的作品在中国占据上重要位置，就会抵制希腊、罗马的古风顺利输入。他主张“欧洲数百年来艺术的根基多少融化了，再把那触目的作风，如塞尚、马蒂斯一类的作品输入中国来。”

就在徐悲鸿与徐志摩的争论僵持不下时，李毅士也在《美展汇刊》第八期上著文发表了自己的意见。

李毅士 1907 年入英国的格拉斯哥美术学院，时任中央大学教育学院艺术科教授。在此次美展中，担任作品鉴选委员。他主张对西方艺术先消化后引入更为合适。他的这个思路与徐悲鸿主张的观点殊途同归。他在《我不“惑”》中说道：

> 四十多岁的老头子，自然应该不惑。我读了美展第五期上两位徐先生的大文，见他们双方都惑。自然，应当说两句不惑的话，方是道理。我想悲鸿先生的态度，是真正艺术家的态度。换一句话说，是主观的态度。志摩先生的言论，是评论家的口气。把主观抛开了讲话，所以他们双方的话，讲不拢来。塞尚、马蒂斯的作品，我研究了廿多年的洋画，实在还有点不懂。假若说：我的

1920年，王赓与陆小曼结婚时，登在报纸上的新闻稿和婚纱照

儿子要学他们的画风，我简直要把他重重地打一顿，禁止他学他们。因为我对我的儿子负有指示他的责任。我不得不凭我的主观来决定我的行为。所以我凭我主观说：我是极端赞同悲鸿先生的态度。至于艺术评论家的责任，是要传扬艺术家所表现不到家的地方。所以如果遇到有所不懂的地方，只可以承认自己赏鉴力的不足，不好说作家的东西不好。罗斯金和魏斯德勒的官司，就是罗斯金失了他评论家的态度，把主观拿出来了。所以志摩先生的不诽谤塞尚尚、马蒂斯，也是极正当的态度。

照上面所说，两位徐先生因为所处的地位不同，态度的不同。这有什么可惑的地方？不过我并不在这里解劝他们 。我想请他们把眼光放开一些，把社会上所要解决的大问题，讨论一下，然后再来判断艺术。

艺术在作家方面，可以说不过是个性表现。任凭他作风如何，只要不是欺人，在他自己眼光中，自然是有价值的。不过艺术品要在社会上存在，要使社会鉴赏，除非要社会至少能够了解，不要说表同情。倘如有一件艺术品，社会上没有人了解，任凭他如何的有价值，在那一个时代中便是“乡下人毛厕”一般的东西。这种情形犹如田里长了五谷，假使人类只知道吃麦，则他类的谷自然要被淘汰，把田地专来种麦了。志摩先生以为这个办法是适当的吗？假使志摩行政管理是一位农学专家，五谷的好处都研究过的，味道也都尝过的，那便不妨把他的好处传扬出来，使别人也尝尝。假若志摩先生不能做到这一层，那么暂且不必去管他们。塞尚和马蒂斯的作品，在我的眼光中，敢说在一般社会上人的眼光中，未见得能够十二分地了解。如果他们的好处志摩先生已经知道，则不妨把他们来解释一下，再容我们大家请教请教。且不管和时代的风尚如何？与社会的心理是什么关系？

我从本文的起首，到现在还没有说主观的话。现在便要开始说几句了。我觉得艺术的作风，既和时代发生关系，艺术家的责任，就应该把他在社会上的责任先研究一下。志摩先生说："艺术的批评是独立的，不容纳道德性的观念的。"在我的意想中，我们倘若用远大的眼光来看，社会进化的眼光来看，艺术和道德确有深切的关系。不过我的所谓道德，是艺术家自身所感受到的道德，不是传统上的道德。一个艺术家不是至诚的耶稣教徒，他决不能有好的圣母画出来。这是我相信的。一个鄙陋的画家，任凭他技巧如何的精妙，绝不会有流芳百世的艺术品产生。这也是我深信的。回转来说：一个人的天性终是善的。除非受了利欲的支配的人，才有不正当的行为。艺术家假使没有利害的关系，那他所表现的必定是真实的，也必定是他天性的，所以也就是善的。因为以上缘故，我不敢批评任何人的作品。除非我可以证明其人行为，是有欺骗社会以谋利的地方。塞尚和马蒂斯的为人如何？我不十分清楚，所以不敢断言。悲鸿先生说："他们是借卖画商人的操纵宣传而成名的。"如果他的话有确实的证据，那我绝对地赞同。悲鸿先生说：他们的画没有价值。不过我现在拿社会的眼光来看，即使悲鸿先生的话是不确，塞尚和马蒂斯的表现，都是十二分诚实的天性流露；但是我还觉得要反对他们在中国流行。

因为我以为在中国现在的状况之下，人心思乱了二十多年，我们正应用艺术的力量，调剂他们的思想，安慰他们的精神。像塞尚、马蒂斯一类的作品，若然盛行在中国，冲动了中国的社会，我知道这祸患不浅哩？！这是我的主观。但是这也是我不惑的地方，所以拿出来讲一讲。

现在不从我的主观说话，单就现在中国的艺术状况而言，有几个人肯耐心地研究学术？有几个人不愿由一条捷径来换得名利？如果塞尚和马蒂斯一类的作品，是在中国有了代价，那么我知道希腊罗马的古风是再也不会钻进中国的艺术界来。欧洲几百年来的文明，在中国再也没有什么地位了。这种情形就是志摩先生赞成塞尚和马蒂斯似乎也当考虑考虑。志摩先生还说："人心好变动喜新异。"结果乃有塞尚的"土气""梵·高的癫狂"，这话诚然。艺术家常讲统一和变化，在一件艺术品中而言，自然是不错的；就艺术的趋势而知道，这种原理也是同样地适用。不过西洋艺术的环境，和中国艺术的环境是不一样的。一片灰色的颜色中加上一点红，我们觉得十分地有趣。倘若满纸灰色的背景，还没有涂好的时候，这一点红似乎加也不适当了。我请志摩先生想想我们现在中国的艺术。如果说：欧风是有可取的价值，我们是否应该先把这灰色的背景涂好。换一句话说：欧洲数百年来，艺术的根基多少融化了，再把那触目的作风，如塞尚、马蒂斯一类的作品，输入中国来。我根据这个观念，所以要在两位徐先生大文之后，加这几句话。我不希望谁给我来辩驳。我不过想一般读者，读了两位的"惑"，或者可以采取我的意见因之不惑。

我作本文的时候，志摩先生的《我也"惑"》还未完篇。一半的高论，尚未领教。如以后读了他下半篇文字，觉得有更正或补充我的言论之必要时。再行请教。

毅士附注：4 月 26 日灯下

很显然，在这场论战中，李毅士的观点是对徐悲鸿观点的进一步阐述，而且令人信服。在编辑这场“惑”与“不惑”的过程中，担任编委的杨清馨，最后写了一篇《惑后小言》：

有悲鸿兄“惑”其所“惑”后，志摩继其所“惑”，毅士七兄从而不“惑”之。今悲鸿又“惑之不解”矣。

是“惑”之天地继长增高予艺人于不少兴奋。于此沉寂冷酷无情之社会里，散漫而庞杂之艺坛上，忽而“冷火中爆出个热栗子来”，实是艺术界大好现象。虽然，此时吾人所欲惑者，不止止于是。我觉得在此中华民国生活趣味低落之时期，人群智慧与灵感，为毒氛熏染，漫无声息。一方面果属为吾艺人应为“既以与己愈有，既以为人己愈多”之有为工作。在彼一方面，吾人尤应紧张着空气积极地谋启示引诱之运动，使民众得相当了解艺术之力量，发生热烈之情绪，有内心的要求。同时，在歧途中哥儿们，与不知三眼一板而喜唱油腔滑调者，吾人应群起而捂之，使之清醒使之从善，使之同为时代之前驱者。国内艺术家，应在你放开画笔之时，顾到前后，看到左右，同来努力此工作。（悲鸿兄，此一柄大纛，你应该共同来肩负着的。）

《惑之不解》付排后，志摩兄又来洋洋大文，计长六七千言。本刊地位及时间上均不能容，唯有暂为保存，俟有继续出版之机会再为刊布。

关于这场“惑”与“不惑”的争论，到此再也没有进行下去，但却使人们对于时代、国情和艺术的认识更加明确了。这就有助于艺术按照自身的规律健康向前发展。1930 年，也就是距离那场论战不到一年时间，徐悲鸿为徐志摩画了一幅《猫》，题识曰：

志摩多所恋爱，今乃及猫。鄙人写邻家黑白猫与之，而去其爪，自夸其于友道忠也。

徐悲鸿题识里的“志摩多所恋爱，今乃及猫”，指的自然就是陆小曼，可他们二人后来的结局却令人痛心……

徐志摩与陆小曼结婚后，大大激发了他的创作灵感，写出很多戏剧作品。可陆小曼依然结交名流，频繁出入社交场所，而且染上了吸食鸦片的怪癖。为此，徐志摩只得疲于奔命，到处讲学和上课，以补充经济上的不堪重负。说起陆小曼吸食鸦片，就不得不提到翁瑞午……

翁瑞午的家财万贯，游手好闲：听戏、唱戏，跳舞、画画，搞收藏、捧戏子，追女人、吸食鸦片无所不为。

有一次陆小曼参加徐志摩的戏剧演出后过度疲劳，翁瑞午便主动为她提供按摩服务。不料这一招还真管用，陆小曼感到浑身舒服。

陆小曼与王庚离婚到医院做流产时，因手术失败，不但不能再生育，身体也从此萎靡不振，到处疼痛，有时甚至难受得晕厥过去。就在她难受得要死时，翁瑞午让她吸了几口烟膏。鸦片的神效立刻使她飘飘欲仙，忘乎所以，哪儿也不痛了。自此，陆小曼的家便变成了她和翁瑞午的烟榻。她觉得，鸦片既然能解除病痛，那么何乐而不为呢？而且吸食鸦片是翁瑞午提供的。到后来，翁瑞午干脆就住到了陆小曼家里。徐志摩在 1925 年 8 月 27 日的日记中告诫过她：受朋友怜惜与照顾也得有个分寸，否则就有界限不分明的危险。

然而陆小曼的病体需要翁瑞午的安抚，似乎没有人可以代替他，也没人能够使她感觉如此舒服和愉快。她虽然爱着徐志摩，可却依赖翁瑞午——依赖有时是无法摆脱的。

徐志摩是从西方归来的诗人，觉得丈夫不能限制妻子结交异性朋友。而对翁瑞午一直供着陆小曼鸦片，却觉得自己有失君子风度。因此，开始厌恶上海的生活，几次想搬回北京。可陆小曼却不愿离开百般依赖的翁瑞午。胡适等朋友害怕徐志摩被毁在上海，便邀请他到北京做事，并为他安排了教职。

1931 年 11 月 19 日，徐志摩从南京搭乘一架邮政飞机，要赶到北京协和小礼堂去参加林徽因向外宾所做的“关于中国古建筑”的讲演。飞机降落徐州后加油时，他给陆小曼发了一封短信，说徐州有大雾，还感到有些头疼，想要返回上海。信发走后，他又觉得心里牵挂着林徽因，林徽因也肯定惦记着他，最后还是走了。

不料，因为雾大，发生了空难：飞机于中午在济南党家庄附近的开山触山爆炸，机上的徐志摩，还有驾驶员王贯一、副驾驶梁壁堂全部遇难。三个人皆三十六岁。

第二天一大早，南京航空公司的保君健把噩耗传给陆小曼时，她一下子昏厥过去。

徐志摩的遗体停在济南近郊的福庵，梁思成、金岳霖、张奚若、沈从文、闻一多、梁实秋、赵太侔等人一起赶赴现场。林徽因流着眼泪，用一只铁树叶缀以白花，做成了一只希腊风格的小花圈，中间镶嵌着徐志摩的照片，让梁思成带到了他的灵前。她还让梁思成到飞机失事地点捡一块飞机残骸带回北平，被她挂在卧室的壁上，直到她 1955 年去世。

徐志摩离世后，陆小曼总是一身素服。1932 年在海宁硖石召开的追悼会上，她送的一幅挽联上写道：多少前尘成噩梦，五载哀欢，匆匆永诀，天道复奚论，欲死未能因母老；万千别恨向谁言，一身愁病，渺渺离魂，人间应不久，遗文编就答君心。

1933 年清明，陆小曼独自一人第五次——也是最后一次来到硖石为徐志摩扫墓，归来吟诗一首：

肠断人琴感未消，此心久已寄云峤。
年来更识荒寒味，写到湖山总寂寥。

徐志摩走了，许多朋友出来规劝陆小曼为了名誉离开翁瑞午吧。然而，陆小曼不愧是一世名媛，重感情、讲义气。她不能在需要的时候请朋友进来，而在引起世俗目光的时候就一脚踢开。她要为自己活着，而不是活给别人看。更不能忘恩负义：人死如灯灭，世态炎凉，她更需要翁瑞午。如果将他推开，劝她的人能像他一样过来陪伴自己吗？因此，她依然我行我素，每天由翁瑞午陪着听戏、画画、打牌、郊游，难受时候便接受她的按摩，与他在烟榻上飘飘欲仙……

在生活最困难的时候，翁瑞午宁肯自己不吃不用，也不让陆小曼受到委屈；陆小曼对他也算仁慈：不但处处关心他的衣食住行，而且绝不许他与妻子离婚。

1961 年，翁瑞午病入膏肓，弥留之际，还找到朋友赵清阁和赵家璧，拜托他俩日后多多关照陆小曼。

1965 年 4 月 3 日，陆小曼在上海病逝，时年六十三岁。

第十一章

论战刘海粟

徐悲鸿和刘海粟虽都留学欧洲，可二人的追求和风格却大不相同。而至此，徐悲鸿与刘海粟多年的积怨业已公开，以致接下来在国内外的艺术场合里都在明争暗斗，而且后来的论战也更加激烈与尖刻……

一、蔡元培与刘海粟

刘海粟祖籍安徽凤阳，1896 年 3 月 16 日生于江苏常州，十四岁到上海入周湘主持的背景画传习所学习西洋画。1910 年在乡里办图画传习所，1912 年 11 月与乌始光、张聿光等人在上海创办了一所上海图画美术院。1919 年赴日本考察美术教育，回国后创办天马会。

1929 年，刘海粟赴法国、意大利、瑞士、比利时等国考察美术。三年时间创作了三百余幅作品，出版画册《海粟油画》。作品入选法国秋季沙龙与蒂勒黎沙龙，国画《九溪十八涧》获比利时独立百年纪念展览会荣誉奖。

1921 年深秋，刘海粟希望画些北国风光，也想领教一下蔡元培先生的教诲。于是给他写了封信。蔡元培礼贤下士，很快给他写了回信。他便于 12 月 14 日首次赴京，被蔡元培安排在美专教师宿舍居住，又引荐他接触到蜚声北国画坛的姚茫父、陈师曾、李毅士等人。期间，刘海粟每天背上画囊外出写生，画了《前门》《长城》《天坛》《雍和宫》《北海》及《古柏》等三十幅油画和水粉。

1930 年刘海粟（左一）和妻子张韵士（中）与朋友傅雷在巴黎

蔡元培看了他的作品后非常高兴，准备为他举办个人画展。但却有人在他面前说刘海粟坏话，讲他的画不行，有些脏乱。蔡元培相信自己的眼光，亲自撰写了《介绍画家刘海粟》一文，作为

画展序言：

> 刘海粟用了十几年的毅力，在中国艺术界里创造了一个新方面，这虽是他个人艺术生命的表现，却与文化发展上也许受到许多助力……我写这篇文，不独是介绍刘君，并希望我国艺术界里，多出几个像他那样有毅力的作者……光复那一年，他就在上海自立了一个美术学校，最初学生不过十余人，现在已有三、四百人，并且还有许多是从别国来的。"民国"七年，他到日本的东京和京都旅行几个月，参观日本帝国美术院开幕。现在他在上海艺术界很有一种势力……

蔡元培的这篇文章于1月14日首先发表于《京报》，次日，《新社会报》和《北京大学日刊》转载此文时，北京高等师范校长李建勋又署名于蔡元培之后。一时间，观赏刘海粟画

1933 年 2 月 17 日，蔡元培（右）和鲁迅（左）与英国作家萧伯纳在中山故居合影

展的人络绎不绝，他便从一个无名小辈一跃而成为画坛新秀，这与蔡元培的大力举荐不无关系。

蔡元培还邀请刘海粟到北京大学画法研究会讲学，题目是“欧洲近代艺术思潮”。在蔡元培的引荐下，他还结识了李大钊、许寿裳、胡适、梁启超、陈独秀、徐志摩、经亨颐等人。

此后，蔡元培为上海美专写了“闳约深美”作为学校的办学宗旨。在刘海粟多次邀请下，1931 年，蔡元培又为上海美专撰写了长达二十三句的校歌歌词。五年之后，又将原歌词进行了修改，缩短为十句，精练易记，朗朗上口。可以说，在上海美专，蔡元培的印记无处不在。

1929 年，刘海粟想要出国留学考察，以借鉴西洋画法，但是对于出国经费却一筹莫展。还是蔡元培帮助了他，为他谋到了大学院的特约撰述员，每月可享有一百六十元津贴，尽管这笔钱在国外生活不算宽裕，可在当时，已实属难得。刘海粟立即给蔡元培写信说：

> 屡蒙我公嘉惠提携，窃以为生平大幸。尝自傲曰，生平无师，唯公是我师矣，故敬仰之诚，无时或移。今更蒙许由大学院派赴欧洲研究，足见先生爱我之切，亦无时或易也。感激之情，更非区区楮墨所可表于万一。并希望此项使命形式先期发表，俾晚早日收束国内琐事，以决心渡欧也。

在欧洲游学两年后，刘海粟就要启程回国，可旅费却又发生了困难，万般无奈之下，他又写信向蔡元培求助。接到信后，蔡元培于 1931 年 7 月 11 日，致信教育部长李书华：

> 上海美专校长刘海粟君，本以贵部特约著作员津贴赴欧游学。到欧后，历在法、意、德、瑞诸国展览讲演，备受欢迎，近有《雪景》一幅被选入鲁克爽堡美术馆，益令人注意。现刘君拟束装回国，而川费不敷，欲请贵部汇给一万法郎。如蒙终始玉成，曷胜

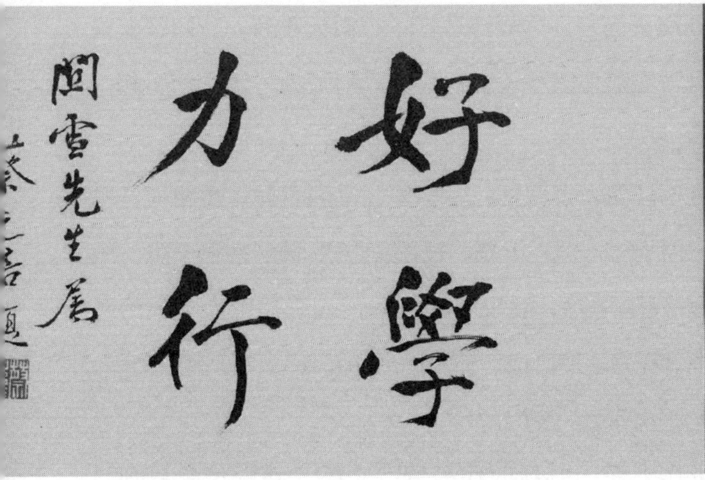

蔡元培书法作品

　　同感，专此奉商。

在蔡元培的斡旋下，刘海粟于 1931 年得以从欧洲回到上海。

蔡元培在刘海粟的发展道路上，的确起到了举足轻重的作用，可谓他人生转折与升华的伯乐。蔡元培还是刘海粟的艺术知音，在刘海粟的藏品中，有很多他的题跋。刘海粟多次对朋友说道：“世无蔡元培，便无刘海粟。”

二、徐悲鸿启事

1932 年 10 月 15 日，刘海粟游欧作品展览会在上海北京路、贵州路口湖社开幕。这次画展盛况空前，展出他旅欧前后所作油画、卢浮宫临画、中国画共计二百二十五幅。参观展览的观众多达十一万多人次，上海各大报纸均做了报道，《新晚报》还为此专门做了特刊，刊登了刘海粟的照片以及代表作。同时还刊登了上海市市长吴铁所做的序言，以及陈公博、蔡元培诸多名流的文章。对于刘海粟而言，这或许是又一个重大收获。一切看起来都很圆满。然而，却因曾经可发表在《新时代》月刊上的一篇文章引起了徐悲鸿与他的一场论战。

曾经可于 1901 生于江西省泰和县，名国珍，笔名君荷、金凯荷，早年就读于江西省立第四中学。1919 年夏，任赣南学生联合会总干事，因参加五四运动而被校方开除学籍。后来留学日本，入早稻田大学政治经济系。回国后参加北伐，在京、沪、杭、鄂等地或做记者，或任军中文书。1928 年，到上海从事文学活动，参加力社。

1931 年，曾经可在上海创办新时代书局，主编《新时代》月刊。1931 年至 1933 年，出版短篇小说集《爱的逃避》《诀绝之书》《法公园之夜》和长篇小说《死》，散文集《小鸟集》，诗集《爱的三部曲》《两颗星》，其作品轻灵隽永，是位多产作家。

曾经可当时的地位虽然不算高，名气也不是很大，但却是个活跃人物，在《新时代》上评介刘海粟画展时说道：

> 刘海粟和徐悲鸿这对师生都因在走向艺术道路的初期，遇上了蔡元培这样爱才、惜才的师长，他们的艺术道路才会如此辉煌，反之，将会是另一种样子。

不料，“刘海粟和徐悲鸿这对师生”的话，却惹恼了徐悲鸿。

徐悲鸿还记得第一次到上海时，满怀希望地奔至上海图画美术院，但却发现那里并无像样的教师和教学设备，待了两个月毫无收获便离开了。看到曾经可的文章后毫不客气，立即撰文，于 1932 年 11 月 3 日在《申报》刊登《徐悲鸿启事》：

> 民国初年，有甬人乌某，在沪爱尔近路（后迁横浜路），设一图画美术院者，与其同学杨某等，俱周湘之徒也。该院既无解

剖、透视、美术史等要科，并半身石膏模型一具都无；唯赖北京路旧书中插图为范，盖一纯粹之野鸡学校也。时吾年未二十，来自田间，诚悫之愚，惑于广告，茫然不知其详；既而，鄙画亦成该院函授稿本。数月他去，乃学于震旦，始习素描。后游日本及留学欧洲。今有曾某者，为一文载某杂志，指吾为刘某之徒，不识刘某亦此野鸡学校中人否，鄙人于此野鸡学校固不认一切人为师也。鄙人在欧八年，虽无荣誉，却未尝试持一与美术学校校长照片视为无上荣宠。此类照片吾有甚多，只作纪念，不作他用。博物院画，人皆有之，吾亦有之；既不奉赠，亦不央求。伟大牛皮，通人齿冷，以此为艺，其艺可知。昔玄奘入印，询求正教。今流氓西渡，唯学吹牛，学术前途，有何希望；师道应尊，但不存于野鸡学校。因其目的在营业欺诈，为学术界蟊贼败类，无耻之尤也。曾某意在侮辱，故不容缄默。唯海上鬼蜮，难以究诘，恕不再登，伏祈公鉴！

《徐悲鸿启事》的语言尖刻，一点不留情面，将刘海粟贬斥得一文不值。

三、刘海粟启事

刘海粟看到徐悲鸿的启事后勃然大怒，仅仅相隔一天，即11月5日，便在《申报》上刊登出《刘海粟启事》：

第三卷三期《新时代》杂志曾经可先生刊有批评拙作画展一文。曾先生亦非素识，文中所言，纯出衷心，固不失文艺批评家之风度，不谓引起徐某嫉视，不惜谩骂，指图画美术院为野鸡学校。实则图画美术院即美专前身，彼时鄙人年未弱冠，苦心经营。即以徐某所指石膏模型一具都无而言，须知在中国之创用“石膏模型”及“人体模特儿”者，即为图画美术院经几次苦斗，为国人所共知，此非“艺术绅士”如徐某所能抹杀。且美专二十一年来生徒遍海内外，影响所及，已成时代思潮，亦非一二人所能以爱恶生死之。鄙人身许艺学，本良知良能，独行其是，谗言毁谤，受之有素，无所顾惜。徐某尝为文斥近世艺坛宗师塞尚、马蒂斯为“流氓”，其思想如此，早为识者所鄙。今影射鄙人为“流氓”，殊不足奇。今后鄙人又多一个“艺术流氓”之头衔矣。唯彼日以“艺术绅士”自期，故其艺沦为“官学派”而不能自拔。法国画院之尊严，稍具常识者皆知之，奉赠既所不受，麦门冬求亦不可得，嫉视何为？真理如经天日月，亘万古而长明。容有晦暝，亦一时之暂耳。鄙人无所畏焉。

《刘海粟启事》虽然意在为自己辩解，但也给徐悲鸿泼了脏水。徐悲鸿看到后更加生气，别看他似文弱书生，但打起口水战来，却毫不含糊，于是再次撰文于 11 月 9 日在《申报》进行反击。

四、徐悲鸿启事之二

海粟启事谓不佞“法国院体……”，此又用其所长厚诬他人之故智也。人体研究务极精确，西洋古今老牌大师未有不然者也。不佞主张写实主义不自今日，不止一年。试征吾向所标榜之中外人物与已所发表之数百幅稿与画，有自背其旨者否？唯知耻者，虽不剽窃他人一笔，不敢贸然自夸创造。今乃指为院体，其彰明之诬如此。范人模型之始见于中国，在北京在上海抑在广东，考证者当知其详。特此物之用，用在取作师资，其名之所由立也。今立范而无取是投机也。文艺之兴，须见真美，丑恶之增适形衰落。“日月经天，江河行地”，伟大哉牛皮！急不忘皮，念念在兹。但乞灵于皮，曷若乞灵于学！学而可致，何必甘心认为流氓。笔墨之争，汝仍不及（除非撒谎），绘画之事，容有可为。先洗俗骨，除娇气，亲有道，用苦功，待汝十年，我不诬汝！（乞阅报诸公恕我放肆，罪过！罪过！）

刘海粟看了《徐悲鸿的启事》（二）后暴跳如雷，又提笔与徐悲鸿对垒。可就在论战文稿写至一半时，收到两封信，一封是蔡元培的，信中说道：

以你目前在艺坛上的地位，与他争论，岂不正好提高他的地位？兄有很多事要做，何必把精力浪费在争闲气上呢？

可以看出，蔡元培的信意在平息二人事端，使之偃旗息鼓，实则无意贬低徐悲鸿。另一封信，是诗人梁宗岱从北京大学写来的，主要是评价刘海粟的作品，其中写道：

志摩看了你的《圣母院夕照》惊呼道："你的力量已到了画的外面去了"假若我在场的话，我会回响地应一声："不，你的画已入了画的堂奥了！"换句话说，你的画已由摸索的进而为坚定的 。而且在神气满足的当儿，由力冲动与崇拜而为力的征服与实现了……

蔡元培和梁宗岱的两封信，均都说到了刘海粟的心坎里，使他慢慢平静下来，感到自己太意气用事了，竟以"艺术绅士"来回敬徐悲鸿！即使他不承认是我的学生，即使他初来沪时未曾进过我的学校，但他毕竟是一个有才气又刻苦的艺术家，我们应该消除门户之见，携手共振中国的艺术。惭愧，惭愧！我一定要寻一个机会和他谈谈。刘海粟把刚写了一半的论战文稿揉作一团，扔进了废纸篓。

实则，蔡元培和梁宗岱的信，是让刘海粟找到了一个台阶，从而"冠冕堂皇”地退出与徐悲鸿的轮战。

然而明眼者一看便知，这场论战绝非简单的师徒之辩，而是已经延伸到艺术派别的争论。顷刻间，论战成了“媒体”的热门新闻，引起了艺术界、知识界的广泛关注。

徐悲鸿和刘海粟虽都留学欧洲，可二人的追求和风格却大不相同。而至此，徐悲鸿与刘海粟多年的积怨业已公开，以致接下来在国内外的艺术场合里都在明争暗斗，而且后来的论战也更加激烈与尖刻……

第十二章

一泓秋水起波粼

比起西班牙超现实主义大师毕加索，比起同样是超现实主义大师的法国画家达利与卡拉，比起还是法国雕塑大师的罗丹与卡米尔，比起海明威的暴虐多变，还有无人不知的大仲马与那个女裁缝，徐悲鸿、孙多慈，张道藩、蒋碧薇又如何呢！

一、黑色岁月

对于蒋碧薇来说，1930 年是一段不幸的黑色岁月。首先，是她的弟弟蒋丹麟病故于牯岭普仁医院。

蒋丹麟，字景彭，是蒋梅笙夫妇所生五个子女中仅存的男孩。

蒋丹麟自幼勤奋好学，尤其对数、理、化的理解能力极强，而且喜欢英国文学。他还有写诗作赋的天分，篆刻的功力也很深厚，同时写得一手好字。不幸的是在十九岁时，患上了肺结核。就在辍学养病期间，编撰了一部二十多万字的《天地间有数文字》，内容包括散文、骚赋、词、曲、小说，被认为是“搜罗宏富，抉择精严”之作。

1930 年 4 月间，蒋丹麟的病势加重，咯血不止。经过治疗稍好些，便于 5 月 7 日由母亲戴清波陪同，到牯岭的普仁医院疗养。

蒋丹麟在男女情事上，尚有一段佳话流传：有一位出生于山明水秀的松江女孩范志超，不但生得如同清风弱柳般柔媚，而且性情温顺婉约，又绝顶聪明。在上海海澜英文专科学校读书时，与助教蒋丹麟相识。因为共同爱好英国文学而互生好感，遂开始书信来往。范志超方得知蒋丹麟的父亲蒋梅笙是自己的国文老师。

对于蒋丹麟与范志超的恋情，蒋梅笙虽然顺水推舟，可母亲戴清波却不喜欢她的“新潮”，为儿子另觅了一位大家闺秀具有传统作风的媳妇，但却受到蒋丹麟的抵制。

范志超不愿因此使蒋家失和，从而转学离开了海澜英文专科学校。可蒋丹麟却仍然常去看望她，书信来往依然不断。

范志超后来去菲律宾办过报纸，出任驻美大使馆一等英文秘书，工作出色，受到美国总统杜鲁门太太之邀参加茶会。

1930 年 8 月，蒋丹麟病逝后，范志超用红色丝线在白床单上绣了一个大大的“念”字，四周全部绣上了心形图案，每晚就躺在花环上睡觉。此后，尽管有众多追求者，既有年轻有为的爱国将领——后来成为创立中国农工民主党之一的黄琪翔，还有瞿秋白的弟弟瞿景白。但她却一概婉言谢绝，足见蒋丹麟在她心中的位置。

徐悲鸿也非常欣赏范志超的才华，为她画过肖像，1947 年聘她为北平艺专的英文教授，乃是后话。

徐悲鸿本来是偕蒋碧薇于暑期到宜兴避暑的。蒋丹麟病逝，给蒋碧薇带来巨大的精神打击。噩耗传来，徐悲鸿火速赶到牯岭帮助岳母办理丧事，然后陪她回到宜兴。

此时，蒋碧薇的姑母已经病入膏肓。因为学校开学在即，徐悲鸿不得不返回南京，留下蒋碧薇照顾姑母。老人的秉性寡静，待人宽厚，为了孝敬长辈，竟然一生矢志不嫁，尽心侍奉父母。二老过世后，她便住在哥哥蒋梅笙家里，蒋碧薇儿时的起居生活都是由她照料的。因此，蒋碧薇与姑母的感情很深。

徐悲鸿回到南京已经两个多月。姑母刚刚谢世，蒋碧薇还没从悲痛中解脱出来，便接到徐悲鸿的信，催她速回南京。并说如果她再不回去，他就有可能爱上别的女人了。

如果徐悲鸿写信告诉蒋碧薇的话是真的，说明他还真诚地爱着自己的妻子。只是遇到了诱人的女性，情绪产生波动，才请她火速回去救驾。

蒋碧薇安葬完姑母，带着孩子回到家里，徐悲鸿便毫不隐瞒地告诉她：他喜欢上了一位名叫孙多慈的女学生。

孙多慈年方十八岁，因为报考中央大学文学院落榜，于是到徐悲鸿的艺术系旁听。她的画一开始就表现出了超人的才华，受到徐悲鸿的青睐，时常将她带到画室为她画像，有时还带她一同出去游玩。不知不觉中，便对她产生了爱怜之情。

徐悲鸿以为妻子回到身边，他的感情就可得以控制。他也声称他对孙多慈只是喜欢她的才华而已，想把她培养成国家的栋梁之材……

少女孙多慈

二、萍水相逢

来到中央大学之前，孙多慈在安徽省立第一女子中学读书。父亲孙传瑗，原来是直系军阀孙传芳手下的秘书、国民党安徽省常委；母亲孙汤氏则是省立第一女子高小的教员。

由于受到家庭影响，孙多慈自幼机敏聪慧，不但热爱绘画，而且喜欢文学。父亲因为受到作家朋友韦素园、庐隐和郁达夫的影响，则希望女儿将来成为一名作家。当时，孙多慈在学校的重点科目国文、英语、数学，始终保持着名列前茅的成绩，成为学校的骄傲。而且，她的文章，也经常在当地的几家报纸上刊出。就在这样的前提下，父亲与学校，包括孙多慈本人，都认为她报考南京中央大学文学院是有把握的。

然而天有不测风云。恰在此时，孙传芳和他手下的方振武涉嫌反对蒋介石。孙传瑗被传是孙传芳同宗同族的亲信，现在又成了方振武的左膀右臂。于是，蒋介石在南京下了两道手谕：命令方鼎英率陆军第十师速达合肥接防；命令方策率陆军第六师速达安庆接防，速将方植之、苏宗辙、孙传瑗逮捕，押送南京。

孙传瑗立刻被蒋介石派来的人捕获，押送至南京老虎桥监狱。家庭的变故使孙多慈的精神备受打击。尽管三个月后随母亲和哥哥孙多拯到老虎桥监狱探望父亲时，他表现出了若无其事的样子，并且安慰她要努力学习，毕业后报考中央大学文学院。可此时，她已经心力交瘁，学习成绩直线下降。

就在去南京探望父亲期间，中央美术会的画展开幕，孙

20世纪30年代中央大学艺术科女生，左起金有彣、孙多慈、张倩英

多慈在展览会上看见了徐悲鸿的大型油画《田横五百士》。

小时候，孙多慈就听父亲给她讲过“田横五百士”的故事。当时，她为田横的民族气节和英勇不屈的精神所感动，一夜都没有睡好觉。如今，又被徐悲鸿的画作震撼了。同一天晚上，她又在报纸上读到了紫天介绍徐悲鸿画展的文章，谓之曰：

> 《田横五百士》是描写汉帝遣人招抚田横，田横与五百士作别时的情景，此刻田横心中充满说不出的悲痛。至于五百士，也知道田横此去凶多吉少，在伤痛别离之际，一方面愿他平安归来，一方面又愿他不屈不挠，所以此时的情绪最激，最含蓄，最忧郁，最深沉……

由此，孙多慈深深记住了一个注定要让她牢记一生的名字——徐悲鸿。

孙多慈已经知道自己的成绩在直线下降，也曾努力想要改变，可却徒劳无功。就在看完中央美术会的画展，读到了紫天关于画展的介绍文章后，她当即想道：将来如果考不上中央大学文学院，就到艺术科去做旁听生。

几个月后，孙传瑗意外被蒋介石释放了。这时，已经到了中央大学的考试时间。于是便与儿时的女友李家应一同前去应试。不出所料，孙多慈就连平时最爱好的写作，都没得到正常发挥，便与文学院失之交臂。回到家里之后，便带着父亲的一封信到中央大学去找宗白华。

宗白华留学法国归来后，时任中央大学文学院哲学系美学教授，与孙传瑗既是同乡又是老朋友。

孙多慈来到南京中央大学见到宗白华，将父亲的信和自己的几张画交给他，想通过他倒在艺术科任教的潘玉良教授名下当旁听生——她知道她是从法国留学归来的。

宗白华出身于安庆望族，1920 年在德国法兰克福留学时与徐悲鸿过从甚密。看完孙传瑗的信，又看一眼站在一旁亭亭玉立的孙多慈，对这位小老乡充满怜爱，用长辈的口吻对她说道："可惜呀，非常可惜。如果不是因为你爸爸出事，考进我们的文学院是绝对没有问题的。去年暑期我到安徽，还见过你们女中的李庆嵩校长呢。提到你，她总是赞不绝口。你要来艺术科旁听，这没有问题，也用不着找潘玉良，就直接找徐悲鸿吧。"

"徐悲鸿？"孙多慈瞪大眼睛说道，"他的名气那么大，能收我吗？"

宗白华已经逐张看过孙多慈带来的画，站起身用肯定的语气说道："这个徐悲鸿呀，简直是惜才如命啊！你的画一点没问题，走，这事就包在我身上啦。"说着，带领孙多慈出了办公室，朝着徐悲鸿的画室走去。

徐悲鸿的画室就在中大东北角的围墙内，两间房子的外间屋顶开有玻璃天窗，里间则是藏书室。

在这两间简陋的画室里，徐悲鸿已经创作了大型油画《田横五百士》和国画《徯我后》。

宗白华带着孙多慈来到徐悲鸿画室时，见他正在埋头绘制一幅水墨画

《风雨鸡鸣》：画面并不复杂，近景画一丛廋竹，瘦竹后面寥寥几笔勾出的岩石上，站立着一只引颈高歌的雄鸡，天空上风雨如晦。宗白华带着孙多慈进门，他并未理睬，仍然做着他的习惯动作：左手叉腰，右手提着一支毛笔，眉头紧锁，思索半晌，才弯下腰在画面的左上角写下两行题款：

风雨如晦，鸡鸣不已，既见君子，云何不喜，惜未见也。庚午夏日悲鸿

徐悲鸿抬起身子看看题款，然后将毛笔放在案头的笔架上，朝宗白华看了一眼说道："既然白华兄来了，给评价一下吧，怎么样？"

宗白华对徐悲鸿并不客气，站在画面前看了看说道："'既见君子，云何不喜，惜未见也'。什么话，狗屁不通！"

徐悲鸿则反唇相讥："你一个美学大教授，就连'狗屁'都出来了，成何体统！"

这时，徐悲鸿才看见正在全神贯注观看《风雨鸡鸣》的孙多慈，于是冲宗白华问道："这就是想来艺术科旁听的学生？"

"啊，她是我的小老乡。"宗白华指着放在案头的一卷画说道，"你看看她的画吧。收也得收，不收也得收。"

"你老兄是美学权威，你推荐的学生我敢不收吗？"徐悲鸿拿起孙多慈的画一张一张地翻看着问道，"你过去拜过什么老师吗？"

孙多慈心里没底，只用眼睛的余光扫了一眼徐悲鸿，小声说道："安庆有个画家，叫阎松父，跟他学过一阵子。"停了停，又补充道，"北平有个画家萧谦中，是我父亲的朋友，他到家来也指导过我的画。"

"西画和中国画的路子不一样，看你的画，也许能学出来。"徐悲鸿沉吟一下又说道，"不过，听说你是报考国文系没被录取，才改变主意来艺术科旁听的？这可有些不好。你把我们艺术专修科放到什么位置了，是吃其他系的残羹剩饭吗？一个人文化修养不够，即便学艺术也是学不出来的。"

听了徐悲鸿的话，孙多慈的心中怦怦狂跳，脸上泛起红晕，一句话也说不出来。宗白华见她有点下不来台，几乎是吼着对徐悲鸿说道："哎，我说悲鸿，你这张嘴不能对谁都这么刻薄吧！她还是个孩子！你到底收不收，不收我领走。"

"嗐，白华兄，我不过是开个玩笑嘛！"徐悲鸿赶紧将话收回来，挪来凳子让二人坐下。

看着孙多慈的窘态，徐悲鸿知道自己刚才的话说重了。看过她的画，觉得她在绘画上还很有灵气。只是在此之前，有个叫李勋的老朋友领着儿子找他。说孩子的文化课不好，想送他来学画。当然，徐悲鸿并未收下那位学生。正是因为对那件事耿耿于怀，刚才才对孙多慈说了那样的话。见她委屈的样子，又笑着对宗白华说道："是，到底是个孩子，一句玩笑话就当真了。"他又把脸转向孙多慈，"放心吧，我要是真生气了，还能答应收你吗？"

听了徐悲鸿的话，孙多慈的心稍稍平静一些，可脸上的窘态却还没有消退。为了缓和气氛，徐悲鸿又对宗白华说道："看看你这个小老乡，多大出息，进来这么长时间了，连正眼看我一下都不敢！"

"看你说的，来！"宗白华板着孙多慈站到徐悲鸿面前说道，"让你看吧！看清楚点，就是她。"

孙多慈觉得不好意思，仍然不敢抬起脸。徐悲鸿见她娇羞的神态，又放缓语气对她说道："不要怕，学画的人要放开胆子的。放松一下，看看屋里的画吧。"

孙多慈这才移动脚步，观看起徐悲鸿挂在墙上、戳在地上画完和没画完的油画、素描和水墨画。见那幅《风雨鸡鸣》画了两张，另一张可能不满意，已经丢在地上的角落里，连款都没题。

徐悲鸿的许多画从来都不是画一张，现在挂在北京徐悲鸿纪念馆里的《风雨鸡鸣》，是在 1937 年重新绘制的。画面的题字变成了：

风雨如晦，鸡鸣不已，既见君子，云胡不喜。丁丑始春，悲鸿怀人之作，桂林。

后来，徐悲鸿与廖静文结婚后，害怕这幅得意之作流失，又在题款的前边加了“静文爱妻存之”几个小字。为了解释其寓意，他在另一幅《八哥》的画面上题识曰：

> 画中多题数字便有古意，唯鄙性不喜，但画一旦嫁去，既无权过问，此亦鄙人悲哀之一也。

中央大学的艺术专修科，当时还未达到系的规模，招生也不足三年，每届录取的学生只有二十几名。到这儿来旁听的学生有两种人：一种为考试名落孙山者——就是投考该科未第，准备第二年再进行复考；其二，就是由于一些特殊原因转科而来的。

在此之前，徐悲鸿也曾接收过旁听生：当年离开南国艺术学院时，吴作人、吕斯百和王临乙，都是随他来到中央大学当旁听生的。后来，这三个人都被送出国门留学去了。但对于孙多慈，徐悲鸿并没把她太当回事。

而对于孙多慈，“旁听生”的帽子却是一种无形压力，因此，她平时总是很少讲话，从来都目不斜视——躲避着别人的“冷眼”。另外，她尚未从父亲的阴影中走出来。如果不是考学前父亲被蒋介石逮捕入狱，她也不至于落榜。现在，父亲虽然被释放了，可他却带着自己的哥哥孙多拯失踪了两个多月不知去向，因而她的内心深处仍然抑郁难解。然而她心头的乌云却掩盖不住她在绘画上的灵性。

徐悲鸿青少年时代受过严格的家学教育，不但有着坚实的绘画基础，而且传统文化的底蕴也很深厚。出国留学之后，又受到正规的西画训练。已经成为学贯中西的典范。从法国留学归来时，他带回来一大批石膏像，其中不乏《阿波罗》《被缚的奴隶》和《大卫》《维纳斯》等两米多高的全身像。他所创办的中央大学素描教室，在国内也是规模最大、教具最齐全、光线最好的。偌大的教室里，通常只有二十多名学生上课。他在素描上“宁方勿圆、宁脏勿净、宁拙勿巧”；“从整体到局部，再从局部回到整体”的许多理念很快被孙多慈所接受，在绘画上的进步非常快。虽然是旁听生，可专业水平在班里已经名列前茅。

孙多慈的进步，简直让徐悲鸿感到吃惊。无意间，竟然将她画得好的素描当作范画对全班同学讲解。这种举动令孙多慈受宠若惊，忧郁的眼神注视着面前这位师长，不禁心潮起伏。

开学一个月后，应栖霞村师范学校校长黄质夫邀请，徐悲鸿要到该学校作讲演，还要示范作画，便带领西画组学生前往。孙多慈事先并不知道他要带他们出行，而且是郊外。由于匆忙，仍然穿着短裙和高跟鞋跟随队伍出发了。

道路崎岖不平，走到一半，孙多慈的脚腕不慎扭伤。可她不想失去这个机会，便强忍疼痛继续前行。

徐悲鸿经常带领学生外出写生，每次出去，总是前后照应着同学们。见孙多慈已经落在后面，一只脚还一瘸一拐的，便停住脚步等她。她见徐先生注视自己，便装作没事的样子快走几步跟上来。

“怎么……”徐悲鸿朝孙多慈关切问道，“是不是脚崴了？”

“没有，没事的。”孙多慈答道，又加快脚步。可刚走到徐悲鸿跟前，却闹了个趔趄，他一把将她扶住。

“你看，还说没有，就是扭伤了脚腕吧！”徐悲鸿搀扶住孙多慈的一只手让她站稳，“看来你还是没经验，走这么远的路，那能穿高跟鞋呀。”

“噢，没事的，徐先生！”孙多慈有点难为情，想要抽回自己的手。

徐悲鸿松开孙多慈，她往前刚迈两步，可身子又是一歪被他扶稳，说道：“看，不行吧，还是我扶你走吧！”

孙多慈怪自己不争气，感到不好意思，朝徐悲鸿投过去抑郁一瞥，然后在他的搀扶下一步一步往前走。不料，她那带有抑郁的一瞥，竟然让徐悲鸿怦然心动。这时，才感到她的手这么软，身子也这么柔弱。

自从见到孙多慈的第一眼起，徐悲鸿就感到她那大大的丹凤眼里充满着抑郁神情。眼睛是心灵的窗口，他感到这个青春女孩子一定有着不同寻常的经历，于是小心问道：“多慈，你在精神上是不是有什么压抑呀？”

听到徐悲鸿的话，孙多慈停住脚步，猛然抬起头专注地看了一眼自己的老师。她被徐悲鸿一双明亮而深不可测的眼睛震撼了，那眼里充满着真诚、怜爱和无限的关怀，她又将头低下去。

“说出来。”徐悲鸿又用温和的语气说道，“说出来心里就轻松了。”

孙多慈于是跟着徐悲鸿慢慢往前走去，将她的父亲如何被捕入狱，出狱后又如何带着哥哥失踪，自己又是怎样高考落榜一一讲给了他。

徐悲鸿听完后长长吁一口气，对孙多慈安慰道：“你呀，还是应该放下思想包袱，把精力集中到学习上来。你父亲是一位政治家，他带你哥哥离家出走，必然有他的道理，不会出事的。你虽然看似柔弱，可你画画的胆子却非常大，方法也正确。我看，你将来在绘画上是会有造诣的。”

徐悲鸿的话，说得孙多慈的心里热乎乎的，感到一种从未有过的轻松与踏实，更觉得身边的这位师长可亲可敬。

从栖霞村回来，徐悲鸿对孙多慈的关心更多了，常常从家里带来一些绘画用的纸笔送给她，上课来到教室的第一眼就是想看看孙多慈在不在。一天下课后，他叫住孙多慈轻声说道：“多慈，明天是星期日，你到我的画室，为我做做模特可以吗？”

“行呀。”孙多慈柔声说道，“那有什么不行呢。”

孙多慈知道，徐悲鸿经常找一些他喜爱的学生做模特儿。宗白华领她去他画室那次，还看见他为吴作人画的头像挂在他的画室里。

第二天早晨，孙多慈如约而至。为了放松，在画室里转了一圈儿，然后按徐悲鸿的要求，坐在那只藤制的模特椅里。

徐悲鸿开始为孙多慈画素描头像，一边与她闲谈，让她放松心情。

画室里很安静，孙多慈只听见徐悲鸿的铅笔在纸面上嚓嚓作响。

做模特儿是一件很累的事，时间久了，她的姿态就会发生一些变化。这时，徐悲鸿就会咳嗽一声，她便立刻振作起来重新摆好姿势。等到实在太累坐不住时，他才会告诉她站起来活动一下，看看挂在墙上，摆在墙脚的作品。慢慢熟悉之后，孙多慈又不时到里屋的藏书室翻阅书籍和画册。

有时看得入神，竟会忘记自己是来给先生做模特的。等到他叫一声，才从里屋钻出来坐到那把摇椅上去。

第一张素描头像除去上课，足足画了一个星期，可谓是长期作业了。画面上的孙多慈齐耳短发，脸如银盘，双唇紧闭，眼神略带忧郁，但却显得清纯自然，质朴依旧。她站起来专注地看着画完的肖像，徐悲鸿朝她问道："怎么样，满意吗？"

"哦……"孙多慈激动得心中狂跳，只是注视着画面。

徐悲鸿又握住笔，在肖像的右下方写下了几行小字：

慈学画二月，智慧绝伦，敏妙之才，吾所罕见。愿毕生再猛精进，发扬真艺，Miewe 实凭式之，噫嘻！其或免中道易辙与施然自废之无济耶，庚午初冬，悲鸿。

落完题款，徐悲鸿又朝孙多慈问道："题识里的意思你明白吗？"

孙多慈点点头说道："我知道的，请您放心，我不会辜负先生的期望。"

"很好！"徐悲鸿看着孙多慈的眼睛说道，"等你以后出画集，我会把这张素描放进去，也是对你的支持。"

徐悲鸿的话让孙多慈激动不已。她知道他已经出了三本素描集，听他说，都是新华书局的舒新城帮他出的。自己将来也能像徐先生一样出画集吗？简直连想也不敢想。这天晚上，她在日记里写道：

徐悲鸿教授是一位非常和蔼的长者，他有学识，有修养，有风度，还有一颗善良的心。

蒋碧薇与徐悲鸿之间，这时已经产生了隔阂，而且住在宜兴还没回来。为孙多慈画完肖像之后，徐悲鸿又邀她跟自己到台城去写生。小时候，孙多慈跟随父亲背诵过唐朝诗人韦庄凭吊六朝古迹台城的诗句：

江雨霏霏江草齐，六朝如梦鸟中啼。

无情最是台城柳，依旧烟笼十里堤。

听说徐悲鸿要带她去台城，孙多慈想到自己背诵过的古诗意境，一时兴起，便答应了。

到达台城之后，徐悲鸿不但带着孙多慈画了许多写生，而且进一步了解到作为一名少女，对于人情世故的感受。最后对她说道："好了，你记住！从现在开始，无论你走到哪里，哪怕是天涯海角，始终有一个人在关心着你！这个人就是我，徐悲鸿！"

听了徐悲鸿的话，孙多慈感到心中怦怦狂跳，不由得将头靠在他的肩上，似乎觉得又回到了童年，就像靠在父亲的怀里一样。徐悲鸿怀着长辈般的心情，用怜爱的眼光注视着这位遭受过精神打击的学生。

从台城回到中央大学，徐悲鸿以孙多慈为"范人"画了两幅画：一幅是《孙多慈半身像》，另一幅是《台城月夜》。而《台城月夜》却始终卡在里间书房的大画架上，一直被一块蓝布蒙着，遮挡得严严实实。《孙多慈半身像》则卡在外间的画架上，她一来就坐在摇椅里，他便开始工作。

在做模特儿的过程中，孙多慈的手里总是捧着一本书，借此读完了长篇小说《纸币的跳跃》《杨梅烧酒》《十三夜》和郁达夫的翻译小说集《小伍之家》。画室里总是静悄悄的，她安静得犹如一只睡猫的神态，让徐悲鸿感受到她的"外表如璞，内秀如玉，柔情似水"。

徐悲鸿还发现，面前这位只有十八岁的少女的感情也正在经历着一种超越师生情感的变化。想到这里，他的心突然狂跳起来，觉得脸也在发烧。于是，不自然地喊了一声，让她从摇椅上下来休息，他则借故跑出画室。

徐悲鸿知道，必须控制住自己的情感。虽然不怕世俗的目光，但也不能轻易逆世俗而动。爱是要付出代价的，她还只是个半大孩子，弄不好，自己就会变得身败名裂……

三、舒新城来访

时节虽然已经进入冬季，可江南的冬天并不寒冷。11月28日下午3点，徐悲鸿正在画室绘制《孙多慈半身像》，见她坐在摇椅里已经累了，姿势发生了变化，于是说声让她休息。可他的兴致正浓，便转身拿起放在案头给舒新城《美术照相习作集》写的《美的西湖》，给孙多慈大声朗读起来：

夫百尺巍楼，万间广厦，大匠之功也，其结构不能舍规矩而为。桌椅橱架之工者，亦审知其材。又如植果木者与耕耘者，虽所事不同，要期其收之美之熟，无二致也。

吾友舒新城先生，既以其摄影《习作集》问世，道惬于人，不胫而走。吾虽叙之，例为楚声。庚午秋，新城东游归，箧中益富，思陆续以所造公诸同好，因先辑旧稿，征意见于仆。仆乃于其叱咤之际，加以抑扬激越之后，和以曼声，犹楚声也。间尝强为美之定义，以为美者，及造物组织自然之和，或在字、或在音、或在象、或在色，而造物不尽美术者，乃撷取造物以为和之德。而艺术不尽美，取舍者啬问之，微体者之调者。

《孙多慈肖像》(油画)徐悲鸿作

徐悲鸿先前的三本《徐悲鸿素描集》，都是经在上海中华书局任编译所长的舒新城出版的，他们早已成为无话不谈的朋友。所以能够如此，一是舒新城十分欣赏徐悲鸿的人品和他的才学，二而是徐悲鸿也被舒新城的人格魅力所吸引：他不但是一位出类拔萃的教育家和出版家，具有相当深厚的艺术修养和鉴赏力，对于摄影艺术也情有独钟。几天前，他拿来几十幅摄影照片，和丰子恺设计的封面，来请徐悲鸿写总序，准备在中华书局出版。他便欣然写道：

> 法大画家安格尔善提琴，其艺几与其画埒。在欧洲，举人之怀性质相殊之第二艺，恒曰安格尔之提琴，盖以仅见。若在吾国，则夫子尚勇而张飞能为刁斗之铭，人所惊异。唯今时衰，人惶惶焉惧，饔飧之不继，无余力闲暇，而情韵乃几乎息矣。吾友舒新城先生，既以教育名世，而耽摄影。好游，凡游必携镜与俱，遇所惬意则摄成幅，数逾千百，美不胜收。择其优者，汇集刊行，以饷同好。其中若《倦》、若《雨后》，浑穆已极；若《昂首》，则宋人佳画，而《山居》则毕沙罗（印象派名家）极诣也。又若《努力》，若《斜阳芳草》，皆倏忽瞬息之妙境也。窃谓今日之能手，均骛点石成金之壮志，不知全国有俯拾即是，初未需点者。新城先生所取殆在此。要之，楚人之性，豪迈豁达，务壮丽繁忙之观，而少温文静逸之趣。新城先生既无所摄，即余所见其佳作亦不止此，而所采如此册者，信足征乎衡岳潮水间人之嗜尚也。例之琴声，此画所奏有高歌狂吟大唤憨舞之节，而无呜咽啜泣叹息几谓之调。虽然，其为韵亦有所不尽矣。不识作者亦者肯否？
>
> 庚午至夏 徐悲鸿

以上不难看出，徐悲鸿对舒新城的摄影作品无比欣赏，推崇备至。写完序言，还在不断欣赏他的作品，他所拍摄的西湖照片越看越有味道，每张都像一幅画。就在为孙多慈画像之前，他已经将所有的照片都给她看过。

现在休息，便拿起刚刚写完的序言念给她听，可还没等读完，舒新城突然闯进门来……

就在徐悲鸿说到休息，孙多慈本来想站起来到外面散散步，可听他声情并茂朗诵起序言来，便又安静地坐在摇椅里倾听。舒新城的突然出现，使她猝不及防，便从摇椅里站起来，脸上泛起红晕，带着娇羞的表情，从客人的身边溜出了画室。

舒新城虽然没看清孙多慈的面庞，可看见徐悲鸿正在绘制的《孙多慈半身像》，便冲他说道："啊哟，好漂亮的女模特儿呀！"

徐悲鸿的脸上不大自然，顺口解释说："这是我的学生孙多慈。"

徐悲鸿的解释反到使得舒新城生疑，朝他怪笑两声说道："学生，只是学生？恐怕不会那么简单吧，你看她那双眼睛。"

画面上孙多慈一双美丽的大眼睛正在深情地注视着为她画像的人，温柔而专注……

为了不让舒新城再提孙多慈，徐悲鸿赶紧给他沏茶倒水，将话题岔开。舒新城便坐下来拿起在案头的序言仔细阅读。看了一遍，便激动地站起来说道："好，写得好！"

徐悲鸿微笑着，按住舒新城的肩膀让他坐下喝茶。在徐悲鸿眼中，舒新城算得上是个奇人……

十八岁时，为了逃避父母包办的婚姻，舒新城只身跑到湖南常德，考入湖南高等师范学校。1920年在湖南省立第一师范学校任教时，与在小学部主事的毛泽东成为同事。1924年，在四川"国立"成都高等师范任教授时，因与女学生刘济群产生恋情，被校方认定"图谋不轨，有乱师德"，因而调集军警对他进行拘捕。他则四处躲藏，三天换了四个地方，最后化妆逃离成都。军警便抓住了他的朋友以其充数。即便如此，也未能剪断他和刘济群的恋情……

唠几句嗑之后，徐悲鸿见舒新城又将话题转到孙多慈身上，便拉他来到校外来雨轩小酒馆。喝了几杯酒后，他便承认了自己对孙多慈的恋爱倾向，说道："新城兄，我必须向你坦白，对于我，这个爱如闪电、如雷鸣，已经降临到我的身上。我对孙多慈已经明显有了恋爱倾向，现在唯一着急的，就是不知道她对我有没有‘爱’的态度。但愿她不是把我当作老师，也不是把我当兄长啊！”

舒新城本来就是个开放型男子，对于徐悲鸿与蒋碧薇之间的感情裂痕早有耳闻，遂举起面前的酒杯一饮而尽，说道：“蒙你如此坦白信得过我，我必须旗帜鲜明地表示我的立场——既然已经产生了这种爱，那你就别无选择，就要义无反顾地爱下去。‘爱’是上天赠予人类的情感，我们没有任何拒绝的理由！”话说至此，他又压低声音，十分严肃地规劝道，“不过你老兄的情况特殊，当年你和蒋碧薇相爱，也轰轰烈烈，不顾一切。现在突然把她撂到一边，社会舆论是不是……你得好好把握一下，毕竟我们都是社会的人，两者一定要平衡好。”

11 月 30 日，舒新城在给他的女友刘济群的信中，专门谈到了徐悲鸿迷恋孙多慈的苦状：

昨日徐悲鸿约我去其家闲谈，适见其正在为某女画像，看其行动，似正在走入恋爱之途。她去后，徐详告经过，谓苦闷不堪。我将我的恋爱哲学大大发挥，他认为闻所未闻，一谈竟谈到夜 12 时，对于你更有神奇感（我们往事因从前报上之宣传，所谓知识分子，大概都知道），非得见你一次不可。并谓友云如南下，不去杭州，即在南京习画，亦未尝不可，我谓且到明年再说。

几日之后，徐悲鸿又在舒新城来访时，对他讲述了对孙多慈的苦恋，并在 12 月 5 日、12 月 7 日作情诗二首：

我想建筑一座空中楼阁，
居住冥鸿与慈多。
闲来比翼飞飞，兴来共涂仙娥，
把一生的光阴都在美中过。

燕子矶头叹水逝，秦淮艳迹已消沉；
荒寒剩有台城路，水月双清万古情。

尼采曾说道：“比所有圣人和天使加在一起对于人类还更有吸引力，以至于直到我们目前这个时代，恋爱仍然是所有阶层都能同等地带着一种夸张的热情乐此不疲的唯一事物。”

舒新城是徐悲鸿的挚友，在对待徐悲鸿与孙多慈的关系上，实际是起到了推波助澜的作用。

中华书局编辑所所长、《辞海》主编、学者舒新城

德国作家席勒说得就更加贴切了：“由非凡之火烘托得爱情通过它自身——作为内心的整体——唾弃道德而给人留下至深的印象。我们可以这样说，一个恋爱中的人不受任何审判。只有爱情位于他的法律之上。那是一个更高的存在……”

在以往有关描写徐悲鸿的书中，有人把他与孙多慈的关系怪罪于徐悲鸿，有人则怪罪孙多慈；也有人把包括张道藩在内的罪过怪罪于蒋碧薇，抑或是张道藩。其实，这种事情谁都不怪。古往今来，在艺术这个人类最伟大、最浪漫的群体里，艺术家的感情本来就应该是自由无缰的。人们判断艺术家的尺度，主要还是以他们的作品能否撞击出人类种种复杂感情的火花；如果艺术家的情感受到“猥亵”，那么他们的作品也会被扭曲，也就不会像小仲马的《茶花女》那样放射出永久的光芒……

比起超现实主义大师毕加索与他众多的女人，比起画家达利与卡拉，比起雕塑家罗丹与卡蜜尔，比起作家大仲马与那个女裁缝，比起作家莫泊桑的玩世不恭，比起海明威的暴虐多变，徐悲鸿、孙多慈，张道藩、蒋碧薇，也只不过是“小巫”见“大巫”……

可就在这时，徐悲鸿又想起了蒋碧薇：当年，她同样也是一位美丽的纯情少女，但却不顾世俗怀着真诚的情感与自己私奔去了日本和欧洲。十多年的风风雨雨，条件是那样的艰苦，都与他风雨同舟走过来了。如今，她已为自己生下了一双儿女。想到这里，他便立刻给她写信，让她赶紧回家……

四、移花接木

就在徐悲鸿把蒋碧薇与孙多慈进行权衡、痛苦煎熬的时候，盛成从德国讲学归来，专程赶到南京拜访徐悲鸿。

前面已经说过，盛成比徐悲鸿小四岁，早在1916年在震旦大学读书时，二人就是同学。后来，又都留学法国，在巴黎相会。由于对艺术的共同追求，心灵早已经息息相通。

盛成赴欧留学、讲学多年，已经成为20世纪集作家、诗人、翻译家、语言学家、汉学家于一身的著名学者。他的自传体长篇小说《我的母亲》，被誉为“20世纪的维克多·雨果”之作，由大诗人保罗·瓦雷里写序。1928年在法国巴黎出版后，已被译成英、德、西、荷、希伯来等十六种文字在世界各地发行，他也因此获得法国“总统奖”。

盛成来到徐悲鸿画室后，见他正在整理一幅少女肖像——模特儿不在，在画背景。见老朋友进门，他便放下手中的笔，为他沏茶倒水。

盛成一向敬慕徐悲鸿的才华，早在留学欧洲时，就写信向法国的大诗人瓦雷里和大银行家莫诺介绍他的画作。他的《箫声》，由此被莫诺买走，他也因此而扬名。

盛成在画室各处看完了徐悲鸿的新作，然后坐下来与他聊天。

盛成时年已经三十一岁，仍然过着“进门一盏灯，出门一把锁”的孤家寡人生活。徐悲鸿不由得灵机一动：立刻想到不如把孙多慈介绍给他。

一个是英俊潇洒的江南才子，一位是才貌双全的艳丽少女。如果此事有成，既能了断自己的非分之想，又能给蒋碧薇一个交代，同时也为孙多慈找到了一个很好的归宿，还能把盛成拉得更近了。想到这里，他便提出要为他当“月下老”。

盛成首先是一位浪漫诗人，情感极其丰富。十六岁在震旦大学读预科时，就与一位苏州少女徐佩亚经历过一段纯洁的初恋。不幸的是，徐佩亚英年早逝。1919 年，他到法国第一次拜访徐悲鸿时，正与亚美尼亚的一位白人少女小 D 爱得如漆似胶。可不久，小 D 家中发生变故，她则一去不返。他被折磨得死去活来后，又先后与意大利、俄罗斯和罗马尼亚的五位少女坠入情网，每次都爱得如醉如痴。可最后，又都差阳错地挥泪分手。如今依旧是孑然一身。

盛成听说徐悲鸿要给他介绍一位有才有貌的美女，自然满心欢喜。由于对他的敬慕，也非常信得过他。徐悲鸿将他拉到《孙多慈画像》前，用手指着对他说道：“你看吧，我要给你介绍的就是她，叫孙多慈，是我的学生。在绘画上相当有造诣，将来前途无量啊！”

盛成看着画面上的少女模特儿，开口赞叹道：“啊，真的是一位美女呀！但不知道其他方面如何？”

徐悲鸿接过去说道：“老弟，我你还信不过吗？我保证她聪明奇艳，不但画得出众，文章也写得好，绝对是个温柔贤淑、秀丽如月、清纯如水的女孩儿。”说着，去案头取过孙多慈随手放这儿的解剖学和透视学笔记递给他。

盛成翻开笔记看了看，不但字写得好，而且语言文字的功夫也非常扎实，一股才气扑面而来。

徐悲鸿见盛成的脸上露出了喜悦的微笑，便说道：“你若是觉得满意，我明天把她找过来让你们见见面吧。”

“她多大了？”盛成追问一句。

“她呀，才十九岁。”徐悲鸿又说道，“年纪与你比是小了一点，可她却非常成熟。这年龄，不会是障碍吧？”

“哦……”盛成沉吟一声说道，“还是见过面再说吧。”

“好，那就定在明天下午。”徐悲鸿说道，“我先把她约来还画这幅肖像，你就当是随意来访的客人，等你看中了，我再同她谈。”

第二天，孙多慈如约而至。乘着盛成还没到，徐悲鸿一边为她画像，一边像无意间提到他有一个同学盛成。说他十二岁就参加了孙中山的部队，是辛亥革命中的“三童子”之一。他用法语写的长篇小说《我的母亲》已经被翻译成十几种文字出版。

说话间，盛成赶到，徐悲鸿立刻放下手中的画笔和调色板，上前握住他的手与之问候。

孙多慈见来了客人，便从摇椅里站起来，徐悲鸿拉着盛成的手转过身来给两个人作了介绍。盛成往前迈一步，朝孙多慈伸出手。

孙多慈微微一笑，矜持地与盛成握了握手，说道：“你好。”

徐悲鸿围着画案一角摆好三把椅子说道：“坐吧，我来泡茶。”

孙多慈走过去，接过徐悲鸿拿在手中的南泥壶和茶筒。等她到靠边的小桌上泡好茶端过来，按着徐悲鸿的手势，先给盛成斟满杯，然后才斟给徐悲鸿，显得彬彬有礼。

孙多慈坐定后，徐悲鸿对她说道：“哎，多慈，你不是想修法语吗？我这盛成兄弟可是最好的老师，他的成名作《我的母亲》就是用法文写的。”

“是吗？”孙多慈朝徐悲鸿看了一眼，赧然一笑说道，“嗐，徐先生，我也只是那么一说，不过我要是真的学好了，一定得好好拜读盛先生的原作。”

“听见了吧，老弟！”徐悲鸿按住盛成的肩膀说道，“你不是说带回来几本著作吗，下次来给孙小姐送一本看看，她对有学问的人总是非常敬佩，收下这个徒弟吧。”

听了徐悲鸿的话，孙多慈用一种稍纵即逝的幽怨目光飞快地扫他一眼，然后说道：“徐先生，盛先生是国内外著名学者，我就是想修法语，怎么会好意思耽误他的时间呀！”

徐悲鸿微微一笑，转过脸看一眼盛成。他立刻说道：“啊，我的法语也不是太好，只是在巴黎多待了几年，熟悉那儿的语言环境罢了。我的那本法文小说倒是带回来几本，等我下次来给孙小姐送一本示教，就放在悲鸿兄这儿吧。”

“嗐，小老弟，你也不要谦虚，学法语的事，孙小姐可就交给你了。”徐悲鸿又说道，“我徐悲鸿的学生，还有错的吗？”

盛成一时语塞，只得端起杯子饮茶。孙多慈想将话题岔开，头也不抬地说道：“盛先生十二岁时就参加了辛亥革命。我的父亲也是同盟会会员。小时候，就听他讲过辛亥革命中‘三童子’的故事，原来你就是其中之一呀！见到你，真是三生有幸！”

听了孙多慈的话，盛成接过去说道：“那个时候年轻，血性十足，敢去不敢去的地方，一个字‘去’！敢做不敢做的事情，一个字‘做’！后来流传的辛亥革命‘三童子’故事，许多都是经过杜撰的。”

“听见了没，多慈！”徐悲鸿接过去说，“我这兄弟够谦虚吧，谦虚乃人生之美德。”

“也不是谦虚！”盛成接着说，“你看我这白面书生的身子骨，能做出什么英雄壮举呀，不过是血气方刚，有一腔热忱罢了。”

孙多慈不再作声，转脸看一眼徐悲鸿，端起案头的南泥壶到身后小桌上去加水。回来给两个人的杯子斟满，放下说道：“徐先生、盛先生，你们二位聊吧，我的同学李家应等着我有事，我先走了。”

“哎，别走哇！”徐悲鸿说道，“一会儿咱们到校外的‘来雨轩’去坐坐嘛。”

“不啦。”孙多慈头也不抬地说道，“李家应和我都约好了。”

“那你让家应也过来嘛。”徐悲鸿说道，“盛先生来一次不容易，咱们多聊一会儿吧。”

“不啦，徐先生，谢谢您！”孙多慈说着就往外面走。

徐悲鸿将她送到门外，回来坐下冲盛成问道：“怎么样？感觉不错吧？”

盛成看着徐悲鸿，停了停才说道：“你指的什么？”

“形象呀！”徐悲鸿说道，“我这个画家，看人的第一要素就是形象呀。”

“形象当然不错啦。”

“身材呢？”徐悲鸿又问道。

“身材也能称得上美妙绝伦。”盛成朝徐悲鸿问道，“还有什么，你还想问我啥？”

“剩下的，也就是谈吐呀，反应呀，机敏程度啦……”徐悲鸿的眼睛盯在盛成脸上。

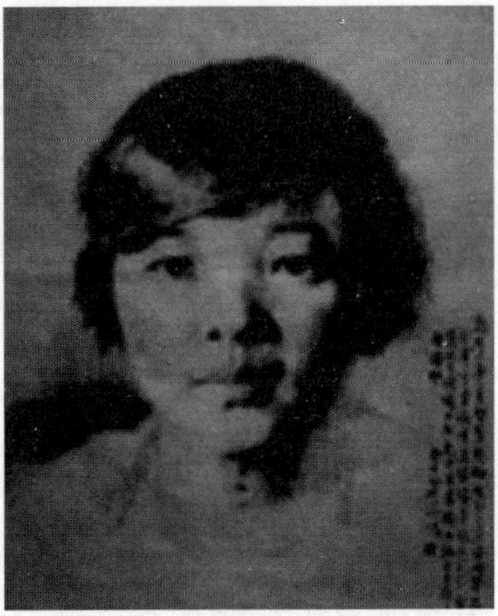

徐悲鸿为孙多慈所作素描肖像

盛成笑了笑，迎着徐悲鸿的目光说道：“这些都非常好，她真的是一位才貌双全、机敏过人、温柔贤淑的女孩。”

“那你同意了？”徐悲鸿急切问道。

“同意什么？”盛成笑着问道。

“同意跟她做恋人啦？”

“哦……”盛成放慢语速说道，“做恋人，没感觉。”

“为什么呀？”徐悲鸿有些急躁，深邃的双眸逼视着盛成。

“你别这样看我好不好，老兄？”盛成的身子往后闪了闪。

“那你倒是快说呀！”徐悲鸿急不可耐。

“你让我说真话吗？”盛成把声音放低了。

“你我之间，当然要说真话啦！”悲鸿说道，“你快说！”

“那好，我跟你说真话。”盛成的身子往后一仰，看着悲鸿说道，“孙小姐可能是看出了你的用意，对我总是躲躲闪闪。我看出来了，她的心思完全在你的身上，你看你俩之间那眼神有多默契呀。”

徐悲鸿一下从椅子上站起来，居高临下地看着盛成说道：“哎，我说老弟，你可不要乱说，我这可是真心给你帮忙。”

盛成拉着徐悲鸿的衣襟让他坐下："老兄，你别激动，坐下坐下。我可没说你不是真心，可是孙小姐和你想的不一样。你没见她发现了你的企图之后就离开了吗。你说她每次看你的那双眼睛有多深情。我看呀，你还是珍惜她对你的那份少女情愫吧。"

"你说这些都是没影的事。"徐悲鸿避开了盛成的目光，低下头去倒茶。

盛成就势站起来，在室内踱步。看见画室里间藏书室的门虚掩着，便推开门走进去。里间书架旁边的写字台上摆着孙多慈用玻璃框子装着的一幅站在山涧松下的照片：身材窈窕，形象甜美，两眼放射出温柔的光芒，注视着为她拍照的人。这一定是徐悲鸿为她拍的，他俩之间，肯定存在着十分隐秘的恋情。

盛成正想拿起照片出去与徐悲鸿理论，一回头见靠墙的地方支着一个很大的油画架。上面卡着一米多宽的大幅画框，可画面却被一块蓝颜色的布遮挡着。画面旁边的白墙上，用图钉钉着好几幅徐悲鸿用铅笔和炭笔为孙多慈画的各个角度的素描头像。盛成感到奇怪，伸手将遮挡画面的蓝布掀开，不禁大吃一惊：卡在画架上的，是徐悲鸿已经画完的《台城月夜》。画面上，孙多慈双手抱胸靠在山涧一棵松树上，银盘般的面庞微微上仰，沐浴着皎洁的月光，脖子上随风飘扬一块纱巾；徐悲鸿则席地而坐，仰着头，目光深情地注视着孙多慈，两人像是在窃窃私语。整个画面色彩明快，虽是月夜，可人物的缠绵清晰可辨。

盛成激动起来，两步迈出书房，冲着徐悲鸿喊道："我说老兄，你还说没有的事，你看看你里屋的画！你可别蒙我，我好懒也是个作家呀！"

徐悲鸿闭口无语，拉着盛成坐下。

"说，到底是怎么回事？"盛成追问道。

"走吧，咱们出去说。"徐悲鸿见天色已晚，拉上盛成就往外走。

来到校外的"来雨轩"，三杯酒落肚，徐悲鸿便将他与孙多慈怎样萍水相逢，怎样产生了恋情，怎样到台城去写生，又怎样控制不住内心的情感。可后来又觉得对不起蒋碧薇，于是对盛成说道："本想把孙小姐介绍给你，以了断我的一些想法，继续与蒋碧薇过安稳的日子，不承想却被你老弟给看穿了。你一点都不想帮我这个忙，这不是硬逼着我往火炕里跳吗？”

盛成笑了笑说道：“悲鸿兄，相处多年，你那点心思，我还是看得透的。把孙小姐介绍给我，绝对是你的违心之举，我若是真的与孙小姐谈到一起，你徐悲鸿还不得拿刀杀了我才怪！我盛成再笨，也不会去做这个冤大头吧！况且，君子勿夺他人之美，我也不想因为孙小姐失去你这位多年的朋友！”

徐悲鸿从衣服里掏出来一封信，上面有舒新城写给他的两句诗：

台城有路直须走，莫待路断枉伤情。

“知我者，盛成也！”徐悲鸿举起杯，将满杯的酒一饮而尽。

回到画室，徐悲鸿画了一幅回首瞭望的立马送给盛成，画面上题了八个字：

吾心非石，不可卷也。

盛成观后，知道徐悲鸿的心肠软，不可能像石头一样对待孙多慈，就像画面上的立马一样对她回眸凝视。于是冲着他开怀大笑……

第二天下午，徐悲鸿正在画室作画，孙多慈破门而入。和往常一样，徐悲鸿仍然头也不抬地继续画画，等他题完字，按上图章后，才抬起头看她一眼。

因为昨天的事已经被盛成揭穿，徐悲鸿觉得不好再跟孙多慈提起。可她的脸上却带着一股不易察觉的愠怒，开口对他说道：“徐先生，昨天来了一位客人，你到底是什么意思呀？”

徐悲鸿见孙多慈脸上的表情不对劲儿，便朝她歉意地笑了笑，说道：“没什么意思呀，介绍你们交个朋友嘛。”

“交什么朋友？”孙多慈追问道，“您想让我跟他交什么样的朋友？”

徐悲鸿爱怜地看着孙多慈：“那你告诉我，你所喜欢的男人，应该是什么样子的？”

孙多慈迟疑一下：“您问这个干嘛？”

“不干嘛。”徐悲鸿的目光仍然是温和的，“就是想知道一下，你要是不愿意说就算了，不勉强你。”

“那我告诉您。”孙多慈想了想说道，“我想找安稳一些、宽厚一些的，年龄稍长一些也不要紧，可身子骨要强健，性格开朗，为人处事要有男子汉血性；当然，更重要的是要有聪明过人的才气，最好还能指导我的事业。”

听了孙多慈的话，徐悲鸿怔了一下，又用柔和的声音说道：“那好，以后我会按照这个标准为你找个婆家。”

孙多慈昨天回去，一夜都没有睡好觉，翻来覆去地揣摩徐悲鸿的用意，今天是有备而来。接过徐悲鸿的话问道：“徐先生，昨天您在盛先生面前说那些话到底是什么意思嘛？”

“啊！没什么意思，刚才我不是对你说了吗，想介绍你们交个朋友。”

孙多慈鼓了鼓勇气说道：“您是害怕我将来变成又老又丑的老太婆，嫁不出去是吗？”

徐悲鸿又是一怔，看着孙多慈半天才说道：“你看你，狗咬吕洞宾，不识好人心。我是欣赏你，关爱你，才想帮助你的。换了别人，我肯吗？我怎么没去介绍李家应！”

“不！”孙多慈实在控制不住自己的感情，几乎是冲着徐悲鸿怒吼道，“我用不着您往外推销我！”说完，哭泣着推门跑出画室。他追出门外，呆呆地看着她的背影在面前消失。可他完全没有料到，更大的麻烦还在后头……

五、斩不断理还乱

盛成那天与徐悲鸿分手后，没有离开南京，仍然住在欧阳竟无的家里。

欧阳竟无，名渐，字竟无，1871 年生于江西宜黄，六岁丧父，二十岁中秀才，后留学日本博览经史。1912 年与李证刚等倡设佛教学会，主张政教分离，被学术界尊为佛学大师，是位著名的思想家和教育家。

欧阳竟无是徐悲鸿和盛成共同的朋友，徐悲鸿比盛成大四岁，可却比欧阳竟无小二十四岁，三人早已成为莫逆之交。因为盛成长期旅居海外，徐悲鸿与欧阳竟无的关系似乎更为密切：不但为他画过肖像，还特意送过他一支特制的毛笔，笔上刻有“声贯金石，悲鸿赠竟无先生”字样。

盛成从徐悲鸿的画室回到欧阳竟无的住处，就把当天遇到的情况对他讲了。欧阳竟无也有好长时间没见到徐悲鸿了，顿生念意，就让盛成再陪他去一趟中央大学拜访。

第二天上午，盛成与欧阳竟无乘黄包车来到中央大学门前，下来刚刚走过“工”字大楼，正要拐向东北角的徐悲鸿画室，见蒋碧薇从大楼的另一侧赶过来。盛成由于在画室看过《台城月夜》，因此想避开她，可却已经来不及。

蒋碧薇是接到徐悲鸿的信后，刚从宜兴赶回来的。到家后，就徐悲鸿信上说的，详细追问了他与孙多慈感情的情况。虽然怒气没消，但她还不知道徐悲鸿画了《孙多慈画像》和那幅表现爱情题材的《台城月夜》。

蒋碧薇来到盛成和欧阳竟无面前，说她去了宜兴，也好长时间没到徐悲鸿的画室来过了。盛成感到有些担心，不知道徐悲鸿是否知晓蒋碧薇要到他的画室来，也不了解他是否将那幅《台城月夜》藏匿起来。

没有别的办法，盛成只得跟随蒋碧薇一同去徐悲鸿的画室。以往，蒋碧薇到徐悲鸿的办公室和画室来，也从来是连招呼都不打。这回，他以为她刚从宜兴回来，不会这么快就过来，因此对她一点防备也没有。

蒋碧薇把画室的门拉开，看见徐悲鸿正在为《孙多慈画像》做最后整理。孙多慈坐在那把摇椅里，看见蒋碧薇突然出现在面前，顿时慌了手脚，不知所措……

蒋碧薇仰着脸，站在门槛里边，碍于盛成和欧阳竟无在身后，才没有立即发作。因为是逆光，孙多慈看不清她脸上的表情。可从她那两腿叉开的架势上，孙多慈的内心感到有些恐惧。然而她没有别的选择，愣了一会儿，便从摇椅里站起来，下意识地用两手整理一下短发，迈着颤抖的双腿，头也不抬地从蒋碧薇的左首边挤了出去。盛成给她闪开，孙多慈便头也不回地走了。

徐悲鸿这才回过神来，招呼欧阳竟无和盛成到里边坐。盛成不知道徐悲鸿对他与蒋碧薇同时赶来会怎么想，在他的肩头拍了两下。徐悲鸿感到他带着一种歉意，知道他们肯定是偶然碰在一起的。

蒋碧薇的脸上带着愠色来到《孙多慈画像》前，看见她脸上那种少女特有的清纯与矜持，气得在地上跺了一脚。

盛成知道里间的书房肯定还摆着那幅《台城月夜》，于是拽把椅子坐在书房门口，挡住了进去的路，一边与徐悲鸿和欧阳竟无闲聊。

蒋碧薇离开画像，又在画室里转了一圈儿，没发现什么可疑地方。于是，瞄准了里间的书房，来到盛成的身边，示意他搬开椅子让自己进去。盛成尽管不情愿，但却没有别的办法，便从椅子上站起来躲开身子。蒋碧薇将椅子挪开进了里屋，盛成跟在她的身后。

蒋碧薇就像盛成昨天进去的时候一样，首先看到了立在写字台上孙多慈的那张照片，然后是钉在墙上她的各种角度素描头像。

盛成昨天走后，徐悲鸿又将《台城月夜》用那块蓝布遮盖起来——捂得严严实实。这反而更加惹眼，越发引起蒋碧薇的疑惑，于是用力将那块蓝布扯了下来，吃惊地看着画面上的两个人，一时间犹如五雷轰顶，脸色苍白，目瞪口呆……

盛成急忙上前，挡住蒋碧薇的视线解释道：“嫂夫人，你可别误会，这是悲鸿兄应我的请求，为我画的一幅画。”

蒋碧薇伸手拨开盛成：“你知道这画面上那个女人是谁吗？”

“啊，是悲鸿兄的学生，叫孙多慈，安庆人，悲鸿兄想做‘月下老’给我们牵线，因此我找他画了这幅油画。”

蒋碧薇冷笑两声：“你别跟我演戏了。盛成，为你牵线，画面上怎么画的他徐悲鸿呀？”

徐悲鸿着实忍耐不住，来到跟前将盛成拽到外屋说道：“盛成，你别管了，由着她吧。”

蒋碧薇跟出外屋，冲着徐悲鸿“哼”了一声，推开门走出画室。

欧阳竟无不知道事情的原委，进屋后就一直待在一旁缄口无言。看见蒋碧薇愤愤离去，便将目光转向徐悲鸿，想探询一下事情的缘由。徐悲鸿开口说道：“她已经不是十年前的蒋碧薇了，这个女人什么事都做得出来。”

“悲鸿兄！”盛成很感愧疚，“嫂夫人是我们刚才在院子里碰到的。”

“你不用解释，盛成。我料她会过来的，但没想到来得这么快。你看着吧，好戏肯定还在后头。”

欧阳竟无已看出些端倪，插话说道：“不至于吧，大面子总还得给的。”

“哼，等着瞧吧……”徐悲鸿的话音未落，蒋碧薇带着艺术专修科的两名男学生折回来，冲着欧阳竟无和盛成说道：“你们参观你们的，有两幅画我很喜欢，请这两位同学帮我搬回家里去。”又将脸转向徐悲鸿，“画完了吧，悲鸿，这两幅画我带回去收藏起来。”

徐悲鸿气愤难平，蒋碧薇就指挥两位男生将《孙多慈肖像》和《台城月夜》从画架上卸了下来。

盛成虽然走上去用身子护住《台城月夜》，说是悲鸿兄为他画的，可蒋碧薇却把他推开，将画在木板上的《台城月夜》拎起来递在男同学手中。两位男生站在原地不动，看着自己的老师。徐悲鸿朝他俩挥挥手，意思是按蒋碧薇的意思办。他俩才敢拎起两幅画，跟随师母走出画室。

两幅画都是刚刚完成的，色彩鲜亮，黑白分明。蒋碧薇让学生就这样拎着，毫无遮掩地走出中央大学院子，招来一群学生跟着观看……

徐悲鸿对此虽然十分愤怒，可出于一位艺术家的修养，也只能眼巴巴地看着蒋碧薇带着学生将两幅心爱的作品拿走，冲着欧阳竟无和盛成说道：“你俩看见了吧，是不是一只随时都在咬人的母老虎？我是艺术家，她不允许一位艺术家有一丝一毫的情感生活，即使是表现在艺术作品中。盛成，你是作家，你的法文版长篇小说是自传体的，你在书里是不是不描写爱情？这本来就是强盗逻辑嘛！”

盛成避开徐悲鸿的目光，看一眼欧阳竟无，苦笑两声。

蒋碧薇将两幅画带回家里，把那幅《孙多慈肖像》从木框上拆下来卷成卷藏进了保姆衣箱，《台城月夜》因为画在木板上，无法卷起来，便故意摆在客厅最显眼的地方，任来往客人尽情观览。徐悲鸿每次看到，都有一种全身被剥得赤裸裸的感觉。因为无法忍受这种折磨，终于有一天，他将画面的颜色刮掉，为刘大悲的老太爷画了肖像。这样，他的描写爱情生活的两幅杰作，便永远从世间消失，给后世留下了巨大遗憾……

六、短兵相接

蒋碧薇与徐悲鸿的关系越来越紧张，1931 年 7 月 14 日，在舒新城家，蒋碧薇开口就让他离开中央大学。7 月 17 日，徐悲鸿则在舒新城家给蒋碧薇写去一封信：

> 我默察你近来唯以使我烦苦为乐，所以我不能再忍受。吾人之结合，全凭于爱，今爱已无存，相处亦已不可能。此后我按月寄你两百元，直到万金为止。两儿由你抚养，总之你亦在外十年，应可自立谋生。

这年的 7 月中旬，孙多慈考取了中央大学艺术科。关于这次录取新生，徐悲鸿采取了完全不同以往的独特方式：考完试连夜评卷，翌日凌晨，便在中央大学的主楼门外把考生的成绩公布出来。孙多慈的素描得了 95 分，以第一位名列榜首。令人完全没有料到，徐悲鸿竟然还把所有考生的试卷高悬于录取通知的旁边，使人一目了然。

关于孙多慈的画，并不是徐悲鸿对她产生了恋爱倾向而说好，也不是因为舒新城是徐悲鸿无话不谈的朋友而为他帮腔。宗白华是中央大学哲学系的美学教授，他在给《孙多慈描集》作序的时候也说道：

西画素描与中国的白描及水墨法，摆脱了彩色的纷华灿烂，轻装简从，直接把握物的轮廓、物的动态、物的灵魂。画家的眼、手、心与造物面对面肉搏。物象在此启示它的真形，画家在此流露他的手法与个性。

抽象线纹，不存于物，不存于心，却能以它的匀整、流动、回环、曲折，表达万物的体积、形态与生命；更能凭借它的节奏、速度、刚柔、明暗，有如弦上的音、舞中的态，写出心情的灵境而探入物体的诗魂。

所以中国画自始至终以线为主。张彦远的《历代名画记》上说："无线者非画也。"这句话何其爽直而肯定！西洋画的素描则自米开朗琪罗（Michelangelo）、达·芬奇（Lionardo da Vinci）、拉斐尔（Raffael）、伦勃朗（Rembrandt）以来，不但是作为油画的基础工作，画家与物象第一次会晤交接的产儿，且以其亲切地表示画家"艺术心灵的探险史"，与造物肉搏时的悲剧与光荣的胜利，使我们直接窥见艺人心物交融的灵感刹那，惊天动地的非常际会。其历史的价值与心理的趣味有时超过完成的油画。（近代素描亦已成为独立的艺术。）

然而中西线之关照物象与表现物象的方式、技法有着历史上传统的差别：西画线条是抚摩着肉体，显露着凹凸，体贴轮廓以把握坚固的实体感觉；中画则以飘洒流畅的线纹，笔酣墨饱，自由组织（仿佛音乐的制曲），暗示物象的骨骼、气势与动向。顾恺之是中国线画的祖师（虽然他更渊源于古代铜器线纹及汉画），唐代吴道子是中国线画的创造天才与集大成者，他的画法所谓"吴带当风"，可以想见其线纹的动荡、自由、超象而取势。其笔法不暇作形体实像的描摹，而以表现动力气韵为主。然而北齐时（公元550—577年）曹国（属土耳其斯坦）画家曹仲达以西域作风画人物，号称"曹衣出水"，可以想见其衣纹垂直贴附肉体，显露凹凸，有如希腊出浴女像。此为中国线画之受外域影响者。后来宋、元花鸟画以纯净优美的曲线，写花鸟的体态轮廓，高贵圆满，表示最深意味的立体感。以线示体，于此已见高峰。

但唐代王维以后，水墨渲淡一派兴起；以墨气表达骨气，以墨彩暗示色彩。虽同样以抽象笔墨追寻造化，在西洋亦属于素描之一种，然重墨轻笔之没骨画法，亦系间接受印度传来晕染法之影响。故中国线描、水墨两大画系虽渊源不同，而其精神在以抽象的笔墨超象立形，依形造境，因境传神，达于心物交融、形神互映的境界，则为一致。

西画里所谓素描，在中国正是本色。

素描的价值在直接取相，眼、手、心相应，以与造物肉搏，而其精神则又在以富于暗示力的线纹或墨彩表出具体的形神。故一切造型艺术的复兴，当以素描为起点；素描是返于"自然"，返于"自心"，返于"直接"，返于"真"，更是返于纯净无欺。法国大画家安格尔（Ingres）说："素描者艺人贞也。"

中国的素描——线描与水墨——本为唐、宋绘画的伟大创造，光彩灿烂，照耀百世，然宋、元以后逐渐流为僵化的定型，陈陈相因，失却素描的原始灵魂——物的真形与心的神韵。绘艺衰落，自不待言。

孙多慈女士天资敏悟，好学不倦，是真能以艺术为生命、为灵魂者。所以落笔有韵，取象不惑；好像前生与造化有约，一经睹面即能会心于体态意趣之间，不唯观察精确，更能表现有味。素描之造诣尤深。画狮数幅，据说是在南京马戏场生平第一次见狮的速写。线纹雄秀，表现出狮的体积与气魄，真气逼人而有相外之味。最近又爱以中国纸笔写肖像，落墨不多，全以墨彩分凹凸明暗；以西画的立体实感含咏于中画之水晕墨章中，质实而空灵，别开生面。引中画更近于自然，恢复踏实的形体感，未尝不是中画发展的一条新路。

此外各幅都能表示作者观察敏锐，笔法坚稳，清新之气，扑人眉宇；览者自知，兹不一一分析。写此短论。聊当介绍。

宗白华的学问和美学地位，在中国可谓无人与之相比。即便徐悲鸿和舒新城的话全都带着感情色彩，那么他的话可说是毋庸置疑的吧——他不能不注意一个首屈一指美学教授的身份和影响而信口开河。

可在当时，徐悲鸿与孙多慈的关系，经过蒋碧薇和一些好事者差不多两个学期的牵强附会，早已不胫而走；加上黄色小报的刻意渲染，就变得更加“有声有色”。为了避嫌，徐悲鸿不得不采取如此“下策”——将考卷和分数同时公布于众。

这一下，一些唯恐天下不乱者便都哑口无言了。但蒋碧薇却不肯就此罢休，因为在她看来，录取孙多慈，这将是她更大灾难的来临。这天晚上下班，徐悲鸿刚一踏入家门，蒋碧薇就冲他高声说道：“好啊，你的心愿终于实现了，这回，你们可以正大光明地待在一起了。”

徐悲鸿停住身子对蒋碧薇说道：“告诉你蒋碧薇，不要把话讲得这么难听。我徐悲鸿如果想拆散这个家，早就横下一条心与你分手了。之所以和你还保持夫妻关系，是因为我不曾想过要与别的什么人去结婚。”

蒋碧薇冷笑两声说道：“我原本是相信你的，但是现在我不信了。你的心口不一，当面一套，背后一套，不客气地说，你就是一个伪君子！”

徐悲鸿不想再与蒋碧薇争执，这样的局面已经有过多少次，最后都是不欢而散，惹来更大的烦恼。就在蒋碧薇从徐悲鸿的画室拿走《孙多慈像》和《台城月夜》之后，她找到一个叫杨柳的男生，让他设法得知孙多慈在宿舍的时候，立刻来报告她。

有一天，蒋碧薇终于得到杨柳的消息。上午 10 点钟多一点，便在傅厚岗叫了一辆车子赶到石婆婆巷中央大学东楼的女生宿舍。当她穿着一款蓝绿相间的旗袍，脸上卡着一副褐色太阳镜，戴着长至臂部的白手套出现在正在作画的孙多慈面前时，不禁使她猛然一惊。

“孙多慈，你知道我为什么来找你吗？”蒋碧薇劈头问道。

“哦，夫人，师母……”孙多慈不知所措，放下手中的画笔，拽过一把椅子请蒋碧薇坐。

蒋碧薇看也不看孙多慈放到身边的椅子，声音冷冷地说道：“外面的流言蜚语那么厉害，你还能坐在这里画画？要是我，早都没脸活了。”

由于突然的刺激，孙多慈的脸色变得有些苍白，冲着蒋碧薇说道：“徐夫人，我和徐先生之间，只是清白的师生关系。”

“那你解释一下，他画的那幅《台城月夜》里的女主角是不是你呀？”蒋碧薇目光如炬，死死盯在孙多慈的脸上。

看着蒋碧薇冷若冰霜的面孔，孙多慈的心里反而镇定了，迎着她的目光说道：“徐夫人，我以为徐先生画那样一幅画，只是表现了一位艺术家正常的心理情感，至于画面的形象是谁，那只是媒介的不同罢了，因此，是谁并不重要。”

“嚯！”蒋碧薇像是吃口馒头被噎了一下，停了停又说道，“你倒是很会为徐先生开脱！可他现在道德沦落，作风败坏，名声扫地，而这一切都是因为谁，你知道吗？”

“哦……”

孙多慈刚要开口，话却被蒋碧薇抢了过去：“你，你现在知道是因为你了吧！”

“不！”孙多慈争辩道，“我，我是说，你不应该用这样的词语来形容徐先生，他是位受人尊敬的师长。”

“他以前是很受人尊敬。”蒋碧薇接着说，“可是由于你的出现，他就对家庭、对事业和前途什么都不顾了。你这不是毁了你们的老师吗？”

孙多慈被气得如鲠在喉，一时说不出话来。蒋碧薇又冷笑两声，指着她的鼻子说道：“你孙多慈出身于官宦人家，又到高等学府来受教育，可你的素质怎么会这么差呀？完全与秦淮的青楼女子无异。”

孙多慈已经被蒋碧薇逼进了死胡同，泪水簌簌流出眼眶，冲蒋碧薇说道：“师母，你的话是不是有些过头了。那你说，我该怎么办？”

蒋碧薇脸上带着得意的神态，抬高声音说道：“现在摆在你面前有两条路，可生也可死。生，主动放弃对徐悲鸿的纠缠，不再与他有任何来往，一了百了，我也不再追究你的责任；死，仍然缠着他不放，那我也就不顾及什么了。”蒋碧薇咬了咬牙又说道，“我一定要在中央大学把你搞臭，在南京把你搞臭，在美术界把你搞臭。我蒋碧薇说到做到，有这个能力，也有这个把握。是生？是死？你自己选择吧！”

听了蒋碧薇的话，孙多慈觉得背部发冷，想了想又低声说道：“可是，师母，我这是在正常求学呀，你应该知道，一些人投考中央大学艺术科，就是奔着徐先生来的。”

此时，许多宿舍里的女生听见蒋碧薇的吵闹，都围了过来，孙多慈的闺中密友李家应也在其中。蒋碧薇看一眼围在身后的人，又对孙多慈大声说道：“那你对这些女同学说说，你在学校里不思进取，却用姿色去勾引你的老师该怎么……”

不等蒋碧薇将话再说下去，李家应上前一步，冲着蒋碧薇说道：“我说徐夫人，你不好好在家伺候徐先生，到这里来欺负一名身单力薄的女学生，是不是太过分了？”

蒋碧薇看见一个齐耳短发、满脸怒气的女生站在她的面前，觉得有点畏怯。可她却是个从不认输的女人，于是，又用强硬的口吻问道：“你是谁呀，你？我是在跟孙多慈说事，与你有什么相干啊？”

“你的行为有悖公理你知道吗？如果你丈夫真的移情别恋了，那你应该检查一下你做妻子的是不是有什么责任，有什么过错，是不是不值得他再爱你了？”李家应看一眼身后围着的女生接着说道，“你问问我的这些姐妹，是不是这个道理。”

听了李家应的话，围观的女生发出一阵骚动，可蒋碧薇仍然不肯服输，又冲李家应说道：“你到底是谁呀，敢和我这样说话，你还是个小丫头片子，懂得什么叫爱情呀？”

“请你放尊重些，徐夫人！”李家应往前靠了靠说道，“我是孙小姐闺中密友李家应，社会学系的。你再这样欺负我的同学，别说是我，就是我身后这些姐妹都不会答应。”

蒋碧薇看着李家应，又转脸看看她身后的一群女生。她们的脸上，全都带着一种对她鄙视的表情。她知道这下遇到了对手，但她不能就这样输掉，于是又冲李家应说道：“啊，李家应！知道了，我说孙多慈那么有恃无恐呢，原来有你在背后给她撑腰啊。”

“请夫人说话注意点儿分寸，我们原来对你那么尊重，完全是看在徐先生的面子上。孙小姐一口一个‘师母’地跟你叫着，你就那么忍心欺负她吗？敬人者人恒敬之！你对别人尊重，别人才能反过来尊重你。”李家应将身子闪了闪，给蒋碧薇让开路，“我劝徐夫人还是注重自己尊贵高雅的身份，这样闹下去，你会身败名裂的。”

蒋碧薇怎么肯在乳臭未干的丫头片子面前失掉尊严？正要再开口继续奚落李家应，从她身后又站出来一位高个子女生。只见她也像李家应一样留着齐耳短发，俊美的脸上表情凝重，显得精干老练。她不想让蒋碧薇过于难堪，才上前一步说道：“徐夫人，我也是孙多慈的闺中密友，叫吴健雄。我已经在后面听了半天，觉得孙多慈和李家应说的话全都在理。徐先生是位著名教授，大家都非常崇敬他，因此也才特别尊重你。我看，你还是尽早回去照顾徐先生吧。看你穿双高跟鞋走路不方便，来，我扶你下楼。”

蒋碧薇虽然觉得就这样走了有失尊严，可她却没想到这些涉世不深的女孩子竟会如此难以对付，于是朝着李家应和她身后的孙多慈怒视一眼说道：“哼，看我回去怎么收拾你们的徐先生。”说完，便在吴健雄的搀扶下出了屋门，朝着楼梯口走去。

吴健雄最初考入中央大学数学系。可入学后到图书馆去翻阅有关X光、电子放射性、相对论方面的书籍时，一下子被居里夫人和爱因斯坦等科学巨匠的发现深深吸引，于是向学校提出申请，从数学系转入了物理系。不但由数学系的“系花”转成了物理系的“系花”，而且也成了学习上的尖子。

吴健雄于1912年5月31日出生在江苏苏州太仓的书香之家，父亲吴仲裔在家乡创办了明德女子职业补习学校。由于父母提倡男女平等，吴健雄从小就与其兄弟一样读书识字，1923年考入苏州第二女子师范学校，1927年以优秀成绩从师范学校毕业，任小学教师，两年后考入中央大学数学系，一年后转入物理系。1934年，在施士元的精心指导下，吴健雄撰写了一篇题为“证明布喇格定律”的优秀论文后，受聘于浙江大学任物理系助教，后进入“中央研究院”。1936年入美国加利福尼亚大学，获得美国最高科学荣誉——国家科学奖章，素有“东方居里夫人”之称。后来孙多慈移居台湾后，吴健雄的儿子娶了孙多慈的女儿，两个人又成了儿女亲家。

不料，吴健雄扶着蒋碧薇一出楼门，一位高个子男生迎上来，说道：“哎呀，师母！”

学生时代吴健雄

蒋碧薇停住脚步看着男生：“你……”

“我是屈义林呀。”男生说道，“您忘了，那回您家搬进傅厚岗新居，我不是过去帮助栽过枫树吗？我和孙多慈是一个班的。”

蒋碧薇想起来了，这个屈义林是位来自四川的学生。考试时，因为报考手续受阻，便给徐悲鸿写过一封信，写得非常有文采：

> 抱璞空山，寻师万里，愿借阶前尺地，小试英才，莫令一纸空文，有负贤望。

徐悲鸿立刻给屈义林回函，让他报考。公布榜次时，孙多慈的成绩第一，他便是第二名。

蒋碧薇记得那次去家里栽枫树苗时，屈义林特别卖力气，于是朝他问道：“你怎么在这儿？”

“我刚才看见您进楼，便跟过来。”屈义林说道，“这女生楼不让男生进去，我就在这儿一直等着。您还要去哪儿呀，师母？我送您。”

“哦，谢谢你了。”蒋碧薇说道，“我回家呀。”

屈义林看见吴健雄还搀着蒋碧薇的一只胳膊，便冲她说道：“来吧，吴姐，把师母交给我，我叫辆黄包车送她回丹凤街吧。”说着，接过吴健雄搀扶着的蒋碧薇胳膊，便往大门外面走去。

可没走几步，徐悲鸿却从大门外边进来，朝着女生楼这边张望一眼。蒋碧薇反应快，急忙躲在一丛柏树后面。等到徐悲鸿径直朝他画室的方向奔去，一直看不见影子，她才又从柏树的后面出来。屈义林不知咋回事，只好随着她出了校门，拦了一辆黄包车让她坐上去，一直看着她走远。

蒋碧薇到中大的女生宿舍来找孙多慈，并没占到什么便宜。于是，回家就拿徐悲鸿出气，总是跟他吵来吵去，闹得他不得一点安宁。

恰在这时，徐悲鸿赴法时结交的在巴黎大学攻读文学的郭有守、杨云慧夫妇请他和蒋碧薇赴宴。

郭有守于 1901 生于四川资中，字子杰，是张大千的表弟。1918 年考入北京大学法学科，颇得校长蔡元培的赏识。北大毕业后公费赴法国巴黎大学留学，为谢寿康、徐悲鸿、张道藩“天狗会”的“行走”。归国后于 1929 年出任国民政府教育部二科科长，并兼任教育部电影检查委员会主任。1938 年任四川省教育厅厅长。

杨云慧为杨度之女。杨度乃湖南湘潭姜畲石塘村人，是中国近代史上一个奇特的政治家，先后投身截然对立的政治派别。同时也是一位著名书法家，尤其研习颜真卿的行书大有成效。

1930 年，杨云慧经她二哥杨公兆介绍，与郭有守相识相恋，同年冬在上海举办了婚礼。杨度亲自主婚，蔡元培证婚。婚后，夫妇二人回到南京，住在鼓楼傅厚岗，与徐悲鸿毗邻。因为是老朋友，蒋碧薇就想得到他们的帮助，于是在饭桌上又提起了徐悲鸿录取孙多慈的事。徐悲鸿一听，将酒杯往饭桌子上一顿说道：“你看，连地点场合都不分了，录取孙多慈是我的正常工作，你没见我把卷子都贴出去了吗，你到底要我怎么办？”

有郭有守夫妇在跟前，蒋碧薇说话的胆子更大了，看着徐悲鸿说道：“怎么办？现在摆在你面前的路只有两条：第一，不要录取孙多慈；第二，如果你非要录取她，那么你就得在中大辞职。”

徐悲鸿看了看郭有守夫妇，然后冲着蒋碧薇说道：“可是，我现在已经录取了孙多慈，按你的意思，我必须在中大辞职是不是？”

蒋碧薇从座位上站起来说道：“你可以把她转到别的学校去嘛。”

“转学？我有什么权力给人家转学？”徐悲鸿也从座位站起来，“那么多学生都是冲我徐悲鸿才考进来的，我就因为一个孙多慈辞了职，那些学生怎么办？我再问你一遍，我徐悲鸿究竟做错了什么？”

“你啥也没做错。”蒋碧薇手中拿着来时在路上买的报纸，抖了抖说道，“你看看这上面都写的啥？”

郭有守站起来，接过蒋碧薇手中的报纸，按住她肩膀让她坐下，说道：“嗐，嫂夫人，可不能信那些黄色小报的花边新闻，那些无聊的记者还不是吃饱了撑的。”

安庆中学时的孙多慈（中）

“可看报的人却不这么想啊。”蒋碧薇冲着徐悲鸿喊道，“你一个大画家，愿意看这样的新闻，但我可受够了，我是你的妻子，你不在乎，我还嫌丢人呢！”说完，便把脸背过去呜呜滔滔哭起来。郭有守和杨云慧急忙上前劝阻。

提到黄色小报的

花边新闻，徐悲鸿更是气愤难平，大声说道："天要下雨，娘要嫁人，我能管得住人家吗？"

"可你总应该管得住自己吧。"蒋碧薇不依不饶。

徐悲鸿感到实在无法忍受了，于是大声说道："好好，你不用到处为这件事闹腾，我辞职，辞职总可以了吧。有守，拿纸笔来。"

郭有守听徐悲鸿说要辞职，从蒋碧薇那边来到他的跟前："悲鸿兄，嫂夫人也不过是说说而已，都是气话，哪能说辞职就辞职呢。"

徐悲鸿看一眼还在哭泣的蒋碧薇说道："有守、云慧，你们还是把纸笔给我拿来吧。她这样没完没了地闹，我还有心思工作下去吗？作为一位艺术家，我简直都快崩溃了。"

郭有守和杨云慧谁也不动地方，一个劝徐悲鸿，一个劝蒋碧薇。徐悲鸿躲开郭有守："那好，你们不拿，不好意思，我自己拿吧。"说着，就钻进郭有守的书房去寻找纸笔。

蒋碧薇见徐悲鸿进了书房，一下懵了。她知道，徐悲鸿不管什么时候，向来都是说到做到的。

过了一会儿，徐悲鸿从书房里出来，将写好的辞职报告拍在蒋碧薇面前的饭桌上："麻烦你蒋碧薇，明天替我跑一趟，将这份辞职报告转交给中央大学校长朱家骅。"

蒋碧薇不知所措，拿起徐悲鸿的辞职报告呆呆地站在那里。徐悲鸿却一反常态，拿起酒瓶斟满桌子上所有的酒杯，然后说道："有守，来，咱们喝酒吧。你这酒是法国的'总统之爱'吧，被咱们中国人称作'红颜容'。好酒哇，酒不醉人人自醉。来，喝！为我辞掉中央大学的教授干杯！"

徐悲鸿从打上桌就没吃菜，喝下满杯的酒，下意识地用一只手顶住了胃部，郭有守于是说道："悲鸿兄，你还是先吃点菜垫垫底，再喝酒吧。"

"哎呀，你这一说，我还真感到有些胃痛。"徐悲鸿放下酒杯说道，"那你们喝吧，我先回家吃点药。"说着离开座位，开门走了。

蒋碧薇仍然在发懵，呆呆地站在那里。徐悲鸿的那份辞职报告，飘然落在脚下……